David Macmillan

Begeistert beten

Über den Autor

David Macmillan hat *Wingspan Prayer* ins Leben gerufen, um ein Gebetsleben zu fördern, das Freude bereitet. Er ist für seinen Dienst viel unterwegs und referiert über Bibellehre und die positive Entwicklung des eigenen Gebetslebens, außerdem trainiert er Menschen im strategischen Gebet. Er und seine Frau Sandra haben viele Jahre bei *WEC International* in Südostasien gearbeitet und leben derzeit in England. Weitere Informationen: www.wingspanprayer.org

David Macmillan

BEGEISTERT BETEN

Wie Gebet zu deiner **Lieblingsbeschäftigung** wird

Deutsch von Andreas Uhr

GerthMedien

Dem allein weisen Gott,
den wir durch Jesus Christus preisen,
gebührt alle Ehre in alle Ewigkeit! Amen.

Römer 16,27

Auf der ganzen Welt –
von dort, wo die Sonne aufgeht, bis dahin, wo sie untergeht –
wird mein Name unter den Völkern geehrt.
An unzähligen Orten werden mir würdige Opfer gebracht,
weil sie mich, den allmächtigen Gott, ehren.

Maleachi 1,11

Inhalt

Einführung

Wenn ich das Jahr 1980 mit einem Etikett versehen müsste, würde „Fast ein Misserfolg" draufstehen. Sandra und ich hatten unser vertrautes Leben in Kapstadt gegen eine asiatische Welt voller fremder Gerüche, Geschmäcker und Kulturen eingetauscht. Wir waren ausgebildet, geschult und motiviert worden, das Evangelium zu Menschen und Völkern zu bringen, die es noch kaum kannten, und so kamen wir in Thailand an, begeistert, im Land des Lächelns zu sein, und bereit für das Abenteuer Mission. Aber waren wir das wirklich?

Unser rustikales neues Zuhause machte uns nichts aus. Dieses hässliche alte Teakholzhaus, das auf Pfählen über einem Teich thronte, den der Monsunregen hinterlassen hatte, hatte „Charakter". Wir gewöhnten uns an die sengende Hitze, die seltsamen Gerüche vom Markt, den täglichen Kampf mit den Moskitos und daran, dass wir vor Sonnenaufgang von der Musik des nahe gelegenen buddhistischen Tempels geweckt wurden. Wir waren genau da, wo Gott uns haben wollte. Unsere Organisation hatte einen Sprachkurs für uns vorgesehen, und mein Ziel war es, diesen so schnell wie möglich zu absolvieren, damit ich mit der eigentlichen Missionsarbeit beginnen konnte. Auf mich wartete ein Schock.

Nach sechs Monaten in der Sprachschule war ich so weit, Thailand zu verlassen – als gescheiterter Missionar. Das tägliche Sprachtraining hatte anfangs Spaß gemacht. Aber nachdem ich mich monatelang durch meine Sprachbücher für Anfänger gequält hatte, gab es nur noch wenig zu lachen. Mit ihrer ungewohnten Schrift, den Zeilen mit ungetrennten Wörtern, den fünf Tonhöhen und einem Alphabet mit vierundvierzig Konsonanten und etwa dreißig Vokalformen schien es unmöglich, die thailändische Sprache zu lernen.

Meine Frustration erreichte ihren Höhepunkt an einem drückend heißen Nachmittag nach einer besonders anstrengenden Sprachlektion. Ich warf meine Bücher hin und lief durch die kleine Stadt, bis ich den Ping-Fluss erreichte. Ich war allein, neben mir nur das Geräusch des langsam dahinströmenden Wassers – kein vernünftiger Mensch wandert in der Mittagshitze in Zentralthailand an einem Flussufer entlang. Ich war dort, um mich zu beschweren, und ich war froh, dass ich dabei keine Zuhörer hatte.

Sandra und ich hatten alles hinter uns gelassen, um dieses Rennen zu laufen. Wir wollten das Leben von Menschen in Thailand verändern, aber meine Füße steckten in den Startlöchern fest. Ich konnte kaum einen einfachen Bibelvers vortragen, ohne mich lächerlich zu machen. Egal, wie sehr ich versuchte, mein Kinn zu heben oder zu senken, um die richtigen Töne an die richtigen Stellen zu bringen: Die Worte kamen falsch heraus. Weiterzumachen schien sinnlos, und so sagte ich Gott, dass ich keine andere Möglichkeit sah, als unsere Koffer zu packen und Thailand hinter uns zu lassen.

Ich fühlte mich miserabel. Ich lauschte eine Weile dem Rauschen des Flusses und drehte dann um, um zu dem heißen kleinen Haus auf Stelzen zurückzukehren. In diesem Moment hörte ich Gott sprechen. Und was er sagte, rettete meine Zukunft. Er sprach nicht laut, aber die innere Stimme war so unmissverständlich und klar, als ob der Sprecher direkt vor mir stünde. Er sagte nur ein Wort: „Immanuel".[1]

An diesem heiligen Ort am Flussufer begann Gott, mir allein durch seinen Namen wichtige Wahrheiten zu enthüllen.

Gott war kein distanzierter Beobachter meiner Sprachkämpfe. Er war nicht einmal ein Zuschauer in der ersten Reihe. Er war „Gott-mit-mir" – mit mir in meiner fremdartigen asiatischen Welt, in meinen Sprachschwierigkeiten und meiner Frustration darüber, dass ich mitten in der Vorhölle des Missionsdienstes steckte.

Aber er hatte andere Ziele als ich. Mein Ziel war es, die Sprache in den Griff zu bekommen; sein Ziel war es, die Sprache zu benutzen, um mehr von mir zu bekommen. Ich war gekommen, um Thailand zu verändern; Gottes Plan war es, Thailand zu benutzen, um mich zu verändern. Das thailändische Volk zu segnen, war durchaus Teil des Plans, aber es würde dadurch geschehen, dass Gott zuerst in mir wirkte und dieses Wirken dann nach außen drang.

Ich hatte immer gedacht, wenn Jesus zu seinen Jüngern sagte: „Ich bin bei euch", dann sei das als ein zusätzliches Versprechen gedacht, um Menschen zu beruhigen, die „zu allen Völkern gehen und die Menschen zu Jüngern machen" (Matthäus 28,19–20) und die diese Ermutigung brauchten. Aber ich hatte den Kern des Missionsauftrags übersehen. Jesus hatte die Verheißung seiner Gegenwart nicht als einen nachträglichen Einfall gedacht, um seinen Zeugen die Angst oder Unsicherheit zu nehmen. Jesus ist selbst auf einer Mission, um Nationen zu retten und seinen Ruhm zu verkündigen, und er ruft uns auf, mit ihm mitzugehen. So machen wir uns auf in eine Welt voller notleidender Menschen. Und jeder Tag ist eine neue Gelegenheit zu lernen, mit ihm, mit Immanuel, zu leben und zu arbeiten. „Gott-mit-uns" verleiht selbst der Routine und den alltäglichsten Aktivitäten des Lebens eine außergewöhnliche Bedeutung und etwas Geheimnisvolles. Das gilt sogar für den Thai-Sprachunterricht.

Meine Begegnung mit Gott am Flussufer hat mich davon abgehalten, der Missionsarbeit den Rücken zu kehren, und meine Blockade beim Lernen der thailändischen Sprache durchbrochen. Aber sie hat noch mehr bewirkt als das. Sie öffnete mir die Augen für ein Leben in der Gemeinschaft mit Immanuel. Wenn Gottes Gegenwart uns unablässig umgibt, dann sollte ganz oben auf meiner Prioritätenliste meine Freude an ihm stehen. Ich ahnte, dass diese Reise mich als Beter neu formen würde, aber ich hatte keine Ahnung, wie tief sie mich verändern und wie grundlegend neu sie meinen Dienst definieren würde.

Heute, dreißig Jahre später, fühle ich mich immer noch wie ein Neuling auf dieser Reise. Aber die Wahrheiten, die ich auf dieser Reise gelernt habe, sind das, was ich in den folgenden Kapiteln mitteilen möchte.

Christen glauben an den Wert des Gebets, aber viele tun sich schwer damit, als Beter zu wachsen. Warum eigentlich? Ich habe diese Frage wiederholt in Seminaren zum Wachstum im Gebet gestellt. Als Antworten wurden genannt: zu viel an Aktivität, Müdigkeit und Entmutigung. Aber viele gestehen auch ein tiefer liegendes Problem ein: Sie haben keine Freude am Beten. Sicher, es ist gut und notwendig. Aber es ist nicht gerade ein Lieblingsvergnügen.

Gott ermutigt uns, ihm unsere Bitten vorzutragen, und er liebt es, Antworten auf Gebete zu schenken. Aber die Freude über diese Antworten macht nur einen Teil der Freude am Gebet aus. Und es gibt Zeiten, in denen dieser Teil recht klein zu sein scheint: wenn die Antworten auf sich warten lassen oder nicht die sind, auf die wir gehofft haben. Gebet, das Freude macht, ist viel, viel größer als das Glück über Gebetserhörungen. *Begeistert beten* nimmt Leserinnen und Leser mit auf eine Reise in das beglückende Gebetsleben voller Freude, für das wir geschaffen wurden. Aber diese Reise wird ihren Preis haben – sie ist ein Weg in das Abenteuer von Selbstlosigkeit und Veränderung.

Vor mehr als zehn Jahren entwickelte sich aus unserer Tätigkeit als Bibellehrer und dem Gebetstraining, in dem Sandra und ich uns engagierten, ein eigener Arbeitszweig namens „Wingspan“[2]. Das Logo zeigt einen Adler im Flug und die Worte „Shaped to soar“, zu Deutsch: „Für die Lüfte geschaffen“. Der Weißkopfseeadler kann eine Flügelspannweite („Wingspan“) von bis zu 2,4 Metern erreichen. Die riesigen Flügel sind leicht, haben aber die nötige Muskelkraft, um den Adler in die Höhe zu tragen. Sie sind so gestaltet, dass sie auf den natürlichen Luftströmungen segeln können, und sie sind selbst bei hohen Geschwindigkeiten manövrierfähig, sodass der Adler Sturzflüge und Drehungen ausführen kann. Die Flügel des Adlers sind ein technisches Wunderwerk mit einer ausdrucksstarken geistlichen Symbolik.

Der Schöpfer hat uns, seine Ebenbilder, mit einer erstaunlichen Fähigkeit zum Gebet ausgestattet, damit wir uns „auf Flügeln wie Adler“ (Jesaja 40,31) in die Höhe schwingen und in diesem stetigen Aufsteigen ihn selbst genießen können. Der Schöpfer hat uns für dieses Abenteuer befähigt, aber unser Flug nach oben und voran erfordert, dass wir mit ihm zusammenarbeiten, um den Wunsch, den Willen und die Praktiken zu entwickeln, die uns helfen, unsere Flügel in einem Gebet auszubreiten, das uns zutiefst erfüllt und beglückt.

Teil I des Buches erklärt die Werte, die eine Reise in ein begeistertes Gebet ausmachen, bei dem die Freude im Mittelpunkt steht. Gehorsam ist wichtig, aber er reicht nicht aus, um uns als Beter vom Boden abheben und in die Lüfte aufsteigen zu lassen. Was wir wollen, ist die Freiheit eines erhobenen Herzens, das Wunder der Gemeinschaft mit Gott, die Erwartung einer Begegnung, den Funker einer Antwort, den Wonneschauer der Intimität, die Begeisterung darüber, ihn zu sehen und das Abenteuer zu lernen, uns ihm immer mehr anzugleichen. Wenn diesen Werten im Herzen Raum gegeben wird, werden sie zu einer Gestaltungskraft, durch die der Geist Gottes uns als Beter verändert und unsere Erfahrung des begeisterten, beglückenden, erfüllenden Gebets vertieft. Die meisten Kapitel enden mit einem Abschnitt „Zum Nachdenken und Umsetzen", um die Kernwahrheiten zu vertiefen und sie im Leben zu verankern.

Teil II des Buches gibt das Handwerkszeug, um neue Wege im Gebet zu gehen, auf denen unsere Freude daran, unsere Begeisterung dafür und die Erfüllung, die wir darin finden, zunehmen. Gott ist derjenige, der in der Gebetsbeziehung als Erster spricht. An uns ist es, zu lernen, unser Gebet als Antwort zu gestalten, in der wir ihm immer ähnlicher werden. Und dieser Lernprozess ist eine Mischung aus Sehnsucht und Disziplin. Die vier Wege zum Umgang mit der Bibel als Gestaltungshilfe für das Gebet haben vielen auf diesem Weg geholfen.

Ja, unsere Antworten an Gott können langweilig und müde werden, wenn wir unsere Gebetssprache nicht erweitern, sodass sie auszudrücken vermag, was unser Herz bewegt. Der Abschnitt über die bildhafte Sprache erklärt, wie das geschehen kann. Gemeinsames Gebet, das vom Geist geleitet wird, kann eine kraftvolle, wunderbar beglückende Erfahrung sein, aber unser Beten muss geprägt sein von einer wachsenden Angleichung an Gott. Kapitel zwölf gibt wesentliche Schlüssel dafür, wie das geschehen kann. Das Buch endet mit einer Herausforderung zum missionarischen Gebetsabenteuer: einem Aufruf, etwas in unserem Umfeld zu bewirken, indem wir als „Beter in Aktion" leben.

Seit meiner Begegnung am Ping River ist eine Menge Wasser unter der Brücke hindurchgeflossen. Meine Reise als Lernender in einem Gebet, das Freude und Erfüllung schenkt, ist noch nicht zu Ende. Aber ich hoffe, dass die Lektionen einer noch nicht beendeten Reise vom Heiligen Geist genutzt werden, um in jedem Leser und jeder Leserin die Freude am Gebet zu stärken und die Begeisterung dafür zu erweitern und zu formen.

Teil I:
Das Gebet als Lieblingsbeschäftigung

1
Das Herzstück der Freude am Gebet

Das Wesen Gottes ist vollkommene Freude, und er gibt uns das Recht, daran teilzuhaben. In Römer 14,17 heißt es, das Reich Gottes bedeutet „Gerechtigkeit, Frieden und Freude". Jesus hat uns Anteil an seinem Reich gegeben, und damit hat er uns in den Bereich seiner ewigen Freude einbezogen. Zur Frucht des Geistes gehört auch die Freude (vgl. Galater 5,22), und das bedeutet, dass der Geist, der uns geschenkt ist und in uns wohnt, gekommen ist, um diese Freude für uns zu einer beständigen Erfahrung zu machen. Da das Gebet das Herzstück der Beziehung zwischen Gott und uns ist, wird es zur Hauptverkehrsader für unsere Reise, um die Freude in Gott zu erfahren.

Grundsätzlich räumen wir dem Gebet im Allgemeinen einen hohen Stellenwert in unserem Glauben ein, aber wenn es darum geht, Gebet als Lebensstil zu praktizieren, sieht es anders aus. Wir geben der Betriebsamkeit, der Müdigkeit und den Ablenkungen des Lebens die Schuld, aber vielleicht liegt die Ursache für ein vernachlässigtes oder unbeständiges Gebetsleben tiefer. Wir neigen dazu, Dinge, die uns keinen Spaß machen, nicht zu beachten, und das Gebet gehört zu diesen Dingen. Wir drängen es an den Rand, halten es aber für Notfälle noch in unserem Glaubenssystem parat. Begeisterung, Euphorie, Pflichtgefühl und Krisen können dann „Gebetsanfälle" auslösen, aber wenn Beten nachhaltig und beständig sein soll, muss es etwas sein, was wir genießen und als beglückend und erfüllend erleben.

Gott hat uns so geschaffen, dass wir Freude am Gebet haben, und er hat versprochen, dass sein Volk eine Gemeinschaft von Menschen sein sollte, die aus der Freude am Gebet lebt. Letztlich ist Gott selbst der Garant für ein Gebet, das Freude macht (vgl. Jesaja 56,7). Ja, es gibt Zeiten, in denen unser Gebet schwerfällig ist oder aus Klage besteht, und in denen uns sehr bewusst wird, dass wir in einem geistlichen Kampf stehen. Aber letztlich ist das Ziel des Gebetes immer, unsere Erfahrung der Freude an Gott zu vertiefen, und nicht, uns die Freude zu rauben. Freude ist widerstandsfähig, weil sie im Wesen Gottes selbst verwurzelt ist. Sie braucht keine störungsfreie Zone, um zu überleben. Der Kummer ist nicht der Feind der Freude, und er kann da sein, ohne die Freude zu schmälern. Die Freude am Gebet wächst, wenn wir lernen, Gott zu genießen. Unsere Gebetserfahrung mag noch so pflichtbewusst sein, über die Freude unseres Herzens an ihm wird sie nicht hinauswachsen. Die dringlichste Aufforderung an die Kirche heute lautet nicht, mehr zu beten, sondern Gott zu unserer größten Freude zu machen. Ein Gebet, das Freude ist, wird dazu führen, dass wir mehr beten. Die Frage, die man sich stellen sollte, lautet daher: „Was macht ein Gebet aus, das uns beglückt und erfüllt?“

Mehr als Freude über Gebetserhörungen

Für etwas zu beten, ohne eine Antwort haben zu wollen, ist sinnlos. Wir alle sind glücklich, wenn unsere Gebete beantwortet werden, ganz besonders, wenn das schnell geschieht. Möglicherweise tanzen wir nicht alle wie König David vor Freude jubelnd auf der Straße, wenn wir eine Antwort auf unser Gebet erhalten (vgl. Psalm 21,2), aber die Antworten Gottes sollen die Freude seines betenden Volkes vermehren. Jesus sagt: „Bittet nur – ihr werdet es bekommen. Und dann wird eure Freude vollkommen sein“ (Johannes 16,24). Stell dir vor, Gott würde verkünden, dass er sich aus dem Geschäft, Gebete zu erhören, zurückzieht. Stell dir in diesem Szenario die Frage: „Würde ich weiter beten, wenn die Chance, eine Antwort von Gott zu erhalten, gleich null wäre?“

Wir wissen ohne Zweifel, dass Gott Gebete beantwortet. Aber was geschieht, wenn wir einmal keine Antwort erhalten oder die Antwort so gar nicht der entspricht, die wir uns gewünscht haben? Beeinträchtigt das unsere Freude am Gebet? Mit anderen Worten: Ist Freude am Beten mehr als der Jubel über Antworten? Ja, definitiv. Schauen wir uns diese tiefere Ebene der Freude am Gebet an.

Mehr als Bitten, das Gott ehrt

Wenn wir unsere Bitten zu Gott bringen, ehren wir ihn als Vater. Jedes Mal, wenn wir mit ihm über ein Bedürfnis reden, erheben wir ihn, weil wir damit ausdrücken, dass er unsere Hoffnung ist. Das Bittgebet ist Zeichen des Vertrauens und Anerkenntnis unserer Abhängigkeit von ihm. Aber die Würdigung Gottes in unserem Bitten geht über diese Aspekte noch hinaus:

> Was soll das Toben der Völker?
> Was soll ihr sinnloser Plan?
> Die Großen der Welt lehnen sich auf,
> verschwören sich gegen Jahwe.
> Gegen seinen Messias gehen sie an:
> „Los, wir zerreißen die Fessel,
> befreien uns von ihrem Strick!“

Doch der im Himmel thront, lacht,
der Herr lacht sie nur spöttisch aus.
Dann fährt er sie an in glühendem Zorn
und erschreckt sie durch heftige Wut:
„Ich habe den König gesalbt und geweiht“, sagt er,
„hier auf dem Zion, meinem heiligen Berg!“
Nun will ich verkünden Jahwes Beschluss!
Er sagte zu mir: „Du bist mein Sohn!
Ich habe dich heute gezeugt.
Sprich mich nur an, und ich gebe dir Völker,
ja die ganze Erde zu deinem Besitz!

Psalm 2,1–8

Das Bild, das Psalm 2 malt, hat zwei Ebenen. Oberflächlich betrachtet geht es in König Davids Lied um die Völker, die sich gegen ihn verbündet haben, wahrscheinlich nachdem er die Jebusiter aus Jerusalem vertrieben und die Stadt zu seiner Hauptstadt gemacht hat. Aber auf einer tieferen Ebene dreht sich der Psalm um den kommenden Messias und die Opposition, mit der er konfrontiert sein wird, und die mit seinem Tod am Kreuz ihren Höhepunkt erreicht. In einem Zitat dieses Psalms in Apostelgeschichte 4 benennen die Apostel die beiden Machthaber, die sich „gegen den Herrn und seinen Messias“ (Apostelgeschichte 4,25–27) verschworen hatten, nämlich Herodes und Pontius Pilatus. Aber nun ist beachtlich, wie das prophetische Ohr des Psalmisten die Antwort des Vaters auf die gewalttätigen Anschlagspläne wahrnimmt: Gott bricht in Gelächter aus: „Der im Himmel thront, lacht!“

Wir können uns den Klang dieses Lachens des Vaters nicht vorstellen, aber es muss der reinste, lauteste und ansteckendste Ausdruck heiliger Freude sein, jenseits von allem, was wir kennen. Gott drückt auch seinen furchterregenden Zorn aus, und doch ist dies kein göttlicher Stimmungsumschwung. In Gottes Wesen stehen heiliger Zorn und Freude nicht im Widerspruch zueinander. Er kann beides gleichzeitig und umfassend zum Ausdruck bringen. Der Grund dafür, dass der Vater in Lachen ausbricht, ist einfach: Er weiß, was als Nächstes kommt, denn er hat das Drehbuch geschrieben. Das Kreuz führt zu einer triumphalen Auferstehung!

An dieser Stelle des Liedes übernimmt der Psalmist die Stimme von Christus, der seinen eigenen Auferstehungstag voraussieht. Er singt die Worte, die er drei Tage nach dem Kreuz von seinem Vater zu hören erwartet:

> Nun will ich verkünden Jahwes Beschluss! Er sagte zu mir: „Du bist mein Sohn! Ich habe dich heute gezeugt.
>
> *Psalm 2,7*

Die Auferstehung war die deutlichste Erklärung des Vaters über die Identität seines Sohnes in der Geschichte (vgl. Römer 1,4). Wir können uns nicht vorstellen, wie groß die Freude des Vaters bei dem Gedanken an den Triumph der Auferstehung seines Sohnes ist. Der Geist der Prophetie, der das Lied des Psalmisten inspirierte, beschreibt die Antwort des Vaters nicht als ein sanftes Lächeln oder ein leises Kichern, sondern als donnerndes Gelächter. Diese Explosion des Lachens ereignete sich, als der Vater das Scheitern des satanischen Angriffs auf Golgatha vorhersah. Das Kreuz würde die Bühne für den großartigen Triumph des Sohnes vorbereiten. Seine Auferstehung würde die demütigende Niederlage Satans besiegeln, eine Botschaft der Hoffnung für alle Völker verkünden, und die Uhr für die endgültige Rückkehr des Lamm-Königs würde beginnen zu ticken.

Die nächsten Worte des Sohnes in diesem prophetischen Lied sind von großer Bedeutung. Er hört schon im Voraus die Worte seines Vaters:

> Sprich mich nur an, und ich gebe dir Völker, ja die ganze Erde zu deinem Besitz!
>
> *Psalm 2,8*

Der Preis für die Erlösung war zu diesem Zeitpunkt schon vollständig bezahlt, und es war an der Zeit, dass der Sohn zur Sehnsucht der Völker würde. Der Geist wartete darauf, gewöhnliche Menschen mit außergewöhnlicher Kraft zu bekleiden. Sie sollten auf der ganzen Welt zu Zeugen des Lebens und der Botschaft von Jesus werden. Das Licht würde die Dunkelheit besiegen – in den Herzen der Menschen wie in den Gemeinwesen. Eine neue, ewige Nation würde entstehen, ein buntgewirktes Bild erlöster Menschen aus allen Völkern, Stämmen und Sprachen, eine Königreichs-Kirche, die Christus hingebungsvoll und über alles liebt. Dies alles gehört zum Erbe des Sohnes. Aber er musste darum bitten. Der auferstandene, erhöhte Jesus hat das Recht erworben, Hohepriester und Fürsprecher für die ganze Menschheit zu sein (vgl. Hebräer 7,25). Er thront im Himmel als eine beständige Stimme der Fürbitte, die den Frieden verkündet – die Versöhnung von Gott und Menschen – und darum bittet, die Völker zum Erbe zu bekommen. Es ist eine freudige Fürsprache, bei der das Lachen des Vaters über den größten Triumph des Sohnes noch als Hintergrundrauschen zu hören ist.

Und in diese Feier sind wir einbezogen worden. Der Sohn hat sich entschieden, sein Recht zu bitten mit seiner Braut zu teilen. Er hat uns, seine Nachfolger, in seinen priesterlichen Rang einbezogen und uns eine Lizenz ausgestellt, in seinem Namen zu bitten. Sein Geist hat das erste Wort des Priestertums des Sohnes in uns hervorgebracht: „Abba, Vater" (Galater 4,6). Es ist alles Teil des großen Plans des Vaters. Tatsächlich gibt es Taten göttlicher Macht, die der Vater während des irdischen Wirkens seines Sohnes bewusst zurückhielt. Sie waren für die Zeit reserviert, in der der Sohn sie zusammen mit seiner auserwählten Braut tun würde. Jesus nennt sie „größere Dinge", Werke, die diejenigen in den Schatten stellen, die er während seines öffentlichen Wirkens getan hatte. Und sie beinhalten, dass wir von dem Recht Gebrauch machen, das seine Gemeinde in seinem Namen erhalten hat:

> Ja, ich versichere euch: Wer mir vertraut und glaubt, wird auch solche Dinge tun, ja sogar noch größere Taten vollbringen. Denn ich gehe zum Vater, und alles, worum ihr dann in meinem Namen bittet, werde ich tun, damit der Vater im Sohn geehrt wird. Was ihr also in meinem Namen von mir erbittet, werde ich tun.
>
> *Johannes* 14,12–14

Durch seinen Geist bevollmächtigt, lebt sein Volk in einer dynamischen Partnerschaft mit ihm, um sein Erbe der Völker mit ihm zu teilen. Er ist die treibende Kraft, die seine Gemeinde zu außergewöhnlichen Werken führt, die damit verbunden sind, dass wir von unserem Recht Gebrauch machen, in seinem Namen zu bitten.

Gott um konkrete Dinge zu bitten (das Bittgebet), kann vieles und sehr Unterschiedliches umfassen. Aber bittendes Gebet ist im Kern ein Ruf danach, das Gottes Königreich auf der Erde errichtet werden soll. Es ist die Sehnsucht, dass der König seine Herrschaft offenbaren soll. Egal, ob es sich um eine internationale Krise, eine strategisches Missionsprojekt, ein krankes Baby, eine Schulprüfung oder ein geschäftliches Dilemma handelt: Das Gebet um Hilfe ist ein Ruf nach der Herrschaft Christi in unserer Welt.

Besonders in persönlichen Krisen ist es so leicht, diese Perspektive zu verlieren. Bedrängende Umstände sind für das Königreich Christi immer eine Gelegenheit, den Status quo zu verändern. Unsere Bitten im Namen Jesu sind eigentlich der Ausdruck seines Verlangens, das Erbe in Besitz zu nehmen, das er mit seinem Leben erworben hat. Und auch wir äußern unsere Bitten vor dem vernehmlichen Hintergrundrauschen des Lachens des Vaters. Jedes Mal, wenn wir von unserem Recht zu bitten Gebrauch machen, feiern wir zusammen mit dem Vater freudig den Triumph der Auferstehung. Gebetsfreude ist mehr, als die erhaltenen Antworten zu feiern. Sie beinhaltet auch, dass wir bereits das Bitten feiern, das zu den Antworten führt.

Aber es gibt eine weitere, noch tiefere Ebene der Gebetsfreude, eine, die den Kern eines von Freude geprägten Gebetslebens bildet.

Das Herzstück des erfüllenden Gebets

Das Kreuz hat der Trennung ein Ende gemacht – der Vorhang im Tempel zerriss. Durch einen Schlag eines gewaltsamen Urteils wurde unser Stellvertreter zermalmt, die Schuld für die Sünde wurde bezahlt, und das Gerichtsurteil, das uns von Gott trennte, wurde aufgehoben. Durch seine Auferstehung wurde Jesus der „lebendige Weg", damit wir eine innige Beziehung mit Gott erfahren können (vgl. Hebräer 10,20). Die Erlösung hat uns hinter den Vorhang und in eine ewige Liebesgeschichte hineinversetzt. Gottes Liebe für uns ist zärtlich und doch stark und unnachgiebig. Sie ist wie ein Feuer, das nicht schwächer wird und nicht ausgelöscht werden kann (vgl. Hohelied 8,6–7). Die Freiheit würde ohne die innige Beziehung mit ihm hohl und leer sein. Gott, der Liebende, genießt es, unser Helfer zu sein. Deshalb ermutigt uns der Schreiber des Hebräerbriefes, um Hilfe zu bitten, wenn wir sie brauchen:

> Darum wollen wir mit Zuversicht vor den Thron unseres überaus gnädigen Gottes treten, damit wir Gnade und Erbarmen finden und seine Hilfe zur rechten Zeit empfangen.
>
> *Hebräer 4,16*

Gott gibt seine Barmherzigkeit und Gnade großzügig, aber er will gebeten werden. Bitten ist ein Ausdruck von Vertrauen, und Vertrauen ist unser Glaubensbekenntnis, dass Gott so ist, wie er es von sich selbst sagt. Aber hier ist der Teil, den wir so leicht vergessen können: Bitten bringt uns zum „Thron der Gnade“. Unser Helfer ist immer erreichbar, barmherzig und voller Gnade, aber er ist ein König. Das Zugangsrecht bringt uns vor den „Thron der Majestät“ (Hebräer 8,19). Wir finden uns am Puls des Universums, im Brennpunkt des Lobpreises der Schöpfung, an der Quelle heiliger Schönheit selbst. Uns wird der Zutritt zum Hof des Allerhöchsten erlaubt, wo Beschlüsse gefasst werden, die den Lauf der Geschichte bestimmen und die Grenzen der Zeit festlegen. Wir nennen ihn „Vater“ und sprechen mit ihm so selbstverständlich wie seine kleinen Kinder an, aber doch in dem Bewusstsein, dass wir mit unermesslicher Macht in Berührung kommen.

Leider sind wir oft so sehr auf unser Anliegen fokussiert, dass wir die Realität des Herrscherthrons Gottes übersehen. Jede menschliche Notsituation, die wir in der Arena unseres Lebens erfahren, soll uns zu seinem Thron bringen. Gott möchte unsere erste Anlaufstelle in Zeiten der Not sein, ob nun für uns selbst oder für andere. Aber das Zutrittsrecht haben wir nicht in erster Linie deswegen, damit wir Antworten auf unsere Anliegen bekommen. Unsere Schwierigkeiten dienen höheren Zielen. Sie bringen uns vor den Thron, damit wir Einblicke in Gottes Wesen erhalten, die wir sonst vielleicht verpasst hätten. Der Geist benutzt die Umstände des Lebens, angenehme wie unangenehme, als Wegweiser, die uns zum

Thron Gottes führen, damit wir ihn sehen und von dem Anblick betroffen sind.

Im Gebet geht es mehr um unsere Reaktion auf das Wesen Gottes als um seine Reaktion auf das Wesen unserer Bedürfnisse. Es ist gut, Bedürfnisse aufzuschreiben; das gehört zu einem verantwortungsvollen Umgang mit der Gebetsgnade. Aber wenn das Gebet hauptsächlich zur Abarbeitung einer Wunschliste vor Gott wird, ist der entscheidende Punkt daran, das Zugangsrecht zu Gott zu haben, verfehlt worden. Und wenn wir diesen Punkt verpassen, können wir die Freude verpassen.

Um mit Freude zu beten, müssen wir in erster Linie lernen, uns an Gott zu freuen. Der Pastor, Evangelist und Waisenhausvater aus dem 19. Jahrhundert, Georg Müller, sagte: „Meiner Ansicht nach ist der wichtigste Punkt, auf den man achten muss, dieser: Vor allem anderen achtet darauf, dass eure Seele Freude am Herrn hat. Andere Angelegenheiten mögen euch bedrücken, die Arbeit für den Herrn mag sogar dringende Aufmerksamkeit fordern, aber ich wiederhole ganz bewusst: Von größter und höchster Wichtigkeit ist es, dass ihr vor allem anderen danach strebt, dass eure Seele in Gott wirklich glücklich ist! Versucht, dies jeden Tag zur wichtigsten Angelegenheit eures Lebens zu machen."[3]

Dabei sein, wenn Gott sich selbst feiert

Wer sich Zeit nimmt, die Freude an der Anbetung des auf dem Thron sitzenden Herrn zu genießen, wird mit größerer Wahrscheinlichkeit aus einem Herzen beten, das vor Gott zur Ruhe gekommen ist. Wenn ein Gebet nur eine schnelle Reaktion auf eine Krise oder Notlage ist, wird es leicht zum Bemühen, Gott davon zu überzeugen, was er unserer Meinung nach tun sollte. Anmaßendes Gebet, wie gut es sich auch anhören mag, hat gewöhnlich keinerlei Autorität, weil ihm die beglaubigende Unterschrift Gottes fehlt. Wenn man sich Zeit nimmt, ihn anzubeten, unterbricht das die Panikleitung unseres Verstands. Gott anzuschauen ruft Staunen, Lob, Anbetung und Dankbarkeit hervor und lässt unser Herz und unseren Geist zur Ruhe kommen. Ein Herz und ein Verstand, die in Gott ruhen, werden leichter in eine Gebetsperspektive gelenkt, die mit seinen Gedanken übereinstimmt. Es ist dieses innere Zeugnis des Einklangs mit ihm, aus dem sich unser Vertrauen und die Erwartung einer Erhörung unseres Gebets speisen (vgl. 1. Johannes 5,14–15).

Manchmal lässt die Anbetung des erhöhten Herrn wenig oder gar keinen Raum für Bitten – nicht, weil die Bedürfnisse unwichtig wären, sondern weil der Thron die Hauptsache ist. In unserem Lernprozess müssen wir sensibel dafür sein, wie der Geist unser Beten führt. Schließlich weiß der vollkommene Beter am besten, wann es Zeit ist, vom Anbeten zum Bitten überzugehen. Er wird uns nie tadeln, wenn wir zu großzügig im Lobpreis sind. Gott misst den Wert einer Gebetszeit nicht an ihrer Länge oder der Anzahl der behandelten Punkte, sondern daran, dass unser Herz sich an ihm freut und wir eins werden mit seinen Gedanken.

Gottes größte Freude ist er selbst. Das ist kein eitler Egoismus, sondern Realismus. Gott weiß, dass es nichts und niemanden gibt, der reiner, großartiger und würdiger ist, von den Menschen bewundert zu werden, als er selbst, der vollkommene Schöpfer. Seine Freude liegt in der Gemeinschaft der Gottheit – darin, der zu sein, der er ist. Diese Freude war vor der Zeit vollkommen und kann durch die Schöpfung weder verringert noch gesteigert werden. Sein Wirken ist Ausdruck der vollkommenen Freude, nicht das Mittel, um sie zu erreichen. Und seine Freude ist die Quelle unserer Freude (vgl. Nehemia 8,10). Er hat uns geschaffen, damit wir uns an ihm freuen, so wie er sich selbst feiert. Und auf eine Art und Weise, die wir nicht ganz verstehen, freut sich der Gott der vollkommenen Freude über unsere Reaktionen auf ihn. Er freut sich, wenn wir über ihn jubeln. Er weiß, dass wir, die wir sein Ebenbild sind, am zufriedensten und produktivsten sein werden, wenn wir ihn zu unserer höchsten Freude machen.

Die Fähigkeit, uns an ihm zu freuen, ist nicht nur eine zukünftige Belohnung, sondern ein Geschenk für die Gegenwart; sie ist der Kern des Lebens in Gemeinschaft mit ihm. Uns in ihm zu freuen (und daran teilzunehmen, dass Gott sich selbst feiert) beginnt nicht immer mit beseligenden Gefühlen. Vielmehr ist es eine bewusste Reaktion darauf, dass wir etwas von seinem Wesen erkennen. Wir werden ständig mit Gründen überschüttet, uns über und an Gott zu freuen, aber wie ein Reisender, der mit geschlossenen Augen durch eine Landschaft fährt, können wir die vom Geist geschenkten Einblicke in sein Wesen leicht verpassen. Und wenn wir ihn nicht sehen, verpassen wir die Momente des Feierns mit ihm. Die ungestörte Freude an Gott ist und wird immer der Kern des Gebets sein, das uns beglückt und unsere Seele erfüllt.

Zum Nachdenken und Umsetzen

Gebetserhörungen sind ein Grund, Gottes Güte zu feiern. Schreib zwei deiner aktuellen Gebetsanliegen auf. Schreib daneben jeweils einen „Feierplan", eine kurze Notiz, wie du der Freude über Gottes Antworten Ausdruck geben willst, wenn sie kommen.

• • •

Denk an eine kürzliche Gebetserhörung. Welche Aspekte von Gottes Wesen macht sie dir deutlich? Nimm dir Zeit dafür, ihn zu feiern, indem du nicht nur deine Freude über die Gebetserhörung ausdrückst, sondern auch über die besondere Schönheit seiner Herrlichkeit, die du darin siehst.

• • •

Konzentriere dich nun auf dein aktuell dringendstes Gebetsanliegen. Stelle dir hierzu zwei Fragen:

- Ist dies eine Gelegenheit für Christus, seine Herrschaft zu demonstrieren? Auf welche Weise?
- Inwiefern ist der Triumph von Christus (sein Tod und seine Auferstehung) relevant für diese Bitte?

• • •

Bring nun dieses Anliegen ein in den Jubel des Vaters über den Triumph Jesu (lache mit ihm, rufe laut, singe, tanze, klatsche in die Hände oder drücke deine Freude in irgendeiner anderen kreativen Weise aus im Bewusstsein dessen, was der Triumph Jesu für dein Anliegen bedeutet).

• • •

Lies Hebräer 4,16: „Darum wollen wir mit Zuversicht vor den Thron unseres überaus gnädigen Gottes treten, damit wir Gnade und Erbarmen finden und seine Hilfe zur rechten Zeit empfangen."

- „Darum wollen wir mit Zuversicht vor den Thron unseres überaus gnädigen Gottes treten." Was löst dies in dir aus?
- Wie beeinflusst die Tatsache, dass der, der auf dem Thron sitzt, mit dir ist, dein Gebet?

- Durch das Opfer Christi wurde dir das Zutrittsrecht zum Thron gegeben. Lies Offenbarung 4. Welche Gefühle löst das, was du siehst und hörst, während du dich dem Thron näherst, in dir aus?
- Schreibe mit dieser Szene vor Augen ein paar Lobpreisgebete. Beginne mit den Worten: „Du bist würdig“ (Offenbarung 4,11).

2
Ein begeisternder Anblick

Das Bild des Beters, der überwältigt von der Trauer über die Sünde und der Dankbarkeit für die Erlösung vor dem Kreuz kniet, ist ein gutes Bild. Dasselbe gilt für das Bild des Beters, der vor dem Eingang des leeren Grabes tanzt. Aber keines dieser Bilder bringt die volle Würdigung und Bedeutung des Höhepunkts zum Ausdruck: Jesus, erhöht zur Rechten des Vaters in Herrlichkeit.

Die Wichtigkeit des Gebets, sowohl als Dienst für Gott als auch als Mittel, um Geschichte zu gestalten, macht es unumgänglich, dass wir beim Gebet einen klaren Blick auf Christus haben, der zur Rechten des Vaters auf dem Thron sitzt. Wir verstehen seinen Tod und seinen Triumph in der Auferstehung am besten, wenn wir beides vom Thron des Königs Jesus aus betrachten.

Den erhöhten Christus zu sehen und als Menschen zu beten, die ihm die Ehre geben, wird unsere Betonung des Kreuzes nicht abschwächen, sondern stärken und das Gebet für unsere Welt leidenschaftlich machen. Unser Zutrittsrecht zum Thron schließt die Befähigung durch den Heiligen Geist ein, Jesus in seiner Herrlichkeit zu sehen und darauf zu reagieren. Wir dürfen neben Christus stehen, nicht nur, um an seinem Triumph und seiner Autorität teilzuhaben, sondern auch, um aus nächster Nähe zusammen mit dem Vater Mitbewunderer von Jesus zu sein.

Eine Ankündigung, dass alles Leid bald ein Ende haben würde, wäre für die ersten Christen eine willkommene Schlagzeile gewesen. Aber das war nicht die Botschaft des Apostels Paulus an die Gemeinde in Thessaloniki. Was er jedoch versprach, war ein zukünftiges Gericht für ihre Verfolger. Er kündigte an, dass Jesus „in loderndem Feuer" (2. Thessalonicher 1,8) wiederkommen, die Verfolger bestrafen und seine verfolgte Gemeinde gerettet werden würde. Die Strafe wird das schreckliche Urteil beinhalten, „für immer vom Herrn getrennt und von seiner Macht und Herrlichkeit ausgeschlossen" (2. Thessalonicher 1,5–10) zu werden. Es wird ein Tag des Schreckens für diejenigen sein, die auf der falschen Seite Gottes leben. Aber der Höhepunkt des endzeitlichen Handelns Gottes wird nicht das Gericht über die Ungläubigen sein. Das große Crescendo wird eine atemberaubende Darstellung der Herrlichkeit Christi sein. Das Gericht wird nur ein Element in dieser endgültigen Enthüllung des strahlenden Glanzes seines Wesens sein.

Wir sprechen gerne von Gottes Eigenschaften und komponieren Lieder über seine Größe. Aber der letzte Tag wird uns zeigen, wie wenig wir wussten. Doch die Tatsache, dass wir jetzt nicht so viel von ihm erkennen können, wie es dann der Fall sein wird, sollte uns nicht davon abhalten, mehr sehen zu wollen, als wir jetzt sehen. Gottes Barmherzigkeit hat unser Herz befreit und ermöglicht uns, genau das zu tun, und der Blick auf Jesus auf seinem Thron macht uns zu Betern, denen es nie an Gründen zur Freude fehlt.

Mit erhobenem Herzen leben

Wenn ihr nun mit Christus, dem Messias, zu einem neuen Leben auferstanden seid, dann richtet euch auch ganz nach oben aus, wo Christus ist: auf dem Ehrenplatz neben Gott. Seid auf das Himmlische bedacht und nicht auf das Irdische. Denn ihr seid gestorben, und euer Leben ist zusammen mit Christus verborgen in Gott. Wenn Christus, euer Leben, einmal allen sichtbar werden wird, dann wird auch offenbar werden, dass ihr seine Herrlichkeit mit ihm teilt.

Kolosser 3,1–4

Der Auftakt zu diesen Versen ist wichtig. Paulus nimmt die Christen in Kolossä hinein in einen Anlauf zu einem Lobpreis auf Gottes Barmherzigkeit, der drei Schlüsselbegriffe enthält: „lebendig gemacht“, „vergeben“ und „gelöscht“.

Bevor sie Christen wurden, waren sie geistlich tot, aber Gott hat sie *lebendig gemacht* (Kolosser 2,13). Gottes Modell der neuen Schöpfung ist Christus. Er rettet die Sünder und gestaltet uns um nach dem Bild Christi, indem er unserem Leben Ewigkeit schenkt. Die Erlösung ist keine oberflächliche kosmetische Korrektur, sondern eine neue Lebensqualität, eine Wiedergeburt in der Fülle Christi (vgl. Kolosser 2,10).

Dieses Geschenk des Lebens kann Gott jedoch nicht an Menschen geben, die wegen der Sünde seine Feinde sind. Die Sünde beleidigt Gottes Herrlichkeit und muss gerichtet werden. In einem enormen Akt der Barmherzigkeit hat Gott uns *vergeben* (vgl. Kolosser 2,13). Doch die Frage der Schuld musste geklärt werden; Gottes Heiligkeit erlaubt es ihm nicht, sie einfach zu ignorieren. Wieder triumphierte die Barmherzigkeit, und Gott wählte einen Weg, um seine Gerechtigkeit und seine Liebe zu uns in Einklang zu bringen. Er tilgte unsere Schuld (vgl. Kolosser 2,14), indem er Jesus, den perfekten Stellvertreter, sandte, um am Kreuz mit der ganzen Härte der von uns verdienten Strafe geschlagen zu werden. Sein Tod an unserer Stelle hat den Eintrag unserer Sünde *gelöscht* und ließ Satan „entwaffnet“ (Kolosser 2,15), ohne eine legitime Klage gegen uns, zurück.

Diese Feier der Barmherzigkeit – der aufgehobenen Schuld und der vergebenen Sünde, um uns mit Christus lebendig zu machen – bildet den Hintergrund für die wichtige Wahrheit, die Paulus dann mit seinen Lesern teilt:

> Wenn ihr nun mit Christus, dem Messias, zu einem neuen Leben auferstanden seid, dann richtet euch auch ganz nach oben aus, wo Christus ist: auf dem Ehrenplatz neben Gott.
>
> *Kolosser* 3,1

In seiner Barmherzigkeit hat Gott uns zu neuem Leben erweckt, damit wir mit erhobenem Herzen leben können. Wir haben eine Lebensqualität erhalten, in der wir bereits das „Oben" genießen dürfen, während wir noch in unserer zerbrochenen Welt „unten" leben. Unser Herz soll sich von dem, was vergeht und verschwindet, auf die dauerhafte Wirklichkeit des „Oben, wo Christus auf dem Ehrenplatz sitzt", ausrichten.

Bei „oben" geht es nicht um die räumliche Entfernung, sondern um den Kontrast. Es bezieht sich auf das ewige geistliche Reich, das das vergehende irdische Reich übertrifft. Das Wunder des Immanuel hat die Distanz aufgehoben: Das „Oben" ist zu uns gekommen.

Der vierte Vers des Textes führt uns zum endgültigen Höhepunkt, dem Tag, an dem wir mit Christus in Herrlichkeit offenbar werden und er seine ganze Pracht enthüllen wird:

> Wenn Christus, euer Leben, einmal allen sichtbar werden wird, dann wird auch offenbar werden, dass ihr seine Herrlichkeit mit ihm teilt.

Von unserem heutigen Standpunkt aus ist der Blick auf diesen zukünftigen Tag eingeschränkt. Dass er kommt, ist gewiss, aber seine Einzelheiten sind ein Geheimnis. Wir können jedoch sicher sein: Alle Herzen werden auf den in Herrlichkeit wiederkommenden Jesus gerichtet sein. An diesem Tag wird der Lobpreis ein Ausmaß erreichen, das es in der Geschichte noch nie gab. Die Leidenschaft der Anbetung wird keine Grenzen kennen. Es wird eine Szene ungebremsten heiligen Staunens sein. Der Anblick des verherrlichten Christus wird unsere ehrfürchtige Bewunderung für ihn in nie dagewesene Höhen erheben. Seine Erscheinung wird seiner Braut einen Seufzer des Staunens entlocken. Und das wird nur der Anfang sein.

Von da an werden wir ein endloses Schauspiel genießen, in dem Gott seine Schönheit für uns entfaltet. Keine andere Schönheit, kein Klang und keine Tätigkeit werden unsere Aufmerksamkeit von ihm ablenken können, nicht einmal für eine Mikrosekunde. Ihn zu sehen, wird die erste und bleibende Freude des ewigen Lebens sein. Unsere Herzen werden von nichts Geringerem angezogen werden oder mit etwas anderem zufrieden sein. Er wird unser Leben vollständig ausfüllen, vom Zentrum bis in die Randbereiche. Es wird keine flüchtigen Blicke in seine Richtung geben, sondern nur gebanntes, hingerissenes Schauen. Die Grundordnung des ewigen Lebens wird Offenbarung und Staunen sein. Wir werden ihn von Angesicht zu Angesicht sehen (vgl. 1. Korinther 13,12), ihn umfassend kennen und doch immer wieder neue Facetten seiner Schönheit entdecken.

Der Tag, an dem „offenbar werden wird, dass wir seine Herrlichkeit teilen", ist noch nicht gekommen. Aber der Geist fordert uns eindringlich auf, mit erhobenem Herzen zu leben, und stellt uns damit das Bild dieses zukünftigen Tages vor Augen, damit wir heute so leben, als ob jener Tag bereits gekommen wäre. Mit anderen Worten: Wir werden die unmittelbare Gegenwart von Christus unter uns erkennen und auf ihn bereits heute so reagieren, wie wir es tun werden, wenn wir ihn schließlich in Herrlichkeit sehen. Natürlich nicht in demselben Maße wie in der Zukunft, aber mit einer ähnlichen Ausrichtung des Herzens.

Jesus anzuschauen ist keine Erfahrung, die der Zukunft vorbehalten ist; es ist eine Erfahrung, die das zu Gott erhobene Herz im Hier und Jetzt machen kann. Wir sehen ihn als das Kind von Bethlehem und den Zimmermann von Nazareth. Wir haben ihn als gekreuzigtes Lamm und als das auferstandene Leben erkannt. Das erhobene Herz erblickt in diesen Wahrheiten etwas von Gottes Herrlichkeit. Aber es sieht noch mehr. Es sieht den triumphierenden Christus auf seinem Thron, gekrönt mit der Herrlichkeit und Ehre, die er bereits vor der Schöpfung besaß (vgl. Johannes 17,5 – Hebräer 2,9). Es stimmt, dass wir seine enthüllte Herrlichkeit jetzt nicht so sehen wie am Tag seiner Wiederkehr. Aber dass wir durch die Gnade des Geistes jetzt schon etwas davon sehen können, ist mehr als ausreichend für ein lebenslanges Staunen.

Das erhobene Herz öffnet sich für den Blick auf den Einen, dessen Herrlichkeit „oben" im Mittelpunkt der Aufmerksamkeit steht und immer stehen wird. Als heilige Priester Christi leben wir in der Welt, aber unser Herz hat seinen Platz vor seinem Thron. Nichts in der Schöpfung hat einen so unmittelbaren Zugang zu ihm und eine solche Fähigkeit, ihn anzubeten, wie die von ihm erlösten und geisterfüllten Menschen es können. Und wenn die ehrfurchtsvolle Bewunderung für ihn Priorität hat, wird die Reise zur Entdeckung des Gebets, das durch Freude bestimmt ist, so endlos wie die Dimensionen der Schönheit Gottes.

In seinem Buch *Gottes Nähe suchen* schließt A. W. Tozer sein Kapitel „Gott kennenlernen und begreifen" mit diesem Gebet: „O Herr, erwecke in mir die geistlichen Fähigkeiten, dass ich die ewigen Dinge erkennen lerne. Öffne mir die Augen, dass ich sehen lerne; schärfe mein geistliches Wahrnehmungsvermögen; hilf mir, Dich zu schmecken und zu erkennen, wie freundlich Du bist. Lass Dein Reich für mich realer werden, als es irgendein irdisches Ding jemals gewesen ist. Amen."[4]

Stell dir vor, du bekommst eine Luxuskreuzfahrt geschenkt. Dein großzügiger Sponsor wird die gesamte Reise zu einigen der paradiesischsten Orte der Erde finanzieren. Aber es gibt da ein kleines Detail im Kleingedruckten: Du wirst nichts sehen. Du musst dich in einer fensterlosen Kabine einschließen lassen. Du wirst exotische Orte besucht haben, aber nichts gesehen haben. Was ist dann der Sinn der Reise? Zu sagen: „Ich war dort", ist ein armseliges Vergnügen, wenn man nur von den Mitreisenden hört, was diese gesehen haben, aber die Schönheit der Orte nicht selbst erlebt hat.

Wir sind lebendig gemacht worden, „mit Christus auferweckt", um das „Oben" zu genießen, während wir auf der Erde leben. Um den Preis seines Lebens hat Christus uns befreit, damit wir mit erhobenen Herzen leben können. Das muss mehr sein als ein Glaubensbekenntnis, das in einer fensterlosen Kabine rezitiert wird. Unser Blick auf das „Oben" soll unser Leben als Beter „unten" nachhaltig bestimmen.

Mit geöffneten Augen beten

In Johannes' Vision der offenen Tür im Himmel in Offenbarung 4 zeigen uns die vier lebendigen Wesen etwas über grenzenloses Staunen. Sie sind über und über mit Augen bedeckt, die auf die Herrlichkeit auf dem Thron gerichtet sind. Während sie am Thron stehen, singen sie: „Heilig, heilig, heilig ist Gott, der Herr, der allmächtige Herrscher, der war und der ist und der kommt!" (Offenbarung 4,8). Ihr Lobgesang hört Tag und Nacht nicht auf. Die Worte bleiben dieselben, aber der Lobpreis ist nie lediglich eine Wiederholung. Ihre vielen Augen nehmen ständig neue Aspekte seiner heiligen Schönheit auf. Was sie sehen, nährt neue Rufe des Staunens. Es gibt keinen abgestandenen Lobpreis, keinen Moment ohne Grund, Gott zu bewundern.

Ein Leben im Staunen ist nicht für die Zukunft reserviert; Immanuel ist gekommen, um von seinem Volk schon jetzt bewundert zu werden. Der Geist ist ständig bei uns, um uns zu helfen, unsere so leicht ablenkbaren Herzen zu fokussieren. Unser Blick auf Christus muss beständig und immer wieder frisch sein.

Wenn unsere Augen einen atemberaubenden Anblick in der Natur oder ein schönes Kunstwerk erblicken, kommt es zu einer ästhetischen Reaktion. Unsere Gefühle sind so veranlagt, dass sie auf Schönheit reagieren. Doch die Schönheit der Schöpfung ist blass und unscheinbar im Vergleich zu der Schönheit ihres Schöpfers. Seine Gegenwart wird mit „unzugänglichem Licht" verglichen (vgl. 1. Timotheus 6,16). Seine Gestalt projiziert ein Kaleidoskop leuchtender Farben, wie man sie auf der Palette eines Künstlers nie gesehen hat. Die schönste Musik der Welt ist eine langweilige Monophonie, verglichen mit dem Klang Gottes. Wenn der Anblick und die Geräusche des himmlischen Thronsaals auch nur für eine Sekunde ungefiltert in unsere kleine Welt eindringen würden, wäre die Reizüberflutung für unsere Sinne mehr, als wir aushalten könnten. Doch Gott hat in unseren erstaunlichen Geist-Mensch-Schaltkreis ein Resonanzzentrum eingebaut, das auf seinen Anblick und Klang reagiert. Wozu sollte das gut sein, wenn er uns nicht tatsächlich seine Schönheit offenbaren wollte? Das ist Teil der Mission des Heiligen Geistes. Er ist bei uns als Trainer der erhobenen Herzen und schult geduldig unsere inneren Augen, damit wir mehr und mehr von der herrlichen Sicht aufnehmen können, die er von Christus hat. Diese Erfahrungen von Erkenntnis und unserer Reaktion darauf sind ein lebenslanger Aufstieg, der uns verändert – eine Verwandlung, die von wahrer Freiheit zeugt (vgl. 2. Korinther 3,17–18). Doch damit sie geschieht, müssen wir uns abgewöhnen, lediglich hastige Blicke in Richtung Jesus zu werfen. Die Zeit, die wir mit dem Blick auf ihn verbringen, ist eine Investition, die sich in unserem Leben auszahlt.

Die „Augen des Herzens" (Epheser,1,18) werden dadurch gestärkt, dass wir sie gebrauchen; wenn wir sie vernachlässigen, werden sie geschwächt. Als Lektion hat uns Jesus einen Bericht darüber hinterlassen, wie dies in einer der frühen Gemeinden passiert ist:

> Schreib an den Engel der Gemeinde in Laodizea: Der, der Amen heißt, der treue und wahrhaftige Zeuge, der Ursprung von Gottes Schöpfung, lässt dir sagen: Ich kenne dein Tun und weiß, dass du weder heiß noch kalt bist. Wenn du doch das eine oder andere wärst! Doch du bist lau, weder heiß noch kalt. Darum werde ich dich aus meinem Mund ausspucken. Du sagst: ‚Ich bin reich und wohl versorgt; mir fehlt nichts.' Aber du weißt nicht, wie erbärmlich und jämmerlich du dran bist: arm, nackt und blind. Ich rate dir, Gold von mir zu kaufen, Gold, das im Feuer geläutert ist, damit du reich wirst, und weiße Kleider, damit du etwas anzuziehen hast und man die Schande deiner Nacktheit nicht sieht, und Salbe für deine Augen, damit du sie einsalben und dann wieder sehen kannst. Alle, die ich lieb habe, weise ich zurecht und erziehe sie. Mach endlich Ernst und ändere deine Einstellung! Merkst du nicht, dass ich vor der Tür stehe und anklopfe? Wer mich rufen hört und mir öffnet, zu dem gehe ich hinein, und wir werden miteinander essen – ich mit ihm und er mit mir. Wer den Kampf besteht, dem werde ich das Recht geben, mit mir auf meinem Thron zu sitzen, so wie auch ich den Kampf bestanden und mich mit meinem Vater auf seinen Thron gesetzt habe. Wer hören will, achte auf das, was der Geist den Gemeinden sagt!
>
> *Offenbarung 3,14–22*

Das antike Laodizea war eine reiche Stadt. Sie war das finanzielle Zentrum und der Handelsknotenpunkt in Kleinasien. Als die Stadt im Jahr 60 n. Christus durch ein Erdbeben zerstört wurde, lehnte sie Hilfsangebote aus Rom ab. Die Stadt war stolz darauf, sich selbst wieder aufbauen zu können.[5] Die wohlhabende Gemeinde in der Stadt hatte die gleiche Einstellung. In seiner Botschaft an die Gemeinde wiederholt Jesus ihre Worte: „Ich bin reich und wohl versorgt; mir fehlt nichts." Dann fügt er hinzu: „Aber du weißt nicht, wie erbärmlich und jämmerlich du dran bist: arm, nackt und blind" (Offenbarung 3,14–22). Die Botschaft Christi an die Gemeinde zeichnet das Bild einer unendlich bedürftigen Gemeinde. Das Traurigste daran ist, dass sie sich an ihre geistliche Mittelmäßigkeit gewöhnt hatte; sie hatte den Blick für Gottes Maßstab für Normalität verloren. Die Christen in Laodizea hatten sich nicht von Christus losgesagt oder es aufgegeben, sich zu Gemeindeaktivitäten zu treffen, aber es gab keinerlei Anzeichen für geistliche Leidenschaft, Wachstum und Mission. Sie waren „lauwarm" geworden: weder kalt noch heiß, nur eben lauwarm.

Die Sprache ist hier bildhaft. Nur wenige Kilometer von der Stadt entfernt und wie Laodizea im Flusstal des Lykus, lagen die Schwesterstädte Hierapolis und Kolossä. Das nördlich gelegene Hierapolis war für seine heißen Quellen mit heilenden Eigenschaften bekannt. Kolossä hingegen verfügte über zahlreiche erfrischend kalte Bäche.[6] Laodizea bezog sein Wasser über Rohrleitungen aus dem Süden. Wenn das Wasser die Stadt erreichte, war es ekelerregend lauwarm. Es hatte weder die heilende Wirkung der heißen Quellen noch bot es die Erfrischung des kühlen Wassers von Kolossä. Christus benutzt die Metapher der Wasserversorgung der Stadt, um den geistlichen Zustand der Gemeinde zu beschreiben. Ihre geistliche Lauheit ist Jesus so zuwider, dass er sie warnt, er werde sie ausspucken, um die Beziehung zu beenden.

Ein Wort in der Anklage sticht hervor: „Blind“. Der Verlust der geistlichen Sehkraft spiegelt den Zustand der Christen in Laodizea. Sie hielten sich für geistlich fit, aber in Wirklichkeit waren sie arm und nackt. Sie hatten zugelassen, dass sich ein Schleier über ihre inneren Augen legte, ein Zustand, der ein Leben im Einklang mit Christus unwahrscheinlich, wenn nicht gar unmöglich machte. Sie waren nicht in der Lage zu erkennen, wie schrecklich ihre geistliche Armut war.

Wie konnte das geschehen? Sie hatten sich an die Werte ihrer Stadt angepasst, anstatt in ihr eine Veränderung zu bewirken. Sie waren nur mit ihrer materiellen Lebenswelt beschäftigt. Die Blindheit kam nicht plötzlich. Das wachsende Interesse an materiellem Reichtum hatte zu einem allmählichen Desinteresse an geistlichem Reichtum geführt. Schließlich gewöhnten sie sich daran, mit einer geschwächten inneren Sehkraft zu leben. Die Fähigkeit des Herzens zu staunen, zu bewundern und Herrlichkeit anzustreben, war durch materielle Verlockungen unterdrückt worden. Sie hatten nicht aufgehört, an Christus zu glauben oder für ihn zu arbeiten, aber sie hatten ihn nicht mehr vor Augen.

Die gute Nachricht, die Christus dieser Gemeinde verkünden lässt, ist die: Blindheit ist heilbar. Aber der Weg zur Wiedererlangung des Augenlichts erforderte einen mutigen Schritt in die richtige Richtung. Mutig, weil es bedeutete, der harten Diagnose von Christus zuzustimmen und dann lange genug von ihren religiösen Aktivitäten Abstand zu nehmen, um diesen zukunftsverändernden Schritt zu tun. Der Herr der Gemeinde war außen vor, eine Symbolfigur am Rande, statt der thronende Herr im Zentrum ihres Lebens zu sein. Weil die Gemeinde den König nicht mehr sah, lebte sie nicht mehr im Staunen. Wenn es eine Zukunft mit ihm geben sollte, musste es eine Veränderung geben. Natürlich hätte er die Tür aufbrechen und eine Reaktion erzwingen können, aber wenn das innere Sehvermögen wiederhergestellt werden soll, muss das Herz seine bereitwillige Zustimmung geben.

Zunächst mussten sie die Entscheidung treffen, an die Tür zu gehen und willentlich die erneute Übernahme der Gemeinde durch Jesus zu akzeptieren. Erst danach konnte die Augentherapie beginnen. Jesus und seine Gemeinde würden Zeit miteinander verbringen – in aller Ruhe und mit voller Absicht. Christus beschreibt sie mit dem Bild des gemeinsamen Essens. Kein luxuriöses Festmahl, sondern das Lebensnotwendige. Es würde eine Zeit der Begegnung sein. Er wollte, dass die Gemeinde geistlichen Reichtum von ihm „kauft". Gegen welche Währung? Sie sollten ihm nichts weniger als ihre ganze Armut geben. So zu tun, als ginge es ihnen gut, würde ihnen nichts bringen. Sie mussten sich ihren erbärmlichen Zustand eingestehen und damit zu ihm kommen. Als Gegenleistung für ihre Armut, Nacktheit und Blindheit bietet Jesus ihnen dauerhaften Reichtum („Gold"), unverdiente Gerechtigkeit („weiße Kleider") und ein Geschenk an, das der Schlüssel zu einer Zukunft mit ihm im Mittelpunkt ist: erneuertes Augenlicht („Salbe für eure Augen, damit ihr wieder sehen könnt"). Solange sie es vermeiden würden, in den Trott der geschäftigen Betriebsamkeit zurückzufallen, würden sie die sehende Gemeinde Christi in Laodizea sein und ein Leben voller Staunen und Zeugniskraft führen.

Das war vor zweitausend Jahren. Doch auch heute noch lädt Christus sein Volk zu regelmäßigem gemeinsamem Essen ein. Die Zeiten der Begegnung, der Heilung oder des Schärfens der Sehkraft unseres Herzens sind heute genauso wichtig für das Leben in Gemeinschaft mit Gott wie damals. Vielleicht steht die Gemeinde von heute vor einer noch größeren Herausforderung, sich der Anpassung an materialistische Werte zu widersetzen und ihren hyperaktiven Lebensstil so zu verändern, dass Raum für eine ungestörte Zeit des Betrachtens entsteht.

Unabhängig von der Zeit oder dem Umfeld der Gemeinde ist der auf den Thron erhöhte Herr gegenwärtig, damit wir ihn bestaunen, und seine Gnade ermächtigt uns zu diesem mutigen Schritt hin zu einem erneuerten Sehen, wo es verloren gegangen ist.

Der Vorhang ist weggezogen worden, damit wir mit einem Anblick beten können, den zu genießen die Augen unseres Herzens geschaffen wurden. Der Heilige Geist lenkt unsere inneren Augen, um die geistliche Wahrheit zu „sehen", damit wir sie verstehen, wertschätzen und in die Praxis umsetzen können. In der heutigen hochtechnisierten, unterhaltungsorientierten Welt kann man sich leicht ablenken lassen. Volle Terminkalender erlauben zwar die Teilnahme an Gemeindeveranstaltungen, lassen aber oft wenig oder gar keine Zeit für persönliche geistliche Übungen. Wie die Muskeln beim Sport, so müssen wir auch die Augen unseres Herzens trainieren, sonst werden sie durch Vernachlässigung geschwächt. Wenn die innere Sehkraft nachlässt, wird unser Weg als Glaubende eher religiös als beziehungsorientiert. Pflicht und Routine ersetzen die Vertrautheit mit Christus. In vielerlei Hinsicht ist es einfacher, gute Aktivitäten zu planen und Veranstaltungen zu organisieren, als eine Kultur des Staunens über Gottes Gegenwart zu entwickeln.

Unser Priestertum ist ein ewiges Priestertum. Wir sind gerettet worden, um dem Vater für immer zu dienen (vgl. Offenbarung 1,5.6 und 5,9–10). Es ist ein unendlicher Dienst der Liebe, in dem wir ihm Freude bereiten, weil wir uns an ihm erfreuen. Der Schauplatz wird sich von diesem Zeitalter zum nächsten ändern, jedoch nicht der Mittelpunkt unseres Dienstes. Wenn der große Umzug ins neue Jerusalem stattfindet, wird unser Dienst bis auf den innersten Kern heruntergeschält werden. Es wird keine evangelistischen Predigten oder Bibelarbeiten mehr geben. Seelsorge, Missionseinsätze zu den Unerreichten und karitative Werke unter den Bedürftigen werden aufhören. Bittgebete für eine Welt in der Krise wird es nicht mehr geben. Unsere Aufmerksamkeit und Energie werden sich auf den soliden Kern, auf das Wesentliche konzentrieren, nämlich die Freude an Gott.

Dies war schon immer der Kern des priesterlichen Auftrags: ein Dienst als Antwort auf seine Erhabenheit. Der Dienst an der Menschheit entspringt exakt diesem Kern. Dennoch geht der Kernauftrag so leicht in der Hektik des Lebens verloren oder wird durch gute, auf den Menschen ausgerichtete Aktivitäten ersetzt, als wären sie ein legitimer Ersatz für den eigentlichen Kern: Freude an Gott.

Als ein Schriftgelehrter Jesus fragt, welches das wichtigste Gebot wäre, antwortet er:

> „Das wichtigste", erwiderte Jesus, „ist: ‚Höre, Israel! Der Herr, unser Gott, ist der alleinige Herr. Und du: Liebe den Herrn, deinen Gott, von ganzem Herzen, mit ganzer Seele, mit ganzem Verstand und mit all deiner Kraft!' An zweiter Stelle steht: ‚Liebe deinen Nächsten wie dich selbst!' Kein anderes Gebot ist wichtiger als diese beiden."
>
> *Markus 12,29–31*

Jesus hat gute Gründe dafür, die beiden wichtigsten Gebote in dieser Reihenfolge aufzuführen. Sie sind nicht gleichwertig und nicht austauschbar. Die Reihenfolge ist nicht umkehrbar. Das erstgenannte inspiriert und reinigt das zweitgenannte. Das erstgenannte ist das Gebot, das die Gemeinschaft der Erlösten in der Heiligen Stadt prägen wird. Als Priester des Lammes werden wir uns auf den unverbrüchlichen Kern konzentrieren – auf nichts Geringeres. Aber diese große Verlagerung des Priestertums hat noch nicht stattgefunden. Wir befinden uns immer noch im Lärm, in der Geschäftigkeit und im Chaos dieser Welt. Und mit Augen, die geöffnet wurden, um den erhöhten Herrn auf seinem Thron zu sehen, zu beten, ist eine Freiheit, die wir bewahren und nutzen müssen, wenn wir aus dem Zentrum leben wollen: aus dem Gebet der Freude an Gott.

Vom flüchtigen Eindruck zum aufmerksamen Anschauen

Wir sind innerlich rastlos, bis unser Herz ganz auf Christus gerichtet ist. Unser erhobenes Herz ist dazu bestimmt, Jesus zu betrachten, der zur Rechten des Vaters thront. Es kann sich nicht mit einem gelegentlichen Blick in seine Richtung zufriedengeben. Solange dieses Verlangen nicht durch konkurrierende Bilder erstickt wird, streben wir als seine erlösten Ebenbilder immer wieder nach einer neuen und klareren Vision davon, wie er ist. Unsere Bewunderung und Freude an Gott wachsen in dem Maße, in dem wir den Anblick seiner Schönheit lieben. Von Angesicht zu Angesicht stehen wir vor dem, der sich selbst „Wunderbar" (Jesaja 9,6) nennt. Seine Gegenwart wird am meisten dadurch geehrt, dass wir ihn preisen, daher sollte sich der umfangreichste und dringlichste Teil unseres Gebets nicht um unsere Bedürfnisse drehen, sondern um ihn, das einzig wahre und höchste Gut. Seine Heilstat hat uns gerettet, damit wir im Gebet zuerst Staunen und Lobpreis äußern und dann erst unsere Bedürfnisse nennen. Die Reihenfolge umzukehren bedeutet, die wahre Natur der Reise zu verfehlen:

> Wir sind also von einer ganzen Wolke von Zeugen umgeben. Deshalb wollen auch wir den Wettkampf bis zum Ende durchhalten und jede Last ablegen, die uns behindert, besonders die

Sünde, die uns so leicht umschlingt. Und dabei wollen wir auf Jesus schauen. Er hat gezeigt, wie der Glaubenslauf beginnt und wie er zum Ziel führt.

Hebräer 12,1–2

Die Augen unseres Herzens bestimmen die Qualität unseres Glaubensweges. Der Verfasser des Hebräerbriefs nimmt uns in Kapitel 11 mit in die Ruhmeshalle des Glaubens und gibt uns einen kommentierten Einblick in die Schwierigkeiten und die Belohnung ihrer Helden. Dann wechselt der Fokus von der Vergangenheit zum heutigen Leser. Der Staffelstab ist jetzt in unserer Hand. Wir sind aufgerufen, unseren Glaubensmarathon vor dem Erfahrungshintergrund dieser frühen Zeugen zu laufen. Wie wir laufen, wird davon beeinflusst, was wir sehen. Die Worte des Verfassers haben also eine gewisse Dringlichkeit: „Und dabei wollen wir auf Jesus schauen. Er hat gezeigt, wie der Glaubenslauf beginnt und wie er zum Ziel führt." Wenn wir siegreich laufen und uns nicht von verstrickenden Sünden und ablenkendem Ballast aufhalten lassen wollen, ist es wichtig, dass wir mit erhobenem Herzen leben, einem Herzen, das sich Zeit nimmt, vor dem Thron Jesu zu stehen und ihn zu bejubeln.

Mose sprach im Zelt der Begegnung regelmäßig mit Gott. Die Wolkensäule kam bis zum Eingang des Zeltes, und Gott und Mose verbrachten Zeit miteinander – von Angesicht zu Angesicht. Dann, eines Tages, begegnete Gott Mose auf dem Berg Sinai, und Mose bat ihn, aus der Wolke herauszutreten. Er wollte die Herrlichkeit Gottes sehen (vgl. 2. Mose 33,18). Mose konnte die Tragweite seiner Bitte nicht ermessen. Er bat den Schöpfer, den Gott der unendlichen Macht und unnahbaren Heiligkeit, seine volle Herrlichkeit in diesem schmalen Raum einer Felsspalte auf dem Berggipfel zu enthüllen. Gott machte ihm klar, dass dies nicht geschehen würde. Mose würde diese Begegnung nicht überleben können. Stell dir vor, wie verblüfft Mose gewesen wäre, wenn er miterlebt hätte, wie Gott etwa 800 Jahre später diese Botschaft an Israel richtete:

> Ich werde mein Gesicht nie mehr vor ihnen verbergen, weil ich meinen Geist über die Israeliten ausgegossen habe, spricht Jahwe, der Herr.
>
> *Hesekiel 39,29*

Das war kein plötzlicher Sinneswandel Gottes, denn es war schon immer sein Plan gewesen, sein Gesicht zu zeigen und seinem Volk zu erlauben, ihn aus nächster Nähe zu sehen. Aber es konnte erst geschehen, als die richtige Zeit dafür gekommen war. Das heißt, in der Ära der neuen Schöpfung, wenn die Ursache für den Abstand zwischen Gott und Mensch beseitigt sein und es eine perfekte Felsspalte geben würde, in der wir uns verbergen könnten. Diese Zeit kam mit dem Tod und der Auferstehung Jesu und der Ausgießung seines Geistes. Jetzt, wo wir sicher in Jesus, unserer Felsspalte, geborgen sind, wird uns die Herrlichkeit Gottes gezeigt. Seine Verheißung, sein Angesicht zu enthüllen, beinhaltet ein lautes „Ja, es ist Zeit!" für jeden Menschen, der in Christus neu geboren wurde (vgl. 2. Korinther 1,20). Alles Gute und Großartige an ihm wurde für uns in Christus sichtbar gemacht, und sein Geist hilft uns, das zu sehen, was wir nicht verpassen dürfen:

> Denn Gott, der einst dem Licht befahl, aus der Finsternis aufzuleuchten, hat es auch in unserem Herzen aufleuchten lassen, sodass wir die strahlende Herrlichkeit Gottes in Jesus Christus erkennen.
>
> *2. Korinther 4,6*

Am ersten Schöpfungstag gebot Gott: „Es werde Licht", und ein plötzliches Licht aus seinem Inneren durchbrach die Finsternis und begrenzte sie auf die Zeiten der „Nacht" (1. Mose 1,3–5). In der neuen Schöpfung erleben wir ein ähnliches Werk seiner Macht. Gott leuchtet in unserem Herzen auf und schenkt ihm „das Licht der Erkenntnis der Herrlichkeit Gottes". Er beginnt mit uns eine lebenslange Reise, auf der wir erkennen, wie Gott ist. Gott hat sich dazu entschlossen, sich selbst erkennbar zu machen, um uns die Freude zu schenken, ihn zu betrachten. Alles, was er uns über sich selbst mitteilen möchte, findet sich „im Angesicht von Christus". Deshalb ist es so wichtig, dass wir uns Zeit nehmen, Jesus zu betrachten. Ihn anzuschauen ist keine exklusive Praxis, die ausschließlich mystisch veranlagten Menschen vorbehalten ist. Es ist ein Genuss für alle, die ernsthaft mit einem erhobenen Herzen leben wollen.

Eine gute Angewohnheit beim Lesen der Bibel ist es, sich die folgende Frage zu stellen: „Welcher Aspekt der Herrlichkeit Gottes (z. B. seine Schönheit, etwas von seinem Wesen) wird in diesem Abschnitt dargestellt?"

Zum Beispiel lesen wir in Jesaja 6,1: „In dem Jahr, als König Usija starb, sah ich den Herrn. Er saß auf einem hoch aufragenden Thron. Die Säume seines Gewandes füllten den ganzen Tempel aus." Wir können dies lediglich als eine Schilderung dessen betrachten, was der Prophet gesehen hat. Oder wir können es als eine Gelegenheit zum Hinschauen sehen, eine Chance, Aspekte der Herrlichkeit Gottes zu bestaunen, die darin für uns zu erkennen sind. Wir sehen ihn als König („auf einem Thron sitzend"), erhöht („hoch"), als den Mittelpunkt allen Lobpreises, der inmitten seines Volkes gegenwärtig ist („die Säume seines Gewandes füllten den ganzen Tempel aus"). Diese Schilderung ermöglicht es den Augen unseres Herzens, diesen Blick auf seine Herrlichkeit aufzunehmen, damit wir darauf reagieren können, nämlich mit Gebeten voller Staunen und Lobpreis. Es können Gebete des Lobes, der Anbetung, des Dankes, des Feierns und voller Verlangen nach ihm selbst sein. Oft wird es auch eine Kombination aller dieser Elemente sein. Das verbindende Element ist aber, dass sie erfüllt sind von ehrfurchtsvollem, freudigen Staunen darüber, was für ein Gott er ist.

Einige Stellen der Schrift nehmen uns direkt mit hinein in diese staunende Bewunderung. Psalm 100,5 ist ein Beispiel dafür:

> Denn Jahwe ist gut, seine Gnade bleibt ewig, und seine Treue gilt jeder Generation.

Das Lied des Psalmdichters lenkt unsere Aufmerksamkeit auf drei Aspekte von Gottes Wesen: seine Güte, Liebe und Treue. Alle drei können ein Anlass für Gebete staunender Bewunderung sein. Der erste Vers dieses Psalms kann ebenso unser Lob für ihn anregen, der Aspekt der Bewunderung ist darin weniger offensichtlich:

> Jauchzet Jahwe, alle Welt!

In diesem Vers wird nicht direkt eine bestimmte Eigenschaft Gottes erwähnt, aber er enthält eine Wahrheit, die unser ehrfurchtsvolles Staunen für ihn prägen kann: Er ist der Herr über die ganze Erde und würdig, der Mittelpunkt des Jubels aller Völker zu sein. Wenn wir die Gewohnheit entwickeln, die Bibel als Betende zu lesen, achten wir nicht nur auf die offensichtlichen Hinweise auf Aspekte der Herrlichkeit Gottes, sondern suchen auch nach den weniger offensichtlichen Einblicken in seine Herrlichkeit, die dann unsere Gebete des bewundernden Staunens beflügeln werden.

Zu lernen, als staunende Bewunderer von Christus zu beten, richtet uns aus auf ihn als den Mittelpunkt unseres Lebens. Zugleich prägt es die Weise, wie wir beten und worum wir bitten. Es ist einfacher zu hören, was er zu uns sagt, wenn unser Herz darauf ausgerichtet ist, ihn zu bestaunen. Grundsätzlich müssen wir als Bewunderer Christi lernen, im Gebet in das, was er über sich selbst sagt, einzustimmen. Der Heilige Geist als Trainer der erhobenen Herzen ist unser ständiger Begleiter, der uns hilft, mehr von der Herrlichkeit zu sehen, die das endlose Lied „Würdig ist das Lamm" immer wieder neu antreibt (vgl. Offenbarung 5,12). Solange wir ihn ansehen – die Schönheit seines Wesens und seiner Werke betrachten –, werden wir immer guten Grund haben, mit Leidenschaft, Hoffnung und Freude zu beten.

Zum Nachdenken und Umsetzen

> „Doch nun hat Gott euch mit Christus lebendig gemacht und hat uns alle Verfehlungen vergeben. Er hat den Schuldschein, der mit seinen Forderungen gegen uns gerichtet war, für ungültig erklärt."
>
> *Kolosser* 2,13–14

Denke über diese Worte nach: „Forderung gegen uns ungültig", „vergeben", „lebendig gemacht". Nimm jedes dieser Worte als Schwerpunkt für ein Gebet, das Gottes Barmherzigkeit dir gegenüber feiert. Dann kröne diesen Lobpreis mit dem Dank dafür, dass er es dir möglich gemacht hat, mit einem erhobenen Herzen zu leben.

• • •

> Richtet euch auch ganz nach dem aus, was oben ist, wo Christus, der Messias, sitzt: auf dem Ehrenplatz neben Gott.
>
> *Kolosser 3,1*

Was sind im alltäglichen Leben „unten" deine größten Herausforderungen oder Hürden, die dich daran hindern, die „Dinge, die oben sind" zu genießen? Nenne sie Jesus und bitte ihn, dir zu zeigen, wie du in diesem Umformungsprozess zu mehr Gebetsfreude konsequenter mit einem erhobenen Herzen leben kannst.

• • •

Mose hat auf dem Berg nicht alles bekommen, was er erbeten hat, aber er hatte eine lebensverändernde Begegnung mit Gott, weil er ihn bat: „Zeige mir deine Herrlichkeit" (2. Mose 33,18). Mache eine Gebetszeit zu deinem eigenen Berg-Sinai-Moment und bitte Gott um ein stärkeres Verlangen nach ihm und klarere Augen des Herzens, um ihn zu sehen.

• • •

Die Fähigkeit, Christus zu sehen und zu bestaunen, ist eine Gnade, die er seinen Jüngern schenkt, aber sie setzt die Bereitschaft voraus, ihm ungeteilte Aufmerksamkeit zu schenken. Lies Hebräer 13,20 und konzentriere dich auf die Worte: „Unser Herr Jesus, der große Hirte der Schafe." Welche Aspekte der Herrlichkeit Christi siehst du in diesen Worten? Nimm dir Zeit, diese Wahrheit „anzuschauen" und sage Jesus dann, wie sehr und warum du diese Eigenschaften an ihm bewunderst.

• • •

Plane in dieser Woche 15 Minuten Zeit ein, um Christus anzuschauen.

- Wähle eine Bibelstelle aus, die dir einen bestimmten Charakterzug von Christus zeigt.
- Lies Johannes 16,14–15 und 1. Korinther 2,10 und bitte dann den Heiligen Geist, dass er dir hilft, die Schönheit von Jesus auf eine tiefere Weise zu sehen.
- Schreibe deine Erkenntnisse auf und mach daraus ein Gebet des Staunens und der Bewunderung.

• • •

Führe ein „Staunen"-Tagebuch. Der Heilige Geist möchte uns Einblicke in das Wesen Jesu schenken. Das tut er durch Bibelstellen, aber auch durch Lieder, Predigten, Gespräche, Träume oder die Aktivitäten und Umstände des täglichen Lebens.

- Beginne den Tag damit, dass du solche Einblicke wirklich erwartest. Bitte um die Hilfe des Heiligen Geistes, um sie zu erkennen – besonders Einblicke in seine Güte. Halte sie in deinem Tagebuch fest.
- Nutze diese Notizen im Lauf des Tages immer wieder für Gebete der staunenden Bewunderung.

3
Lernen, mit Hunger nach Gott zu beten

Gott gefunden zu haben und ihn trotzdem noch zu suchen, ist ein Paradoxon der Liebe der menschlichen Seele. Jemand, der sich allzu leicht zufriedengibt mit seiner bisherigen Erkenntnis über Gott, wird diese Suche als unnütz abtun. Wer jedoch mit brennendem Herzen nach Gott sucht, den wird die Erfahrung, die er mit Gott macht, in seiner Suche nach Gott bestätigen.

A.W. Tozer[7]

Dass wir mit Hunger nach Gott beten, erwächst daraus, dass wir ihn *um* Hunger nach ihm bitten. Wir tun dies, weil er unsere größte Freude ist und weil wir überzeugt sind, dass er geehrt und erfreut ist, wenn unser Verlangen nach ihm alle anderen Wünsche übersteigt. Die Sehnsucht nach Gott ist mehr als ein Gefühl. Sie ist eine Werte-Entscheidung, die in dem verankert ist, was wir über ihn glauben. Das Gebet ist der Ort, an dem dieses im Glauben begründete Verlangen nach ihm wächst und zu einem prägenden Faktor in unserem Leben wird.

Der Glaube ist eine Gabe Gottes, und unser Hingezogensein zu Gott ist darin sozusagen vorprogrammiert. Das Streben des Glaubens nach Gott hat zwei Aspekte: Hoffnung und Hunger. Hoffnung ist der Glaube, der nach dem von Gott versprochenen Erbe greift, das wir „noch nicht" in Händen halten (vgl. Hebräer 11,1). In dem Geschenk einer ewigen Heimat bei Gott sind wunderbare Dinge für uns enthalten. Uns wurde eine perfekte Gemeinschaft versprochen, ein himmlischer Körper, ein makellos reiner Geist, ewiger Anblick der unverhüllten Herrlichkeit, uneingeschränkter Genuss von Gottes Gegenwart und so vieles mehr, was unsere Vorstellungskraft bei Weitem übersteigt (vgl. 1. Korinther 2,9). Solange wir noch auf dem Weg zu jener endgültigen „Freiheit und Herrlichkeit der Kinder Gottes" (Römer 8,21) sind, seufzt der Geist Gottes in uns. Das ist kein unglückliches Seufzen angesichts der Schwierigkeiten des irdischen Lebens, sondern ein Seufzen der Sehnsucht. Es ist die Stimme der Hoffnung in unserem Glauben, die nach dem Erbe greift, das wir zwar noch nicht in den Händen halten, von dem wir aber wissen, dass es auf uns wartet.

Hunger hingegen ist der Glaube, der sich nach dem Teil unseres Erbes ausstreckt, den wir „schon jetzt" besitzen. Wir wissen, dass wir Zugang zur Fülle Gottes haben, aber keiner von uns erlebt ihn umfassend. Hungrig nach Gott zu sein, bedeutet nicht, danach zu streben, mehr von ihm zu bekommen. Es ist ein von der Liebe genährtes Verlangen, mehr von seiner Fülle zu erfahren, die uns in Christus geschenkt wurde. Die „Kräfte der kommenden Welt" (Hebräer 6,5), Intimität mit Gott, der Zugang zu seinem Thron, Anteil an seiner göttlichen Natur (vgl. 2. Petrus 1,4), die Weisheit des Himmels (vgl. Jakobus 3,17), unbeschreibliche Freude (vgl. 1. Petrus 1,8), der Friede Gottes (vgl. Philipper 4,7), Ruhe, Autorität, schöpferische Entfaltung und so vieles mehr gehören uns bereits. Es stimmt: Jeder gute und wohlwollende Gedanke Gottes über uns ist in Christus ausgesprochen worden (vgl. Epheser 1,3). Dies sind keine Gaben, die für die Zukunft reserviert sind, sondern sie sind Teil eines Erbes, das wir jetzt schon genießen können. Nach diesem gegenwärtig zugänglichen Erbe zu greifen, es zu beanspruchen, wird als geistlicher Hunger bezeichnet. Die Hoffnung ist der Appetit des Glaubens auf die versprochene Fülle Gottes, die am Ende auf uns wartet. Der Hunger ist der Appetit des Glaubens auf seine Fülle, die er uns während der Reise schenken will. Es ist kein unersättlicher, sondern eher ein dehnbarer Appetit. Je mehr er gestillt wird, desto größer wird er. Der Glaube, den Gott uns geschenkt hat, setzt in uns eine Sehnsucht nach ihm frei. Es ist eine Stimme des Hungers, ein Verlangen, ihn so zu kennen, wie er erkannt werden will.

Der Kampf mit dem Verlangen

Alle von Gott erlösten und zu seinem Bild geschaffenen Menschen haben Appetit auf ihn. Es ist in die geistliche DNA jedes Menschen hineingeschrieben, der aus Gott geboren ist. Es ist jedoch möglich, den Hunger nach ihm zu unterdrücken, indem wir anderen Begierden die Kontrolle über unser Leben geben. Wir alle haben verschiedene natürliche Bedürfnisse, die gut und notwendig sind. Dazu gehören Essen, Schlafen, sexuelle Aktivität und produktive Arbeit. All diese Bedürfnisse können jedoch maßlos werden, sodass sie nicht mehr eine gesunde Lebensqualität fördern, sondern uns durch Zügellosigkeit beherrschen. Alles Übermaß, in welcher Hinsicht auch immer, beeinträchtigt uns in jedem Fall nicht nur körperlich und seelisch, sondern vor allem geistlich. Der Sog oder das Bedürfnis, diese Begierden zu befriedigen, kann so ausgeprägt sein, dass die Stimme des Glaubens, die sich nach Gott sehnt, nicht mehr gehört wird. Wir sind als geistliche Wesen geschaffen und das heißt, mit einem Verlangen nach Gott, das die bestimmende Gestaltungskraft in unserem

Leben sein soll. Aber dies kann leicht durch ungezügelte natürliche Begierden unterdrückt werden.

Der Sündenfall bringt eine weitere Front in diesen Kampf nämlich unheilige Begierden. Paulus spricht von den „Leidenschaften und Begierden“ (Galater 5,24) der sündigen Natur. Wir leben in einer Welt, in der die Begierden der sündigen Natur, das sind die Begierden, die einer innigen Beziehung zu Gott entgegenwirken, nicht nur frei ausgelebt, sondern sogar aktiv gefördert und beworben werden. In Christus sind wir frei gemacht worden. Deshalb beherrschen uns die sündigen Begierden nicht mehr. Aber wir leben in einer geistlichen Kampfzone, in der wir ständig in der Versuchung stehen, unsere Freiheit zu gefährden, indem wir den alten Begierden nachgeben. In seinem Brief an die Galater erwähnt Paulus den Konflikt mit den Begierden und unterstreicht die Notwendigkeit, dass wir unsere Bedürfnisse mit Gottes Geist in Einklang bringen (vgl. Galater 5,16–21).

Die Neigungen unserer sündigen Natur verschaffen sich oft Zugang, indem sie sich unserer guten, natürlichen Bedürfnisse bemächtigen. Das Streben nach Autorität ist grundsätzlich nicht falsch, aber es wird übel, wenn es sich in Machtgier verwandelt. Es ist gut, den Ehrgeiz zu entwickeln, im Beruf erfolgreich zu sein. Aber wenn der Ehrgeiz von Gier, Selbstdarstellung und Stolz übernommen wird, dann ist das sehr schlecht. Normalerweise sehnen wir uns nach etwas, weil das Erlebnis oder die damit verbundene Wirkung eine Befriedigung darstellt. Wir mögen es oder haben das Gefühl, dass wir es brauchen, also geben wir dem Verlangen danach mehr Raum. In dem Maß, wie der Appetit darauf wächst, wird unser Empfinden für den geistlichen Appetit schwächer. Gedanken, Wünsche und Energie werden auf die Befriedigung des sündigen Verlangens gelenkt, und das Leben, das sich auf Gott ausrichten sollte, beginnt sich von ihm zu entfernen.

Den Neigungen unserer sündigen Natur müssen wir widerstehen, damit sie uns nicht beherrschen. Unser natürliches, gutes Verlangen muss beherrscht und vor Exzessen geschützt werden, damit es ein Leben fördert, das Gott gefällt.

Angenehme Dinge können leicht zu einer subtilen Ablenkung werden. Es mögen harmlose Vergnügungen sein, aber ohne die Kombination mit weiser Unterscheidung und Selbstbeherrschung können sie zu einer Lust werden, die vom Verlangen nach Gott ablenkt. Das Verlangen nach Gott ist zwar stark, aber es kann leicht unterdrückt werden, wenn das Herz andere Begierden über das Verlangen nach ihm stellt. Wenn die Sehnsucht nach Gott unterdrückt wird, werden wir schließlich darauf konditioniert, ein vielbeschäftigtes christliches Leben zu führen, in dem der Hunger nach ihm fehlt. Das führt den Glaubenden in eine Glaubenskrise. Wir glauben weiterhin die richtigen Dinge über Gott, aber unsere Erfahrung mit seiner Fülle tritt auf der Stelle. Ein Mensch, der sich ausschließlich von Fast Food ernährt, mag sich satt fühlen und dies als gestillten Appetit interpretieren. Aber in Wirklichkeit könnten durch diese Mahlzeiten Symptome überdeckt werden, die auf einen Nährstoffmangel hinweisen, der langfristig zum Verhungern führt. Ein Appetit auf etwas und die Aktivitäten, die dadurch auslöst werden, können, selbst wenn sie gut sind, ein Sättigungsgefühl erzeugen, während wir in Wirklichkeit geistlich verhungern. So wird möglicherweise verschleiert, dass wir zwar noch glauben und sogar sehr viel für Gott tun, aber dass der für den Glauben so wichtige Hunger nach ihm verloren gegangen ist.

Wenn jemand vorschlagen würde, wir sollten aufhören, auf Gott zu hoffen, würden wir unseren Glauben im Blick auf die Zukunft wahrscheinlich sehr lautstark verteidigen. Ein Leben ohne Erwartung der Wiederkunft Christi, unserer Auferstehung und des ewigen Lebens mit ihm können wir uns nicht vorstellen. Die Hoffnung ist eine Ermutigung und ein fester Anker für die Seele (vgl. Hebräer 6,18–19).

Tatsache ist jedoch, dass dieselbe Erlösung und der Glaube, die uns die Hoffnung geschenkt haben, uns auch die Gabe des Hungers nach Gott gegeben haben. Doch während wir die Hoffnung vehement verteidigen, lassen wir den Hunger so leicht ungeschützt. Die Frage ist nicht, ob wir Verlangen nach Gott haben oder nicht, sondern ob wir zulassen, dass dieser Hunger uns beherrscht und prägt.

In all der großartigen Schönheit und Vielfalt der Schöpfung hat nur der erlöste Mensch als Ebenbild Gottes das Recht, ihn in vollen Zügen zu genießen. Gott will begehrt werden. Nicht nur, weil wir seine Hilfe brauchen, sondern weil er die würdigste, wunderbarste, unserer Liebe werteste und anziehendste Person ist, die es gibt. Wir ehren Gott, indem wir das Verlangen nach ihm in Großbuchstaben auf jede Seite unseres täglichen Lebens schreiben.

Gott hat die Distanz zwischen uns und sich selbst beseitigt, um unsere Faszination für ihn noch zu steigern. Die enorme Anziehungskraft, die Gott auf uns ausübt, wäre unwiderstehlich und müsste uns fest an ihn binden, aber er hält sie zurück und dosiert sie, damit wir die Freiheit der Wahl haben. Er zwingt uns keine Intimität auf, sondern gibt dem Glauben die Freiheit, ihn zu begehren. In einer Welt, die sich dafür entscheidet, fern von ihm zu leben, wird er geehrt, wenn wir uns entscheiden, uns ihm zu nahen. Wir strecken uns nicht nach einem distanzierten Gott aus, sondern nach der ganzen Fülle von „Gott-mit-uns“. Sein Geist lebt in uns, um uns den Umgang mit unserem geistlichen Hunger zu lehren. Er unterweist uns in einem Gebetsleben, das seine Wurzeln im Hunger des Glaubens nach Gott hat. Der Hunger nach Gott ist zentral für ein Gebetsleben voller Freude. Aber es ist wichtig, dass wir ihn aus den richtigen Motiven begehren.

Die Sache mit dem geistlichen Hunger

Meine Beziehung zu Christus begann als Teenager. Ich war überzeugt, dass Gott mich liebte, dass er bei mir war und ständig Gutes für mich im Sinn hatte. Er hatte so viel für mich getan, und es wartete noch mehr davon auf mich. War ich hungrig nach Gott? Ja, aber meine Sehnsucht nach ihm wurde hauptsächlich von meinem Wunsch getrieben, dass er weiterhin gute Dinge *für mich* tun sollte. Das war auch nicht falsch, aber es war ein unvollständiges Bild.

Was mich betraf, so dachte ich, dass Jesus dem Missionsauftrag an seine Jünger die Worte: „Ich bin bei euch" (Matthäus 28,19–20) deswegen hinzugefügt hat, um ihnen die Angst davor zu nehmen, seine Zeugen in der Welt zu sein. Für mich war dies lediglich die tröstliche Zusicherung seiner unsichtbaren Gegenwart und Hilfe. Meine Begegnung mit Gott am Flussufer während meines ersten Jahres in der Missionsarbeit in Thailand eröffnete mir eine neue Lernerfahrung. Gerade als ich kurz davor war, aufzugeben und als gescheiterter Missionar aus Thailand zu verschwinden, änderte Gott meine Perspektive. Ich erkannte, dass das „Ich bin bei dir" das eigentliche Herzstück des Missionsauftrags ist. Ich war hier nicht in eigener Mission tätig; es war seine Mission. Es ging um seine Initiative, seine Pläne, sein Engagement und darum, dass *er* mich für diese Aufgabe befähigte. Meine Berufung war es, mit ihm zusammenzuarbeiten, nicht umgekehrt.

Dieses neue Verständnis befreite mich von dem Druck, die Dinge selbst in die Hand nehmen zu müssen, und brachte mich auf einen Weg, auf dem ich lernte, in ihm zu ruhen und aus dieser Ruhe heraus mit ihm zusammenzuarbeiten. Meine Begeisterung wuchs, als ich erkannte, dass Gott außergewöhnliche Pläne hatte, die auch Arbeiten einschlossen, die mir zugeteilt waren (vgl. Epheser 2,10), Dinge, die meine

Fähigkeiten bei Weitem überstiegen. Ich wusste bereits, dass er bei mir war, um gute Dinge *für* mich zu tun. Doch er war auch bei mir, um gute Dinge *durch* mich zu tun, und darauf war ich sehr gespannt. Das war eine wichtige Zutat, die mein Verlangen nach Gott steigerte. Aber das Bild war immer noch nicht vollständig.

Nach unserem ersten Jahr des Thai-Sprachstudiums begannen Sandra und ich, in ländlichen Gebieten Gemeinden zu gründen. Je mehr ich mich in den zentralen und nordöstlichen Provinzen Thailands bewegte und mit den Menschen in Kontakt kam, desto mehr wuchs mein Gefühl der Hilflosigkeit. Die schiere Zahl der unerreichten Dörfer und Familien, die geistliche Finsternis, die sich dem Evangelium widersetzte, und die Zerbrechlichkeit der kleinen ländlichen Gemeinden überwältigten mich. Ich bin mir sicher, dass ein paar mehr Mitarbeiter eine Hilfe gewesen wären, aber das gewaltige Ausmaß und die drängende Not ließen sich nicht allein durch ein größeres Team oder das Ausprobieren neuer Methoden bewältigen. Wir brauchten dringend ein machtvolles Eingreifen Gottes, und ich betete wie nie zuvor. Ich war auf den Beinen, bevor die buddhistischen Mönche ihre morgendlichen Übungen absolvierten. Ich hielt nächtliche Gebetswachen, machte Gebetsspaziergänge durch unsere Stadt, Gebetsfahrten durch Dörfer und legte Tage für Gebet und Fasten ein. Ich beklagte mich bei Gott über den langsamen Fortschritt und bat ihn um einen geistlichen Durchbruch in dem Land und besonders in der Provinz, in der wir arbeiteten.

Was dann folgte, hatte ich nicht erwartet. In der Nacht wachte ich auf und weinte. Es waren keine Tränen der Verzweiflung, sondern ich weinte, weil ich mir verzweifelt wünschte mitzuerleben, wie Gottes Macht diese Nation rettete. Meine Gebetszeiten enthielten auch hin und wieder gesprochene Worte, aber meistens bestanden sie aus einer Mischung aus

Schweigen und Schluchzen, manchmal in Wellen, bis mein Magen schmerzte. Sobald ich versuchte, mit Gott über dieses Land zu sprechen, stiegen Wellen tiefster Emotionen in mir auf.

Dann kam eine Veränderung. Ein innerer Scheinwerfer wurde eingeschaltet. Er brachte persönliche Fehler und Sünden ans Licht, mit denen ich nicht aufgeräumt hatte. Ich bekannte sie, dankte Gott für seine wunderbare Barmherzigkeit und versuchte, wieder für das Land zu beten. Aber der Scheinwerfer leuchtete wieder und wieder. Eine Schicht nach der anderen wurde freigelegt, um mir Dinge zu zeigen, die schon die ganze Zeit da waren, die ich aber ignoriert hatte oder die mir nicht bewusst waren. Und nun weinte ich andere Tränen. Es waren Tränen der Trauer über die Hässlichkeit der Sünde, darüber, wie schlimm sie verletzt, was Gott gehört, und auch darüber, wie sehr ich mich daran gewöhnt hatte, mich nicht daran zu stören.

Ich bin mir nicht mehr sicher, wie lange diese Zeit andauerte. Ich weiß nur, dass die tiefe Verbundenheit mit Gottes Herzen, das für dieses Volk schlug, die größere Empfindsamkeit meines eigenen Herzens, die wiederhergestellte Liebe zu Gottes Heiligkeit und die neue Freude an seiner Güte meine Sicht auf das thailändische Volk und auch die Weise wie ich ihm diente, veränderte. Die Botschaft Gottes an mich war klar. Es war gut, ihn um einen Durchbruch in Thailand zu bitten, aber dieser Durchbruch musste in mir selbst seinen Anfang nehmen. Wie konnte ich darum bitten, dass das thailändische Volk Gott auf eine lebensverändernde Weise begegnete, während ich selbst unverändert blieb? Mir wurde klar, wie sehr es Gott darauf ankam, mich von innen her zu verändern. Nicht aus der Distanz, sondern als der, der versprochen hat: „Ich bin mit dir." Ich war bereits dabei, ihn um die Dinge zu bitten, die er *für* mich und *durch* mich tun wollte. Aber in diesen wenigen Monaten hatte er mich davon überzeugt, wie viel er *in* mir tun wollte (vgl. Philipper 2,13). Sich nach dieser inneren Veränderung auszustrecken, die er in uns bewirken will, ist ein wesentlicher Bestandteil des Verlangens nach Gott, das der Glaube uns schenkt.

Trotz alledem fehlte meinem Verständnis von „Ich bin mit dir" immer noch der wichtigste Teil. Im neuen Jerusalem wird die Gegenwart Gottes das unbestrittene Zentrum aller Aktivitäten sein. Die Leidenschaft für Gott-mit-uns wird alles übertreffen, was wir auf der Erde je erlebt haben. Es wird eine unendliche, selbstlose Begeisterung für ihn herrschen. Unser Verlangen nach Gott-mit-uns wird nicht von dem Bedürfnis geprägt sein, dass er gute Dinge für uns, durch uns oder in uns tut. Alle diese Bedürfnisse gehören zu unserer irdischen Reise, auf der wir den Hunger nach Gott lernen. Aber sie werden keine Rolle mehr spielen, wenn wir unser endgültiges und vollkommenes Erbe angetreten haben.

Wir werden nicht nach ihm rufen, um irgendeine Leere in uns zu füllen, sondern wir werden vollkommen zufriedene Menschen sein, die damit beschäftigt sind, seine Herrlichkeit zu bejubeln. Unser Verlangen nach ihm wird rein sein. Es wird nicht durch das Verlangen der alten Natur angefochten oder durch die Ablenkung durch eine sündige Welt geschwächt sein. Die Sehnsucht nach ihm wird durch die endlose Erfahrung seiner Erhabenheit gespeist werden. Wir werden voll und ganz im Einklang mit Gott sein, der sich an sich selbst freut. Unser Verlangen nach Gott wird erhalten bleiben, und zwar zu Gottes Freude.

Wir können diese endgültige, perfekte Szenerie der Sehnsucht nach Gott in diesem irdischen Leben nicht nachbilden. Aber es ist wichtig, dass unser gegenwärtiges Streben nach Gottes Fülle denselben Wesenskern hat wie dieser ewigkeitliche Hunger nach ihm. Mit anderen Worten: Unser

Hunger nach Gott zielt darauf ab, ihm zu dienen und nicht uns selbst. Unsere Sehnsucht, ihn besser kennenzulernen und entsprechend darauf zu reagieren, ist nicht dadurch motiviert, dass sie uns Vorteile bringt, sondern dadurch, dass sie Gott Freude macht.

Sich Gott zuzuwenden mit der Bitte, dass er sein Wirken für uns, durch uns und in uns vertieft, ist wichtig. Aber diese Punkte sind nicht das Wichtigste an unserem Verlangen nach ihm. Das Verlangen des Glaubens strebt nach ihm, weil er es wert ist, begehrt zu werden. Die größte Motivation für unseren Hunger nach Gott ist das Bewusstsein, wie sehr dieses Verlangen ihn ehrt. Das Gebet mit Verlangen nach Gott ist ein Glaubensbekenntnis, dass er höchst begehrenswert ist und dass wir bewusst entschieden haben, uns zu ihm ziehen zu lassen.

Sehnsucht nach Gott lernen

Ich gehörte zu einem kleinen Kreis von Menschen, die an einem schwülen Sonntagmorgen für einen thailändischen Gemeindeleiter beteten. Er war ein begabter junger Mann mit einem hingebungsvollen Herzen, aber er war sehr entmutigt. Ich sprach etwas lauter, um den Lärm der Ventilatoren zu übertönen, und bat Gott, diesen engagierten Pastor mit einem neuen Bewusstsein für Gottes Gegenwart zu segnen. Wir beteten, dass sich in seinen momentanen Schwierigkeiten das Verlangen nach Gott verstärken möge. Dann bat ihn jemand, etwas Spontanes zu tun – als äußeren Akt der Zustimmung zu diesem Gebet sollte er einen möglichst großen Schritt nach vorn machen. Es sollte ein wortloser Ausdruck seines Willens sein, trotz der schwierigen Umstände auf Gott zuzugehen. Er zögerte, dann schlurfte er vorwärts. Man konnte das kaum einen Schritt nennen. Weil wir dachten, er hätte nicht ganz verstanden, was Gott tun sollte, erklärten wir es ihm noch einmal. Er machte noch mal ein kleines Schrittchen. Vielleicht lag es an einer unverständlichen Erklärung, vielleicht war er auch einfach verlegen. Wie auch immer, das Bild hat mich persönlich herausgefordert. Wenn Gott mich aufruft, auf ihn zuzugehen und Hunger nach ihm zu entwickeln, ist meine Antwort dann ein kaum merkliches Schlurfen oder ein Sprung vorwärts, voller Sehnsucht nach ihm?

Dass wir uns Gott „nahen", darauf legt der Neue Bund besonderen Wert (vgl. Hebräer 10,22). Gott hat sich entschieden, mit uns zu leben. Aber er möchte, dass wir unser Verlangen nach seiner Nähe zeigen. Wir wurden dazu geschaffen, dass er unser Verlangen stillt und wir doch ständig nach ihm hungern. Er ist vollkommen, hat keinen Mangel an irgendetwas und braucht nichts außerhalb seiner selbst, aber er lässt sich von uns anrühren. Jakobus sagt uns: „Nähert euch Gott, dann wird er sich euch nähern" (Jakobus 4,8). Unsere Sehnsucht nach Gott wird von seiner Sehnsucht nach uns bei Weitem übertroffen. Doch er achtet auf Anzeichen dafür, dass wir uns nach ihm ausstrecken, und reagiert dann darauf. Damit wir diese Sprünge auf Gott zu wagen, ist es wichtig, dass wir verstehen, was wir meinen, wenn wir sagen: „Ich bin hungrig nach Gott."

Im Kern geht es beim Hunger nach Gott darum, ihn besser kennenzulernen. Solange wir Gottes Herrlichkeit nur unvollkommen kennen (was in diesem Leben immer so sein wird), aber bereit sind, uns verändern zu lassen, wird der Geist unseren Appetit anregen, ihn immer mehr kennenzulernen.

> Früher hielt ich diese Dinge für einen Gewinn, aber jetzt, wo ich Christus kenne, betrachte ich sie als Verlust. Ja wirklich, alles andere erscheint mir wertlos, wenn ich es mit dem

unschätzbaren Gewinn vergleiche, Jesus Christus als meinen Herrn kennen zu dürfen. Durch ihn habe ich alles andere verloren und betrachte es auch als Dreck. Nur er besitzt Wert für mich. Und zu ihm möchte ich um jeden Preis gehören. Deshalb vertraue ich nicht mehr auf meine Gerechtigkeit, die aus dem Befolgen des Gesetzes kam, sondern auf die Gerechtigkeit, die ich durch den Glauben an Christus habe, auf die Gerechtigkeit, die von Gott kommt und dem Glaubenden zugesprochen wird. Ich möchte nichts anderes mehr kennen als Christus, und ich will die mächtige Kraft, die ihn aus den Toten auferstehen ließ, an meinem eigenen Leib erfahren. Ich möchte lernen, was es heißt, mit ihm zu leiden und in ihm zu sterben, um dann auch unter denen zu sein, die aus den Toten heraus auferstehen werden.

Philipper 3,7–11

Paulus hatte eine lange Erfolgsgeschichte im Dienst für Christus vorzuweisen. Er gründete Gemeinden, schulte Gemeindeleiter, erlebte Wunder, er litt um des Evangeliums willen, verfasste Briefe und erhielt Offenbarungen, darunter war sogar ein Besuch im dritten Himmel (vgl. 2. Korinther 12,2). Aber nach fast drei Jahrzehnten des Dienstes schrieb er: „Ich möchte Christus kennenlernen.“ Er sprach offensichtlich nicht von einem Bekehrungserlebnis, und er war auch nicht auf ein vertieftes akademisches Studium über Jesus aus. Was hat Paulus also gemeint?

Jesus hat einmal etwas gesagt, was uns hilft, zu verstehen, was in Paulus' Herzen vorging:

Ich bin der gute Hirte; ich kenne meine Schafe, und meine Schafe kennen mich – so wie der Vater mich kennt und ich den Vater kenne. Und ich setze mein Leben für die Schafe ein.

Johannes 10,14–15

Der Vater kennt den Sohn, Jesus, ganz genau. Die von Liebe durchdrungene Einheit des Vaters mit dem Sohn lässt ihn im Mittelpunkt seiner Aufmerksamkeit stehen. Er ist sich ständig bewusst, wie der Sohn ist, was er tut und warum, was er denkt und was er sich wünscht. Der Sohn wird ständig vom Vater erkannt. Genauso, sagt Jesus, wird der Vater ständig von ihm erkannt. Ihre Verbindung ist vollkommen. Ihr ständiges Wissen umeinander ist nicht etwas, das sie im Lauf der Zeit gelernt haben, sondern eine Eigenschaft, die der Gottheit innewohnt. Und das ist es, was die Worte Jesu so erstaunlich macht, wenn er sagt: „Ich kenne meine Schafe, und meine Schafe kennen mich – so wie der Vater mich kennt und ich den Vater kenne." Jesus setzt die Art und Weise, wie er und der Vater einander kennen als Maßstab, damit wir verstehen können, wie genau er seine Jünger kennt und sie ihn.

Der Teil, in dem er erklärt, dass er uns kennt, ist nicht schwer zu begreifen. Seine Gedanken sind ständig bei uns. Er weiß, wie wir sind, kennt unsere Wünsche, Bedürfnisse, Gedanken und Aktivitäten vollkommen und auf neuestem Stand. Es ist leicht, diese Wahrheit zu bejubeln. Schwierig zu begreifen ist der Teil, in dem Jesus davon spricht, dass wir ihn auf dieselbe Weise kennen. Die Verbindung zwischen Vater und Sohn ist perfekt, und der Sohn kennt uns perfekt, aber wie kann unsere Erkenntnis über ihn auf dieselbe Stufe gehoben werden? Wie kann Jesus diesen Vergleich überhaupt anstellen?

Natürlich macht Jesus hier keine Aussage über das *Maß* des Erkennens, sondern über dessen *Qualität*. Unser Erkennen kann niemals mit dem Maß des Erkennens zwischen dem Vater und dem Sohn verglichen werden, aber worin wir einbezogen sind, ist die selbstlose Qualität dieses Erkennens. Der Vater findet den Sohn begehrenswert, es ist ihm eine Freude, mit ihm zusammen zu sein und sich seiner bewusst zu sein. Ebenso erfreut sich der Sohn an seinem Erkennen des Vaters. Wir haben Gottes Geist empfangen, der dieselbe Qualität des Erkennens mit sich bringt, die schon immer in der Gottheit vorhanden war. Er befähigt uns, Christus immer besser zu erkennen, und doch bleibt unsere gegenwärtige Erfahrung immer weit hinter der Erkenntnis zurück, die uns eigentlich möglich wäre. Genau aus diesem Grund ruft Paulus: „Ich will Christus kennen." Ganz gleich, wie sehr er im Laufe der Jahrzehnte in seiner Christuserkenntnis gewachsen war, es gab noch viel mehr, in das er hineinwachsen konnte. Er bezeichnete diese endlose Reise in die Erkenntnis Christi, die Freude an ihm und die Sehnsucht nach ihm als etwas von „überragendem" Wert (vgl. Philipper 3,8). Das bedeutet, dass die Gnade, Christus zu kennen, über jedes Maß und jede Beschreibung hinaus gewaltig ist. Und dieses überragende Geschenk, Christus kennenzulernen, haben alle seine Nachfolger erhalten.

Der Wunsch, Christus besser kennenzulernen, schließt die Sehnsucht nach zunehmender Erfahrung, seine Stimme zu hören, ihn zu sehen, ihn zu lieben, ihm zu gefallen und ihm ähnlicher zu werden, ein. Die geistliche Fähigkeit, zu sehen, wie er ist, ermöglicht es uns, in unserem ehrfürchtigen Staunen über sein Wesen und sein Tun zu wachsen. Das Verlangen, Christus kennenzulernen, führt uns zu tieferen Begegnungen mit seiner Liebe, die wiederum unsere Liebe zu ihm anfachen. Diese gestärkte Bewunderung und Liebe zu Jesus erhöht das Verlangen, ihm zu gefallen (vgl. 1. Thessalonicher 4,1), egal, was es uns kostet oder welche Unannehmlichkeiten wir auf uns nehmen müssen.

In dem Maß, wie wir in der Erkenntnis seiner Herrlichkeit (der Schönheit dessen, wer er ist und wie er ist) wachsen, schätzen wir die Freiheit, mehr und mehr in sein Ebenbild verwandelt zu werden. Aber der Weg, auf dem wir den Hunger entwickeln, Christus besser kennenzulernen, ist von Ablenkungen gesäumt. Ein Blick auf das Leben des Paulus zeigt uns, dass der Weg des geistlichen Hungers eine starke Entschlossenheit erfordert, die Erkenntnis Christi tatsächlich zu „ergreifen“:

> Ich möchte nichts anderes mehr kennen als Christus, und ich will die mächtige Kraft, die ihn aus den Toten auferstehen ließ, an meinem eigenen Leib erfahren. Ich möchte lernen, was es heißt, mit ihm zu leiden und in ihm zu sterben, um dann auch unter denen zu sein, die aus den Toten heraus auferstehen werden. Ich will nicht behaupten, das Ziel schon erreicht zu haben oder schon vollkommen zu sein; doch ich strebe danach, das alles zu ergreifen, nachdem auch Christus von mir Besitz ergriffen hat. Nein, ich bilde mir nicht ein, es schon geschafft zu haben, liebe Geschwister; aber eins steht fest: Ich vergesse das Vergangene und schaue auf das, was vor mir liegt. Ich laufe mit aller Kraft auf das Ziel zu, um den Siegespreis droben zu gewinnen, für den Gott uns durch Jesus Christus bestimmt hat.
>
> *Philipper 3,10–14*

Am Kreuz traf Jesus die volle Härte der Strafe, die die Menschheit verdient. Es war ein gewaltsamer Akt der Erlösung, der die Macht Satans über uns brach und Gottes Urteil über unsere Sünde vollstreckt hat. Nirgendwo zeigt sich die heilige Gewalt der Liebe deutlicher: Der liebende Gott zieht in den Krieg gegen den „Obersten der Dämonen“ (Lukas 11,15), um uns zu befreien und uns zu seinem Eigentum zu machen. Wenn Paulus schreibt: „Christus hat von mir Besitz ergriffen“, bezieht er sich auf die kostspielige Rettungsmission, die darin besteht, dass Christus uns der Gefangenschaft entreißt, um uns in die Freiheit zu führen, ihn zu erkennen. Er befreit uns zu einer wunderbaren, lebenslangen Reise, auf der unsere Erkenntnis dessen, der die Fülle Gottes ist, stetig wächst. Paulus ist der Meinung, wenn Christus so enorme Mühen auf sich genommen hat, um von ihm Besitz zu ergreifen, müsse er eine ähnlich hartnäckige Entschlossenheit an den Tag legen, um das Ziel des Ganzen zu erreichen, nämlich Christus zu erkennen. Deshalb spricht er davon, dass er sich anstrengt, dass er auf dieses Ziel von überragendem Wert zusteuert: „Ich strebe danach, das alles zu ergreifen, nachdem auch Christus von mir Besitz ergriffen hat."

Der Wunsch, Christus besser kennenzulernen, hat einen starken Einfluss auf die Art und Weise, wie wir beten. Das Gebet wird dadurch mehr als alles andere zum Werkzeug des Geistes, durch das er unser Leben und unseren Dienst formt. Es ist unverzichtbar für ein lebendiges Gebetsleben, dass wir lernen, unsere Sehnsucht nach Gott zum Ausdruck zu bringen. Die Mächte der Finsternis stellen sich der Bewunderung, der Liebe und dem Gefallen an Christus entgegen und betrachten daher den Hunger nach ihm als ernsthafte Gefahr. In der Erkenntnis Christi zu wachsen, das ist eine Reise mit starkem Gegenwind. Die Befähigung durch den Geist ist mehr als ein Gegengewicht zu allem, was sich uns widersetzt oder uns davon ablenkt, die Herrlichkeit Christi zu erkennen. Aber wir müssen entschlossen sein, unser Verlangen nach ihm zu schützen und zu pflegen. Das bedeutet, einen Lebensstil mit Gewohnheiten und Beziehungen zu entwickeln, die den Hunger nach Gott fördern, und mutig alles abzulehnen, was diesem Hunger entgegenwirkt. Ja zu Verhaltensweisen zu sagen, die das Verlangen nach Gott stärken, kann unbequem und schwierig sein, weil es in der Regel bedeutet, Nein zu manchen Dingen zu sagen, die wir zu genießen gewöhnt sind. Das müssen nicht unbedingt sündhafte Wünsche sein, aber sie sind vielleicht ein Hindernis oder eine Ablenkung für den geistlichen Appetit geworden. In Christus sind wir befreit worden, gute Entscheidungen zu treffen, die unserem Wachstum als betende Menschen, die nach Gott hungern, dienen. Dazu haben wir unbegrenzten Zugang zur Gnade des

Geistes und zum Bestreben, diese Entscheidungen durchzuhalten.

Die Kämpfe des Lebens können unser Verlangen nach Gott positiv oder negativ beeinflussen. Ob sie unseren Hunger nach ihm schwächen oder stärken, hängt weitgehend von unserer Entscheidung ab. Diese Tatsache wurde mir vor ein paar Jahren während einer persönlichen Krise bewusst. Gott forderte mich mit den Worten heraus: „Dieser Sturm kann deinen Hunger nach mir verstärken, oder er kann ihn schrumpfen lassen. Was willst du?" Meine Gefühle waren in Aufruhr, aber ich wusste, dass seine Frage an meinen Glauben gerichtet war, nicht an meine Gefühle. Die Krise hatte nichts daran geändert, wer er ist: derselbe würdige, begehrenswerte Herr, den ich kannte, bevor die stürmische Krise kam. Ich flüsterte: „Herr, lass ihn stärker werden!" Dann hob ich meine Hände so hoch, wie ich konnte und wiederholte es. Ich schrie in meinen Sturm hinein: „Ich entscheide mich dafür, dich besser kennenzulernen. Herr, verändere mich! Weite mich!" Ich litt zu sehr, um den Sturm als meinen Freund zu sehen, aber tief in mir wusste ich, dass die Liebe des Vaters ihn zu meinem Besten lenkte. Es war eine Gelegenheit, dass das Verlangen nach Gott wachsen konnte.

Wenn wir in schwierigen Zeiten unsere Sehnsucht nach Gott zum Ausdruck bringen, befinden wir uns in guter Gesellschaft. Als Flüchtling in der trostlosen judäischen Wüste dichtete David ein Lied über die Sehnsucht nach Gott: „Gott, du bist mein Gott! Ich suche nach dir! Nach dir hat meine Seele Durst, nach dir sehnt sich mein Körper in einem erschöpften, wasserlosen Land" (Psalm 63,2). Seine Sehnsucht, in Gottes Gegenwart zu sein und „die Freundlichkeit Jahwes zu schauen" (Psalm 27,4), wurde zu einem Lied des Hungers nach Gott, das in einer Zeit lebensbedrohlicher Not entstand. Das Gleiche gilt für die Nachkommen Korachs in Psalm 84: „Meine

Seele verzehrt sich in Sehnsucht nach den Höfen im Tempel Jahwes. Mein Herz und mein Leib, sie jubeln dem lebendigen Gott zu“ (Psalm 84,3). Das waren keine Hilferufe, sondern ein Ausdruck des Wunsches, Gott nahe zu sein und ihn in stürmischen Zeiten zu genießen. In glücklichen Zeiten ist es nicht so schwierig, mehr von Gottes Fülle zu erfahren, aber in Krisen ist es eine Herausforderung, sich danach zu sehnen, ihn besser kennenzulernen. Der Appetit des Glaubens auf Gott kann in schwierigen Zeiten am stärksten wachsen, aber wenn das geschieht, dann nur, weil wir es wollen. Unser Ja dazu erwächst nicht aus religiöser Pflicht, sondern als liebende Antwort auf die Wahrheit, dass Gott es wert ist, dass wir ihn zu jeder Zeit und unter allen Umständen begehren.

Der Wettstreit zwischen unseren Wünschen und unseren Entscheidungen bestimmt unser tägliches Leben. Die Tage und Stunden, die uns von Gott geschenkte Gelegenheiten bieten, ihm zu gefallen (vgl. Epheser 5,15–17), können leicht durch unkluge Entscheidungen vergeudet werden. Ein weises Zeitmanagement ist ein wichtiges Zeichen für die geistliche Reife des Beters und hängt weitgehend davon ab, woran unser Herz hängt. Wenn es uns ernst damit ist, dass Gott unser erstes und stärkstes Verlangen ist, dann ist es wichtig, diesen Hunger nach ihm zu schützen und zu pflegen. Das bedeutet, dass wir Gebetszeiten einplanen müssen, um darin unseren Hunger nach ihm zum Ausdruck zu bringen. Wir müssen lernen, unsere Sehnsucht, ihn zu kennen, zu hören, zu sehen, zu lieben, ihm zu gefallen und ihm immer ähnlicher zu werden, zu äußern. Eine der einfachsten Möglichkeiten, dies zu tun, besteht darin, unser Gebet an einer Bibelstelle über die Sehnsucht nach Gott zu verankern, oder an einer, die eine Eigenschaft Gottes zeigt, die uns zu ihm hinzieht.

Nehmen wir zum Beispiel Psalm 63,2. In diesem Gebet kommt die Sehnsucht nach Gott deutlich zum Ausdruck:

„Gott, du bist mein Gott! Ich suche nach dir! Nach dir hat meine Seele Durst, nach dir sehnt sich mein Körper in einem erschöpften und wasserlosen Land." Diese Worte können als ein persönliches Gebet der Sehnsucht nach Gott nachgesprochen oder umformuliert werden. Die nächsten beiden Verse beziehen sich zwar nicht direkt auf den Hunger nach Gott, machen aber auf Aspekte des Wesens Gottes aufmerksam, die die Sehnsucht wecken, ihn besser kennenzulernen: „Genauso schaue ich im Heiligtum nach dir aus, um deine Macht und Herrlichkeit zu sehen. Ja, deine Gnade ist besser als Leben. Meine Lippen sollen dich loben." Die Einblicke in seine Macht, Herrlichkeit und Liebe in diesen Versen geben uns Themen für unser Gebet, in dem wir uns danach sehnen, ihn mehr zu sehen und ihm ähnlicher zu werden.

Diese Art des Betens unterstreicht, wie wichtig es ist, dass wir uns eine Sammlung von Bibelstellen anlegen, aus der wir schöpfen können. Damit können wir den Inhalt unserer Gebete des Verlangens nach Gott gestalten. Wir werden in einem späteren Kapitel darauf zurückkommen.

Das Gebet der Sehnsucht nach Gott, das ausgesprochene Verlangen, seine Fülle mehr zu erfahren, hat einen starken Einfluss auf die Werte, die Denkweise und den Lebensstil des Betenden. Es hält das Herz ausgerichtet auf Gottes Würdigkeit und Hoheit und macht es daher weniger wahrscheinlich, dass wir in Sünde oder geistliche Langeweile abgleiten. Für manche, vor allem dann, wenn das Verlangen nach Gott unterdrückt wurde, wäre es der beste Anfang, vor Gott einfach und ehrlich den Wunsch zu äußern, mit dem Verlangen nach ihm leben zu wollen. Um es mit den Worten Tozers zu sagen: „Ich sehne mich danach, mit einem Verlangen nach Dir erfüllt zu werden."

Gott, ich habe Deine Güte geschmeckt. Sie hat meinen Durst gestillt und mich gleichzeitig noch durstiger gemacht. Ich weiß, dass ich Deine Gnade brauche, und ich schäme mich, dass ich mich nicht mehr nach Dir sehne. Allmächtiger Gott, ich möchte mehr Verlangen nach Dir verspüren. Ich sehne mich danach, mit einem Verlangen nach Dir erfüllt zu werden. Ich dürste danach, noch mehr Durst nach Dir zu haben. Ich bitte Dich, lass mich Deine Herrlichkeit sehen, damit ich Dich wirklich erkenne. Fange in ein neues Werk der Liebe an. Sprich Du zu meiner Seele: „Erhebe dich und folge mir nach." Und hilf mir dann, mich zu erheben und dir nachzufolgen aus diesem Tal, in dem ich schon so lange wandle. Amen.[8]

Zum Nachdenken und Umsetzen

Mach aus dem, was du über Gott glaubst, ein Gebet des Verlangens nach ihm. Beginne dein Gebet mit den Worten: „Herr, ich sehne mich nach dir und möchte, dass mein Verlangen nach dir wächst, weil ich glaube, dass …"

• • •

Gott wird am meisten geehrt und wir sind am zufriedensten, wenn er unser größtes Verlangen ist. Bist du dir im Klaren über irgendwelche Begierden, Gewohnheiten oder Aktivitäten, die dich daran hindern, deine Vertrautheit mit Gott zu vertiefen? Welche Schritte kannst du unternehmen, um diese Hindernisse zu beseitigen? Sei konkret.

• • •

Hat Gott dir Möglichkeiten gezeigt, die dir helfen können, in der Erkenntnis von Gott-mit-dir zu wachsen? Schreibe sie auf, bitte Gott um seine Gnade und Hilfe, sie umzusetzen, und suche nach Ressourcen (Predigten oder Menschen mit Erfahrung), die dir helfen, in diesen Übungen Fortschritte zu machen.

• • •

„Ich will Christus erkennen" (Philipper 3,10). Stell dir vor, wie du diese Worte wie ein Motto für deine Zukunft auf einem Banner ausbreitest – und es gilt ab sofort, auch für die Stunden, Aktivitäten und Beziehungen dieses und des nächsten Tages. Wiederhole die Worte als Gebet, um deinen Wunsch, das Verlangen nach Gott im täglichen Leben zu vertiefen, zu „ergreifen" und festzumachen,

• • •

Schau dir an, was du zuletzt in der Bibel gelesen hast. Zeigt dir der Abschnitt etwas von der Herrlichkeit Gottes (davon, was für ein Gott er ist)? Sag ihm, warum du diese Einblicke in sein Wesen schätzt und welche Gefühle sie in dir auslösen. Dann nutze diese Einblicke, um ein Gebet der Sehnsucht zu formulieren. Äußere darin deine Sehnsucht, ihn besser kennen, sehen, hören und lieben zu lernen und ihm ähnlicher zu werden.

• • •

> Gott, du bist mein Gott! Ich suche nach dir! Nach dir hat meine Seele Durst, nach dir sehnt sich mein Körper in einem trockenen, erschöpften Land, wo kein Wasser mehr ist. Genauso schaue ich im Heiligtum nach dir aus, um deine Macht und Herrlichkeit zu sehen.
>
> *Psalm 63,2–3*

Mach es dir zur Gewohnheit, mit Gott über deinen Hunger nach ihm zu sprechen.

- Beschreibe dein Verlangen nach ihm. Würdest du sagen, dieses Verlangen ist so groß, dass es dein ganzes Wesen betrifft? Ist es so dringend, dass es deinen Lebensstil beeinflusst?
- Wie groß oder gering deine Sehnsucht nach Gott auch sein mag, sprich deinen Wunsch aus, ihn noch besser kennenzulernen. Danke Gott für das, was du von seiner Schönheit bereits gesehen hast („Ich habe dich gesehen ... deine Macht und deine Herrlichkeit") und inwiefern es deinen Appetit darauf geweckt hat, mehr davon zu sehen.

4
Beten in der unveränderlichen Gegenwart Gottes

Der unermessliche Gott ist in den winzigen Bereichen unseres täglichen Lebens zu Hause. Dieser Ozean des Geheimnisses ist viel zu groß für die kleinen Schiffchen unseres Verstandes und unserer Vorstellungskraft. Deshalb machen sich manche erst gar nicht die Mühe, die Segel zu setzen. Sie begnügen sich damit, in den seichten Gewässern zu paddeln und das Ergründen der Tiefen dieser Wahrheit auf das zukünftige Leben zu verschieben. Es ist richtig, dass wir das Erscheinen von Gott-mit-uns, Immanuel, in der Weltgeschichte vor zweitausend Jahren feiern. Es ist auch gut, vom Crescendo am Ende, wenn Jesus wiederkommt, und über unser zukünftiges Leben mit ihm zu reden. Aber wenn sich unsere Erfahrung von „Gott-mit-uns" darauf beschränkt, uns an die Vergangenheit zu erinnern und nach der Zukunft zu greifen, verpassen wir wahrscheinlich das Wunder des gegenwärtigen Augenblicks. Die Selbsthingabe Christi setzt unser alltägliches Leben in einen Rahmen des Staunens. Er hat den Eintrittspreis dafür bezahlt, dass wir vor dem Angesicht Gottes leben können. Er ist kein Gott, der uns aus der Distanz heraus beobachtet, sondern er ist ganz nah bei uns ist. Denn er ist und bleibt Immanuel, zu jeder Zeit Gott-mit-uns.

Gottes Wahl

Wir können in der Gemeinschaft mit Gott leben, weil er sich dazu entschieden hat, unser Immanuel zu sein. Aber das tägliche Leben mit Gott ist wie eine Ehe, für die sich zwei Parteien entscheiden und nicht nur eine. Mit einer Entscheidung Gottes hat dieses Wunder seinen Anfang genommen. Aber wenn wir uns nicht bewusst dafür entscheiden, mit ihm zu leben, wird die Realität des Gott-mit-uns höchstwahrscheinlich ein unerforschtes Kapitel im Buch unseres Glaubenslebens bleiben. Das Bewusstsein, wie viel er für diese Entscheidung investieren musste, sollte unser Verlangen beflügeln, seine Gegenwart leidenschaftlich zu genießen.

Der Plan

> Der Stein, den Fachleute verwarfen, der ist zum Eckstein geworden.
>
> *Psalm 118,22*

Der Eckstein von was? Drei Verfasser der Evangelien berichten, dass Jesus die oben genannte Stelle zitierte, als er seinen Tod vorhersagte (vgl. Matthäus 21,42; Markus 12,10; Lukas 20,17). Als Petrus und Johannes von den jüdischen Obersten und Ältesten aufgefordert wurden, über die wundersame Heilung des Lahmen am Tempeltor zu berichten, zitierten sie dieselbe Stelle, um ihre Botschaft zu untermauern, dass der gekreuzigte Jesus von den Toten auferstanden war (vgl. Apostelgeschichte 4,11). Später verwendet Petrus diese Schriftstelle erneut in seinem Brief, wenn er Jesus als den „lebendigen Stein“ und seine Nachfolger als Steine bezeichnet, die zu einem geistlichen Haus gebaut sind (vgl. 1. Petrus 2,4–7). Paulus erklärt, dass Jesus der Eckstein eines heiligen, lebendigen Tempels ist, der als Wohnung für Gott erbaut wurde (vgl. Epheser 2,20–22).

Jesus kam mit einem Lied auf die Erde, in dem es heißt: „Einen Leib hast du mir bereitet" (Hebräer 10,5; ein Zitat aus Psalm 40,7–9). Er stand im Tempel von Jerusalem und verkündete den Menschen, die nicht an ihn glaubten und ein Zeichen von ihm forderten: „Zerstört diesen Tempel, und ich werde ihn in drei Tagen wieder aufbauen" (Johannes 2,19–21). Sie nahmen an, dass er damit den Tempel in Jerusalem meinte, aber Jesus sprach von seinem Körper. Als er starb, wurde der Tempel seines Leibes am Kreuz zerstört. Aber drei Tage später ist er auferstanden, um der Eckstein eines neuen, lebendigen Tempels zu werden. Um die Bedeutung dieser Aussage zu verstehen, müssen wir einen neuen Blick auf das werfen, was Johannes auf Patmos gesehen hat.

Die Insel Patmos in der Ägäis wurde für den Apostel Johannes zum Schauplatz von Offenbarungen über Jesus und über zukünftige Ereignisse. Stell dir vor, wie verwirrt er gewesen sein muss, als er in den Visionen das himmlische Jerusalem als Stadt ohne Tempel sah (vgl. Offenbarung 21,22). Für ihn ergab eine Stadt Gottes ohne Heiligtum für seine Herrlichkeit keinen Sinn. Dann erkannte er, dass diese Stadt sehr wohl einen Tempel hat, der allerdings ganz anders war, als er erwartet hatte. Anders als der irdische Tempel ist der himmlische Tempel ein lebendiger Tempel. Gott selbst und das Lamm sind der Tempel des neuen Jerusalem (vgl. Offenbarung 21,22). Es gibt kein ummauertes Heiligtum, das die Herrlichkeit Gottes, die darin wohnt, von den Menschen trennt. Die Schönheit von Gottes Wesen ist nicht hinter einem Vorhang verborgen, und seine Herrlichkeit ist nicht auf einen heiligen Raum beschränkt, sondern manifestiert sich überall und ständig.

Die sichtbare Gegenwart Gottes und des Lammes erfüllten und bestimmten das neue Jerusalem. Er ist der herrliche Mittelpunkt und der Glanz der ewigen Stadt. Er ist das lebendige Heiligtum, in dem seine Heiligen für alle Zeit der Herrlichkeit begegnen und sie bestaunen werden. Jeder seiner Gedanken, jedes seiner Worte und jede seiner Handlungen drückt aus, was für ein Gott er ist. Dieses Verständnis des himmlischen Tempels ist wichtig, wenn wir begreifen wollen, dass wir Gottes Tempel auf Erden sind.

Die Vorstellung von Gott als einem lebendigen Tempel, die uns die Bibel vermittelt, soll uns nicht nur ein genaueres Bild vom Leben im Himmel geben, sondern sie soll unser Verständnis dafür vertiefen, wie unser erlöstes Leben in dieser Welt gedacht ist. Schon vor aller Zeit hat Gott geplant, dass er einen lebendigen, geistlichen Tempel seiner Herrlichkeit auf diesem Außenposten des Reiches Gottes, der Erde genannt wird, haben wollte. Er plante einen Tempel nach dem Vorbild des himmlischen Tempels. Als lebendiges Heiligtum seiner eigenen Herrlichkeit in der ewigen Stadt zeigt Gottes Leben ständig, wie er ist. Es war sein Ziel, einen Tempel auf der Erde zu haben, der seine Gegenwart beherbergen und ihn in ähnlicher Weise sichtbar machen sollte. Er wollte ein lebendiges Heiligtum, Menschen, die von ihm erfüllt sind und deren Leben die Aufmerksamkeit auf ihn lenkt.

Neunhundert Jahre vor Christi Geburt baute Salomo in Jerusalem ein prächtiges, vergoldetes Heiligtum aus Holz und Stein. Es spielte eine wichtige Rolle in Gottes Handeln mit Israel, aber es war nur ein Schatten des viel größeren, lebendigen Tempels, den er im Sinn hatte. Der Vater wusste, dass die Kosten für den Bau seines Traumhauses unendlich hoch sein würden. Der Tod seines Sohnes legte das Fundament und den Eckstein (vgl. Psalm 118,22–24 und auch Jesaja 28,16; 1. Petrus 2,6; Epheser 2,20).

Nach der Auferstehung Jesu kam der Heilige Geist, um als Baumeister diesen lebendigen Tempel zu errichten Er hat ihn in den letzten zwei Jahrtausenden ausgebaut und wird diesen Ausbau fortsetzen bis zur Wiederkunft Jesu (Epheser 2,21–22).

Die in Christus Erlösten sind die „lebendigen Steine" (1. Petrus 2,5) die gerettet wurden, um Gottes Gegenwart in der Welt zu beherbergen. Sie sollen nicht nur von ihm erfüllt sein, sondern seine Herrlichkeit in den Tätigkeitsfeldern des täglichen Lebens zur Schau stellen. Unser Charakter, unsere Worte und unser Handeln spiegeln wider – wenn auch unvollkommen –, wer Gott ist und wie er ist. Im Gegensatz zu einem von Menschen errichteten Heiligtum, das auf ein Grundstück beschränkt und von Mauern umgeben ist, ist dieses außergewöhnliche Haus Gottes überall dort lebendig, wo seine Menschen sind. Wir beherbergen und zeigen ihn in den gewöhnlichen Abläufen und auf den lärmenden Marktplätzen des täglichen Lebens. Es war Gottes Plan, dass wir, die unwahrscheinlichsten, unwürdigsten Kandidaten, Tempel der höchsten Herrlichkeit sein sollten (vgl. 2. Petrus 1,17).

Das Versprechen

Die zukünftige Gegenwart Gottes ist ein faszinierender Gedanke. Den meisten Christen sind die ersten drei Verse aus dem Johannesevangelium, Kapitel 14, sehr vertraut:

> Lasst euch nicht in Verwirrung bringen. Glaubt an Gott und glaubt auch an mich! Im Haus meines Vaters gibt es viele Wohnungen. Wenn es nicht so wäre, dann hätte ich es euch gesagt. Ich gehe jetzt voraus, um einen Platz für euch vorzubereiten. Und wenn ich dann alles vorbereitet habe, komme ich zurück und werde euch zu mir holen, damit auch ihr da seid, wo ich bin.
>
> *Johannes 14,1–3*

Nach dieser Verheißung einer Umsiedlung in das Haus des Vaters macht Jesus dann eine verblüffende Ankündigung. Seine Jünger würden nicht bis zum Ende warten müssen, um seine verheißene Gegenwart zu genießen:

> Wer mich liebt, wird sich nach meinen Worten richten. Mein Vater wird ihn lieben, und wir werden kommen und bei ihm wohnen.
>
> *Johannes* 14,23

Das leidenschaftliche Verlangen Jesu, mit seinem erlösten Volk zu leben, ist zu stark, um es aufzuschieben. Seine endgültige Wiederkunft wird kommen, aber er will, dass seine Jünger seine Gesellschaft sofort genießen. An Pfingsten kam der Geist der Verheißung, um im Leben eines jeden Glaubenden Wohnung zu nehmen. Gott ist also „unser Vater im Himmel" und gleichzeitig der „Ich bin", der hier bei uns ist. Er thront in unzugänglichem Licht und begleitet uns doch in unserer chaotischen Welt (vgl. 1. Timotheus 6,16; 2. Korinther 6,16). Er ist der Mittelpunkt der vollkommenen Anbetung im Himmel und thront doch im Leben seines unvollkommenen Volkes auf der Erde. Er ist Gott-mit-uns, wenn die Gemeinde sich versammelt, und er ist bei jedem Glaubenden voll präsent, wenn die Gemeinde im Alltag verstreut ist. Er nennt seine versammelte Gemeinde sein Tempelhaus und nennt den einzelnen Gläubigen mit demselben Namen (vgl. 1. Korinther 3,16; 1. Korinther 6,19; Epheser 2,21–22).

Jesus ist Immanuel, selbst für seinen jüngsten und neuesten Jünger. Bei dem „neuen Weg zum Leben" (Hebräer 10,20) geht es nicht nur um das Ziel, sondern um eine lebensverändernde Reise hinter den zerrissenen Vorhang. Es geht darum, von Gott erfüllt zu werden und zu lernen, jetzt in seiner Gegenwart zu leben. Das ist das Leben, das Gott für uns vorgesehen hat. Durch dieses Versprechen versichert er uns, dass seine verlässliche Liebe es jedem Glaubenden ermöglichen wird, die Erfahrung des täglichen Lebens in Gemeinschaft mit ihm zu genießen. Wie viel dies Gott bedeutet, zeigt sich an dem Preis, den er bereit war zu zahlen, damit dies geschehen konnte.

Der gezahlte Preis

Der Apostel Paulus macht in seinem Brief an die Gläubigen in Thessalonich eine einfache und doch tiefgreifende Aussage:

> Denn Gott hat uns nicht dazu bestimmt, dass wir seinem Zorngericht verfallen, sondern dass wir durch unseren Herrn Jesus Christus das Heil in Besitz nehmen. Er ist ja für uns gestorben, damit wir für immer mit ihm leben, ganz gleich, ob wir noch am Leben sind, wenn er kommt, oder nicht.
>
> *1. Thessalonicher 5,9–10*

Den Hintergrund für diese Worte bildet der „Tag des Herrn" (V. 2). Die Bilder des endzeitlichen Zorngerichts sind erschreckend für alle, die „zur Finsternis gehören" (V. 5). Paulus beschreibt Gottes Zorn gegen alles, was sich seiner Barmherzigkeit widersetzt hat, als plötzliche, unausweichliche Zerstörung (V. 3). Aber er fügt eine gute Nachricht hinzu. Diejenigen, die „nicht in der Finsternis", sondern „Kinder des Lichts" (V. 4-5) sind, werden dieses kommende Gericht nicht erleben. Stattdessen haben sie eine Verabredung mit dem „Heil". Dann packt Paulus eine entscheidende Erkenntnis darüber aus, dass wir „durch unseren Herrn Jesus Christus das Heil in Besitz nehmen". Wir wissen, *wovor* wir gerettet worden sind. Aber *wofür* sind wir gerettet worden? Solange wir uns darüber nicht im Klaren sind, ist unsere Feier der Errettung eine unvollständige Würdigung der Barmherzigkeit Gottes.

Die apostolische Schlagzeile, die in V. 10 verkündet wird, lautet so: Jesus ist für uns gestorben, damit wir „mit ihm leben" können. Gewöhnlich verschieben wir Hinweise auf ein Leben mit Gott in die Zukunft. Natürlich ist die Aussicht, Gottes Gemeinschaft in der Heiligen Stadt zu genießen, begeisternd und tröstlich (vgl. Offenbarung 21,2). Der volle Umfang dessen, was wir in der Ewigkeit tun werden, ist ein Geheimnis, aber so viel wissen wir: Wir werden Bewunderer seiner Schönheit in der ersten Reihe sein, wir werden die Herrlichkeit direkt zu Gesicht bekommen (vgl. 1. Korinther 13,12), wir werden Menschen sein, die vollkommen zur Ruhe gekommen sind, vollkommen heile und glückliche Menschen, deren Lobgesang auf die Barmherzigkeit es niemals an neuen Strophen mangeln wird. Aber dieses Bild von uns – ein verherrlichtes Volk mit himmlischen Körpern, das in unserer ewigen Heimat die Gegenwart Gottes genießt – ist nur eine Teilantwort auf die Frage: Wozu sind wir gerettet? Ja, das ist der zweite Teil der Antwort. Hier ist noch einmal die apostolische Ankündigung:

> Er ist ja für uns gestorben, damit wir für immer mit ihm leben, ganz gleich, ob wir noch am Leben sind, wenn er kommt, oder nicht.
>
> *1. Thessalonicher 5,10*

Jesus hat den höchsten Preis bezahlt, um uns für ein Leben in Gemeinschaft mit Gott nach dem Tod zu retten. Dadurch können wir die Freude an der Gemeinschaft mit Gott unmittelbar erleben. Der Gott, der uns zu der endgültigen Freude unserer Errettung über dieses Leben hinaus („ob wir nicht mehr am Leben sind") bestimmt hat, hat uns auch zu der unmittelbaren

Freude seiner Gegenwart („noch am Leben sind") bestimmt. Dieses Geschenk der Liebe wurde von ihm geplant, versprochen und vollständig bezahlt. Und wir ehren den Geber, indem wir uns entscheiden, als betende Menschen zu leben, die die Gemeinschaft mit ihm genießen.

Unsere Wahl

König David wusste, wie ein Leben aussieht, das Gott gefällt. Dieses Wissen war kein Produkt von Vermutungen, sondern eine Offenbarung Gottes:

> Ich habe mir Jahwe immer vor Augen gestellt. Und weil Jahwe mir beisteht, stehe ich fest. Du zeigst mir den Weg, der zum Leben hinführt. Und wo du bist, hört die Freude nie auf. Aus deiner Hand kommt ewiges Glück.
>
> *Psalm 16,8.11*

David verstand eine wichtige Tatsache über den Weg, der zum Leben hinführt: Er bedeutet, Gottes Gegenwart zu genießen.

Gott hat sich entschlossen, immer bei uns zu sein. Seine Gegenwart gründet sich darauf, dass er einen Bund mit uns geschlossen hat. Um es mit den Worten des Psalmisten zu sagen, er „steht uns immer bei", ob wir nun auf ihn reagieren oder nicht oder ob wir uns seiner Gegenwart überhaupt bewusst sind. Er entzieht uns niemals seine garantierte Zusage „Ich bin immer bei euch" (Matthäus 28,20). Die Freude an der Gemeinschaft mit ihm ist für den „Weg, der zum Leben hinführt" von zentraler Bedeutung. Sie ist jedoch kein automatisches Nebenprodukt seiner Gegenwart, die uns durch den Bund zugesichert ist. Wir genießen seine Gegenwart, weil wir die Wahl treffen, es zu tun.

David verstand den Unterschied zwischen der Gegenwart Gottes aufgrund des Bundes (im Rahmen des Alten Bundes) und dem Hunger nach einer größeren Freude an der Gegenwart Gottes. Welche Turbulenzen er auch immer erlebte, er war überzeugt, dass Gottes im Bund zugesicherte Gegenwart seine Sicherheit war. Mit Gott, der ihm beistand, hatte er Grund, ruhig zu bleiben, statt zu zittern, wenn Schwierigkeiten auftraten. Aber David hatte auch einen Hunger nach Gott. Er verstand, dass die Gegenwart Gottes im Bund eine Einladung war, sich für Intimität mit ihm zu entscheiden. So lebte er als jemand, der Gottes Nähe suchte und seine Schönheit bestaunte (vgl. Psalm 27,4–8). Der „Weg, der zum Leben hinführt" bestand darin, sich in der Hinwendung zu Gott zu üben. Egal, ob er auf dem Berg Zion anbetend mit dem Gesicht zum Boden vor der Bundeslade lag, oder sich als Flüchtling in der judäischen Wüste befand (vgl. Psalm 63). Sein eigenes Lied zeugt von seiner Entscheidung, so zu leben: „Ich habe mir Jahwe immer vor Augen gestellt."

Gottes im Bund zugesagte Gegenwart bei uns ist mehr als eine tröstliche Gewissheit; sie ist Gottes Bemühen um eine innige Beziehung zu uns. Aber er wartet auf unsere Entscheidung, Gott in den täglichen Dingen des Lebens „immer vor Augen" (Apostelgeschichte 2,25) zu haben. Wenn wir bewusst in Gottes Gegenwart leben, können auch wir Davids Lied vom Weg, der zum Leben führt, singen, allerdings aufgrund der Gnade des Neuen Bundes noch deutlich kräftiger als er. Wenn wir uns für einen Lebensstil entscheiden, der durch einen intensiven Gesprächsaustausch mit Gott geprägt ist, dann ist das ein Statement dafür, wie sehr wir seine Gegenwart schätzen – eine Haltung, an der man keine Abstriche machen kann, und für die man sich auch nicht schämen muss.

Eine unbequeme Gegenwart

Sauls Ungehorsam gegenüber Gottes Anweisungen bezüglich der Amalekiter kostete ihn den Schutzschild von Gottes Gegenwart und auch das Recht, über Israel zu herrschen (vgl. 1. Samuel 15,1–11.24–29). Der gesalbte König, der einst den Kuss der Gunst Gottes erhalten hatte (vgl. 1. Samuel 10,1.7), wurde zu einem Mann, der von einem bösen Geist gequält wurde. Sauls Diener rieten ihm zu einer Musiktherapie, um ihm durch die Zeiten der dämonischen Bedrängnis zu helfen. Einer seiner Diener brachte ihm einen Bericht über David aus Bethlehem. Seine Liste von Davids Qualifikationen für die Stelle als Palastharfenspieler lautete wie folgt:

> Ich kenne da einen Sohn Isais aus Bethlehem, der gut spielen kann und außerdem ein tüchtiger Kämpfer ist. Er versteht es, immer das richtige Wort zu sagen, und sieht auch noch gut aus. Jahwe ist mit ihm.
>
> *1. Samuel 16,18*

Die Liste umfasst musikalisches Talent, Mut, militärisches Geschick, Beredsamkeit und Aussehen. Die Eigenschaften sind beeindruckend, aber es ist der letzte Satz, der das meiste Gewicht hat: „Jahwe ist mit ihm." Es war Gottes Absicht, dass das Zeugnis seiner Gegenwart die wünschenswerteste, empfehlenswerteste und auffälligste Eigenschaft für sein auserwähltes Volk sein sollte.

Mose verstand das. Nach Israels Debakel mit dem goldenen Kalb kündigte Gott an, dass er nicht mehr mit ihnen ziehen, sondern stattdessen einen Engel vor ihnen herschicken würde (vgl. 2. Mose 33,1–3). Die Ankündigung erschütterte Mose. Er wusste, dass nichts die Gegenwart Gottes selbst ersetzen konnte, nicht einmal die Begleitung und die Macht eines

Engels. Überhaupt nicht voranzukommen war besser, als zu versuchen, ohne Gott voranzukommen. Mose flocht in seinen Appell an Gott diese Frage ein:

> Woran soll man denn sonst erkennen, dass wir in deiner Gnade stehen, ich und dein Volk?
>
> *2. Mose 33,16*

Das war genau das, was Gott hören wollte. In Mose hatte Gott einen Freund, der seine Gegenwart als das entscheidende Merkmal schätzte, das sein auserwähltes Volk von allen anderen Völkern unterschied. Der Entzug der Gegenwart Gottes würde den Verlust dieses einzigartigen Merkmals bedeuten. Die religiöse Routine könnte weitergehen, aber sie wäre eine leere Form, ohne lebensverändernde, volksbildende Kraft und ohne die freudigen Reaktionen, die ein Volk auszeichnen, das Gott in seiner Mitte hat. Es gäbe keine Zeichen der Herrlichkeit Gottes in Israel, nichts, was ihn über die Götter erheben oder die Völker dazu bringen würde, ihn anzubeten. Gott antwortete auf dieses Argument von Mose sofort:

> „Auch diese Bitte werde ich dir erfüllen, denn du stehst in meiner Gunst und ich kenne dich genau!"
>
> *2. Mose 33,17*

In Gottes auserwähltem Volk war die wichtigste Eigenschaft und das größte Kompliment, das man jemandem machen konnte, das Urteil: „Jahwe ist mit ihm." Aber das Israel zur Zeit Sauls hatte die Liebe zu Gottes Gegenwart als Israels Erkennungszeichen verloren. Als man Saul David als einen Mann mit beeindruckenden Talenten und Fähigkeiten vorgestellt hat, wurde die Erwähnung seiner innigen Beziehung zu Gott wahrscheinlich nicht als krönender Höhepunkt hinzugefügt, der seine Eignung für die Aufgabe unterstreichen sollte. Es war eher ein nachträglicher Einfall, eine Eigenschaft, die bei David deutlich zu erkennen war, die aber für Sauls Personalberater nicht ganz oben auf der Liste stand. Davids Fähigkeiten waren wichtig und für die Aufgabe unerlässlich. Aber Gott hatte schon früh in der Geschichte Israels das Fundament für sein Bundesvolk gelegt, ein Volk, das ihn als seinen König und seine größte Liebe erheben sollte (vgl. 5. Mose 6,1–12). Leider war Sauls Königreich von diesem Fundament abgerückt. Anstatt also die Entdeckung eines Mannes zu feiern, der Gottes Gegenwart liebte und zudem noch begabt war, wurde David als ein gut qualifizierter Mann betrachtet, der zudem ein gutes geistliches Zeugnis hatte.

Wir haben wahrhaftig kein Recht, den Dienern Sauls die offensichtliche Umkehrung der Werte vorzuwerfen, denn wir neigen dazu, es genauso zu machen. Wir glauben an die Gegenwart Gottes, aber wir verstecken sie im Kleingedruckten in der Fußzeile unseres persönlichen Selbstverständnisses. Wir finden Trost in der Wahrheit des Gott-mit-uns, wollen aber nicht, dass sie sich in unser Leben einmischt oder es stört. Es ist uns peinlich, einen Lebensstil anzunehmen, der es zulässt, dass die Gegenwart Gottes uns prägt. Die gesellschaftlichen Normen unserer Zeit haben uns so sehr geprägt, dass wir Hemmungen haben, ein allzu großes Verlangen nach Gott zu haben. Manchmal ertappen wir uns dabei, dass wir uns für die radikalen Veränderungen entschuldigen, die Gott-mit-uns an unserem Lebensstil bewirkt hat. Wir reden uns ein, dass Ausgewogenheit und Zurückhaltung unsere Nachfolge bestimmen sollten und nicht die rückhaltlose Hingabe an Jesus. Doch wenn wir das Wunder der Gemeinschaft mit Gott wiederentdecken wollen, müssen wir bereit sein, zuzulassen, dass die unbequeme Gegenwart Gottes unser Leben erkennbar prägt. Die Liebe zu seiner Gegenwart und die

Auswirkungen, die er auf unser Leben hat, müssen uns mehr definieren als unsere Gaben, Talente, Fähigkeiten, Errungenschaften und unser äußeres Erscheinungsbild.

Das ist eine sehr unbequeme Art zu leben, denn sie hebt unser Bemühen, das eigene Ich sterben zu lassen, auf eine neue Ebene. Aber es geht um das Leben, nicht um den Tod. Je mehr wir unser Herz auf Gott-mit-uns ausrichten, desto mehr erfahren wir die Qualität des Gebetslebens, für das wir bestimmt sind. Und aus diesem Grund ist es wichtig, dass wir unsere Aufmerksamkeit auf einen ewigen Bezugspunkt richten.

Der Bezugspunkt des Lebens

Isaaks nächtliche Begegnung mit Gott in Beerscheba ließ ihn mit einer Ankündigung zurück, die ohne die Erinnerung an die Familiengeschichte nur schwer zu verarbeiten gewesen wäre:

> „Ich bin der Gott deines Vaters Abraham. Fürchte dich nicht! Denn ich bin mit dir, und ich werde dich segnen und deine Nachkommen vermehren wegen meines Knechtes Abraham."
>
> *1. Mose 26,24 (ELB)*

Es gab kein praktisches Handbuch, in dem Isaak nachschlagen konnte, um herauszufinden, was der Gott über allen Göttern meinte, als er versprach: „Ich bin mit dir." Der einzige Bezugspunkt, den Isaak hatte, um die Gegenwart Gottes zu verstehen, lag in der Vergangenheit. In der Tat ist es Gott selbst, der Isaaks Blick zurücklenkt, indem er sich als „der Gott deines Vaters Abraham" vorstellt. Wenn Isaak sich das gesegnete Leben seines Vaters vor Augen führte, konnte er verstehen, was „Ich bin mit dir“ bedeutete. Abraham war ein Pionier der Freundschaft mit Gott gewesen, demjenigen, der sein stets gegenwärtiger Schutz und sein Lohn war (vgl. 1. Mose 15,1). Isaaks Reise würde keine Kopie von Abrahams Reise sein, aber er glaubte, dass er den Segen, der das Leben seines Vaters ausgemacht hatte, auch für sich erwarten konnte, wenn Abrahams Gott auch mit ihm war. Der Schutz, die Versorgung und die Gunst des „Ich bin“ sowie alles Gute, das der Verheißung an Abraham entsprach, wurden Isaaks Erbe (vgl. 1. Mose 12,1–3; 1. Mose 26,3–5; Galater 3,16–17). Isaak war ein Sohn der Verheißung, ein Wunderkind, das einem hundertjährigen Mann und einer nicht viel jüngeren Frau geboren wurde. Seine Identität war eingehüllt in ein Lachen über das Unmögliche. Sein Verständnis von Gottes Gegenwart bei ihm war durch die Vergangenheit geprägt, vor allem durch das Zeugnis der Gegenwart Gottes bei Abraham.

Das Gleiche galt für Jakob. In Jakobs Traum in Bethel wiederholt Gott dieselbe Ankündigung, die er Isaak schon viel früher gemacht hat: „Ich bin mit dir“ (1. Mose 28,15; ELB). Und wieder lenkt Gott den Blick zurück: „Ich bin der Herr, der Gott deines Vaters Abraham und der Gott Isaaks“ (1. Mose 28,13; ELB). Wie bei Isaak lag auch für Jakob der Bezugspunkt, um die Gegenwart Gottes zu verstehen, in der Vergangenheit.

Ein weiteres Beispiel ist Josua. Als Mose starb, wurde der Führungsstab an ihn weitergegeben. Bei seiner Beauftragung stellte Gott die rückwärts gerichtete Verbindung für den neuen Anführer her:

> Es soll niemand vor dir standhalten können, alle Tage deines Lebens. Wie ich mit Mose gewesen bin, werde ich mit dir sein; ich werde dich nicht aufgeben und dich nicht verlassen.
>
> *Josua 1,5 (ELB)*

Es gab für die Glaubenden des Alten Bundes keine andere Möglichkeit, das Geheimnis der Gegenwart Gottes zu verstehen. Ihr Bezugspunkt, um die Botschaft „Ich bin mit dir" zu begreifen und sie für ihr Leben anwendbar zu machen, lag in der Vergangenheit. Sie verstanden sie, indem sie das Leben der Menschen betrachteten, die vor ihnen in diesem Geheimnis gelebt hatten.

Mit dem Neuen Bund veränderte sich der Bezugspunkt dafür, das Wunder des Gott-mit-uns zu verstehen. Die Macht der versöhnenden Liebe und die Gabe des Heiligen Geistes haben die Distanz zwischen Gott und seinem Volk beseitigt. Die Verbindung mit Christus lässt uns in die Fülle Gottes eintauchen (vgl. Kolosser 3,3; Epheser 3,19; Kolosser 2,9–10). Seine Gerechtigkeit in uns lässt keinen Grund mehr bestehen, dass Gottes Gegenwart fern, unzugänglich oder unbeständig sein sollte. Wir haben das uneingeschränkte Recht auf Zugang zu Gottes Thron und eine Berechtigung zur innigen Gemeinschaft mit ihm erhalten. Das Opfer Jesu hat den Vorhang der Trennung weggerissen, die Pforte des Himmels geöffnet und der Ankündigung „Ich bin mit euch" eine neue, tiefere Bedeutung verliehen.

Unsere Erfahrung der Gegenwart Gottes im Rahmen des Neuen Bundes stellt alles in den Schatten, was im Alten Bund möglich war. Der Bezugspunkt, um das Geheimnis des „Ich bin mit euch" zu verstehen, liegt nicht mehr im Rückspiegel, sondern vor uns. Wir folgen den prophetischen Scheinwerfern der Schrift in die Zukunft, in die ewige neue Weltordnung, die „Stadt des lebendigen Gottes" (Hebräer 12,22). Dort finden wir unseren Bezugspunkt. Dort sehen wir das ganze Ausmaß der Gegenwart Gottes, die sich uns durch das Opfer des Lammes eröffnet hat. Unsere Erfahrung das Gott-mit-uns ist keine Neuauflage des ersten Paradieses, sondern ein Vorgeschmack auf das endgültige Paradies. Die Realität der endgültigen Gegenwart Gottes setzt die Messlatte für unsere unmittelbare Erfahrung mit ihm. Er ist gekommen, um bei uns zu sein, jetzt auf der Erde wie im Himmel. Wenn wir zulassen, dass dieser zukünftige Bezugspunkt bestimmt, wie wir jetzt in Gottes Gegenwart leben, werden wir zu den prophetischen Hoffnungsträgern, die unsere Welt so dringend braucht.

Wenn ich von der erstaunlichen Begegnung des Mose mit der Güte Gottes auf dem Berg lese, wünsche ich mir eine ähnliche Erfahrung. Ich würde gerne in Jesajas Vision von den Serafim und den bebenden Türpfosten des Tempels eintreten. Ich möchte mit ihm ausrufen: „Ich habe den König gesehen, Jahwe, den allmächtigen Gott!" (Jesaja 6,1–5). Es mag so aussehen, als hätten wir so viel weniger als der Hohepriester des Alten Bundes, der einmal im Jahr hinter den Tempelvorhang trat, um die Wolke der Herrlichkeit über dem Gnadenthron zu sehen. Oder als die siebzig Ältesten Israels, die in die wolkenverhangenen Höhen des Berges Sinai hinaufstiegen und Gott sahen (vgl. 2. Mose 24,9–10). Aber wir haben mehr.

Diese Berichte über Menschen, die der sichtbaren Gegenwart Gottes begegnet sind, sollen unseren Appetit auf ihn wecken, aber sie sind nicht der Maßstab für die Erfahrung der Glaubenden des Neuen Bundes, die Gott-mit-uns in sich tragen. Sie waren ein Schatten der zukünftigen Wirklichkeit der Gottespräsenz. Die guten Dinge des Alten Bundes waren prophetische Wegweiser, die auf eine viel größere, dauerhafte Herrlichkeit durch Christus hinweisen (vgl. 2. Korinther 3,7–11). Die himmlische Stadt ist mehr als eine zukünftige Hoffnung. Alle, die aus Gott geboren sind (vgl. Johannes 1,13), bleiben mit ihr verbunden. Indem wir zu ihm kommen, sind wir „zum Berg Zion und zur Stadt des lebendigen Gottes gekommen, zu dem Jerusalem im Himmel" (Hebräer 12,22). Das Wunder der Wiedergeburt hat uns mit den geistlichen

Realitäten dieser Stadt verbunden (vgl. Galater 4,26). Das Bewusstsein der „himmlischen Dinge“ beeinflusst jetzt unsere Vorlieben, unsere Werte, unser Denken und unser Verhalten (vgl. Kolosser 3,1). Wir streben danach, unser Leben so zu gestalten, dass es mehr den Charakter der himmlischen Stadt widerspiegelt als den der irdischen. Das allumfassende Merkmal der Stadt Gottes ist die Fülle seiner Gegenwart. Dieselbe Gegenwart ist gekommen, um alle zu erfüllen, die von oben geboren sind. Das sind alle, die das ewige Bürgerrecht in dieser Stadt haben. Die Herrlichkeit, die das neue Jerusalem bewohnt, ist unser Bezugspunkt, um das Ausmaß der Botschaft „Ich bin mit euch“ zu erfassen. Diese Realität nährt das Staunen, das innere „Wow!“, ein auserwählter Tempel der uneingeschränkten Gegenwart Gottes zu sein.

Solange wir in unserem irdischen Zelt leben (vgl. 2. Korinther 5,1), akzeptieren wir, dass unsere Erfahrung der Gegenwart Gottes nicht das unbegrenzte Niveau der himmlischen Stadt erreichen wird. Aber mit unserem festen Bezugspunkt und der Zuversicht, dass dies unser Erbe in Christus ist, bietet uns jeder Tag einen neuen, beglückenden Zugang zu dem enormen Wunder des Gott-mit-uns. Je mehr wir uns darauf einlassen, desto leidenschaftlicher wird unser Gebet darum, dass Gottes Reich kommen möge, „im Himmel wie auf Erden“ (Matthäus 6,9–11). Je tiefer unsere Verbundenheit mit dem im Himmel thronenden Christus ist, desto mehr werden wir durch seine Gegenwart verwandelt und desto mehr wächst unser Wunsch, auf der Erde wirksam für Veränderung zu arbeiten.

Es gibt vieles, was wir über die Stadt Gottes nicht wissen. Wir wissen aber, dass ihre Schönheit und Güte immer das Wesen Gottes, ihres Architekten und Erbauers, widerspiegeln werden (vgl. Hebräer 11,10). Wir haben also keinen Zweifel daran, dass es eine Stadt der vollkommenen, ununterbrochenen

Ruhe ist, ein Ort des Friedens, der das menschliche Verständnis übersteigt, ein Ort der Freude, die zu tief ist, um sie in Worte zu fassen, ein Ort der unvergleichlichen Liebe, der unermesslichen Kraft, der unverfälschten Reinheit und so vieles mehr. Die atemberaubende Wahrheit ist, dass wir durch die Teilhabe an Gottes Natur bereits jetzt an dieser himmlischen Qualität des Lebens teilhaben (vgl. 2. Petrus 1,4).

Unsere Erfahrung dieses Lebens vertieft sich jedoch nicht, nur weil wir daran glauben oder weil wir gern darüber nachdenken. Es ist möglich, eine Fülle von biblischem Wissen über unser zukünftiges Paradies zu haben und dennoch Gottes Gegenwart jetzt nur unzureichend zu erleben. Die Fülle des Lebens in der ewigen Stadt ist in Christus konzentriert, und er, der in uns lebt, ist die „Hoffnung der Herrlichkeit" (Kolosser 1,27). In ihm haben wir Zugang zur Fülle Gottes (vgl. Kolosser 2,9–10). Wir orientieren uns an dem zukünftigen Bezugspunkt, indem wir Christus zum ständigen Mittelpunkt unseres Lebens machen. Indem wir unser Herz auf ihn richten – auf den historischen Jesus der Evangelien, auf den erhöhten Christus, „gekrönt mit Herrlichkeit und Ehre" (Hebräer 2,9) –, vertiefen wir unsere Bindung an die Stadt Gottes und verstärken unseren Hunger nach der Erfahrung der Gegenwart Gottes „auf Erden wie im Himmel". Gott ist fest entschlossen, bei uns zu sein. Aber ob wir diese Freude erfahren oder nicht, hängt weitgehend von unserem Verlangen und unserer Entscheidung ab, mit ihm zu leben.

Die Gegenwart Gottes prägt den Beter

Der Glaube beeinflusst das Verhalten. Wenn wir glauben, dass Gott uns nur ein winziges Stück seiner Gegenwart zugesteckt und den Rest für unsere Ankunft im Himmel beiseitegelegt hat, werden wir wahrscheinlich nur geringen Appetit darauf entwickeln, ihn heute zu erleben. Wenn wir glauben, dass Gott nur teilweise oder gelegentlich bei uns ist, programmieren wir uns darauf, ohne Staunen zu leben. So gewöhnen wir uns daran, außerhalb des Wunders des Gott-mit-uns zu leben, anstatt mitten darin. In seinem Buch *Living before God* schreibt Ben Johnson: „Im Blick auf die Tatsache, dass wir ‚vor Gott sind', haben wir keine Wahl, sondern nur im Blick darauf, wie wir uns in Gottes Gegenwart positionieren. Manche Menschen verbringen die meiste Zeit ihres Lebens, ohne den Einen zu bemerken, der ihr aufmerksamstes Publikum ist. Die meisten von uns brauchen Hilfe, um zu lernen, dieses große Abenteuer zu leben."[9]

Der Unterschied zwischen der unmittelbaren und der letztendlichen Gegenwart Gottes ist eine Frage des Ortes, nicht der Qualität. Ja, es gibt Grenzen für unsere Erfahrung der Gegenwart Gottes auf Erden. Ablenkungen, Angst, Zweifel, Mangel an geistlichem Verlangen und andere selbst auferlegte Grenzen schränken unsere Freude an ihm ein. Abgesehen davon kennt Gott die Grenzen der menschlichen Schwäche. Würde er die volle Herrlichkeit seiner heiligen Gegenwart entfalten, würden unsere zerbrechlichen Körper die erste Mikrosekunde des Staunens nicht überleben. Tatsache ist jedoch, dass Gott die Grenzen dieser Zerbrechlichkeit weit genug gezogen hat, um uns ein Leben lang die Möglichkeit zu geben, tiefer und tiefer in das Wunder des Gott-mit-uns hineinzuwachsen. Der Wunsch, ihm näherzukommen, höher zu gehen, ihn tiefer kennenzulernen, ihn mehr zu lieben, ihn klarer zu sehen und ihm ähnlicher zu werden, sollte die bestimmende Leidenschaft auf unserem Lebensweg sein. Dafür wurden wir geschaffen. Aber die Leidenschaft stirbt, wenn das Staunen verloren geht, wenn Gottes Gegenwart zu einem Stück Glaubenslehre an der Peripherie des Lebens wird, statt zu seinem

Mittelpunkt, dann haben wir das ehrfürchtige Staunen über das Wunder des Immanuel verloren.

Wenn wir Gott-mit-uns auf ein bisschen mehr als einen persönlichen Beschützer und Segensspender reduzieren, haben wir das Wesen Gottes missverstanden. Er kann nichts Geringeres sein als das auf dem Thron erhöhte Zentrum unseres Lebens. Er wird kein bequemer Dienstleister sein, der im Schatten bleibt, bis er gebraucht wird. Er weigert sich, ein religiöses Anhängsel an die Aktivitäten des Lebens zu sein. Er ist gekommen, um als König in den banalen Abläufen unseres täglichen Lebens zu wohnen. Er ist hier, um gesehen und bewundert zu werden. Er will, dass die Realität seiner Gegenwart das Gewöhnliche für uns heilig macht, er will selbst unsere alltäglichsten Aufgaben in ehrfürchtiges Staunen kleiden. Die Aktivitäten des Lebens sind für Gott ein Garten, in dem er anzutreffen ist, eine Gelegenheit für uns, ihn zu genießen. Wenn wir uns seiner Gegenwart bewusst werden, ändert sich der Schwerpunkt unseres Lebens. Alles, was gut und richtig ist, wird in seinem Namen getan und ist ein Opfer, das ihm gefällt (vgl. Apostelgeschichte 17,28; 1. Korinther 10,31; Kolosser 3,17.23). Unser täglicher Weg wird vor allem anderen zu einem Abenteuer, bei dem wir lernen, in der Gemeinschaft mit Gott zu leben.

Das Gebet steht im Mittelpunkt dieses Abenteuers. Es ist das Herzstück der Beziehung zwischen Gott und uns, und deshalb entfaltet die Wirklichkeit des Gott-mit-uns hier ihre größte Wirkung. Wenn wir die Wahrheit seiner unmittelbaren Gegenwart erfassen, wird das unser Beten verändern und damit auch unser Leben. Gottes unablässige Gegenwart verleiht der Aufforderung, „unablässig zu beten“ (1.Thessalonicher 5,17), eine zwingende Dringlichkeit und Relevanz.

Zu lernen, vor Gott still zu werden, ist ein wichtiger Teil des Wachstums als Beter. Unsere eigenen Worte können uns manchmal davon ablenken, das Wunder, dass wir in Gottes Gegenwart sein dürfen, wirklich zu würdigen. Schweigen und Einsamkeit, ob für kurze oder längere Zeit, können hilfreiche geistliche Übungen sein, um das Stillsein zu lernen. Wenn wir unser Herz zur Ruhe und den geschäftigen Betrieb des Verstandes zum Stillstand bringen, kann der Heilige Geist uns in die Ehrfurcht davor hineinziehen, von Angesicht zu Angesicht mit „Ich bin“ zu sein. Die Stille zieht uns weg von den hektischen Gebetsroutinen, an die sich viele von uns gewöhnt haben. Sie zieht uns weg von dem ablenkenden Lärm eines Lebens auf der Überholspur. Wir setzen uns zu einer Mahlzeit hin und sprechen ein Dankgebet für das Essen. Zu Anfang des Gottesdienstes murmeln wir ein kurzes Gebet oder wir tun es, um Hilfe bei einer Aufgabe oder Schutz auf einer Reise zu erbitten. Es ist richtig, dass wir das Gebet in unser Leben integrieren. Aber wie leicht passiert es, dass wir diesen Gebetsroutinen verfallen und dabei das Bewusstsein der Gegenwart Gottes verpassen. Die Pausen der Stille und des Schweigens schaffen Raum für das Staunen. Das ehrfurchtsvolle Bewusstsein, dass Gott in diesen lebendigen Tempeln hier und jetzt voll und ganz gegenwärtig ist, schürt nicht nur den Wunsch zu beten, sondern richtet unser Beten auf ihn aus und nicht auf die Krisen des Lebens. Auf diese Weise wird unser Beten weniger zu einer Reaktion auf die Umstände und mehr zu einer freudigen Reaktion auf ihn. Wir werden dies im nächsten Kapitel näher entfalten.

Zum Nachdenken und Umsetzen

> Da erwachte Jakob und sagte: „Tatsächlich, Jahwe ist an diesem Ort, und ich habe es nicht gewusst." Er fürchtete sich und rief: „Ehrfurcht gebietet dieser Ort! Hier ist wirklich das Haus Gottes, das Tor des Himmels."
>
> *Mose 28,16–17*

Lies den Bericht über Jakobs Traum in 1. Mose 28,10–17. Konzentriere dich auf die Worte: „Hier ist wirklich das Haus Gottes."

- Du bist Gottes lebendiger Tempel. Wiederhole die Worte dieser Verse laut hörbar, aber ersetze das Wort „Hier" durch deinen Namen.
- Verbringe Zeit in der Stille und denke über Jakobs Worte nach. Beschäftige dich damit, wie groß das Wunder ist, das der Neue Bund ermöglicht: Gott wohnt in dir, er wählt sich dich zur Wohnung. Wiederhole Jakobs Worte beim Erwachen aus seinem Traum, aber ändere sie in: „Ich habe es gewusst." Lass ein inneres „Wow!" in dir wachsen.
- Lass den Glauben in dir jubeln. Sag Gott, wie dankbar du dafür bist, dass du ihn als „Gott-mit-dir" kennst. Sag ihm, wie dankbar du für den unermesslichen hohen Preis bist, den er bezahlt hat, um dies zu ermöglichen.
- „Tatsächlich, Jahwe ist an diesem Ort." Stell dir vor, wie der kommende Tag für dich aussieht. Während du an die Aktivitäten, Orte und Beziehungen denkst, preise Gott für die Freiheit, den Tag in seiner Gegenwart zu erleben.
- „... und ich habe es nicht gewusst." Bitte Gott darum, dass du dir seiner Gegenwart im täglichen Leben bewusst wirst. Erzähle ihm von deinem Wunsch, die Gemeinschaft mit ihm mehr zu genießen und dich weniger von der Hektik des Lebens ablenken zu lassen.

- Schreibe eine Krise oder ein Bedürfnis auf, das nur von Gott gelöst werden kann. Bevor du ihn bittest zu handeln, werde still. Schaffe Raum für das Staunen und für das Bewusstsein, diesen Moment (mitsamt der Krise) mit ihm zu teilen. Erlaube deinen Gedanken und Gefühlen, in Gott-mit-dir zu ruhen. Von diesem sicheren Ort aus kannst du ihm dann dafür danken, dass dir das offene „Tor des Himmels" nahegekommen ist: dass seine beständige Gegenwart dich mitsamt der Krise der verlässlichen Fürsorge des Himmels mit seinen unerschöpflichen Ressourcen unterstellt hat.

5
Geschaffen als ein „Haus des Gebets"

Unsere Reise als „Menschen des Weges" (Apostelgeschichte 9,2) ist alles andere als gewöhnlich. Wir sind ständig umgeben von der Gegenwart Gottes, deshalb ist es eine große Herausforderung, dass wir lernen, in den Aktivitäten und Momenten des Tages auf ihn zu reagieren. Es soll auch die große Freude in unserem Leben sein, selbst unsere alltäglichsten, routinemäßigen Aufgaben mit einer außergewöhnlichen Bedeutung zu versehen. Die Aktivitäten werden zu einem passenden Rahmen und sind Auslöser für freudige Gespräche mit Gott, in denen unsere staunende Bewunderung für ihn ein Lieblingsthema ist. Um in dieser Gnade eines Antwortmodus', der sich auf Gott richtet, zu wachsen, ist es wichtig, dass wir unsere Identität als seine lebendigen Tempel verstehen.

Jesus lebte als „Haus des Gebets" (Jesaja 56,7). Für ihn war das Gebet mehr als eine Pflichtübung; es war das beglückende Herzstück der Beziehung zu seinem Vater. Jesus war im Gebet ständig mit dem Vater verbunden, wobei feste Zeiten des konzentrierten Gebets, die gelegentlich bis in die Nacht hineinreichten, besondere Akzente setzten. Sein Gebetsleben beeindruckte seine Jünger offensichtlich so sehr, dass sie ihn baten, ihr eigenes Gebetsleben zu verändern (vgl. Lukas 11,1). Als seine Jünger später sahen, wie er in den Himmel aufgenommen wurde, ahnten sie nicht, dass ihnen eine noch größere Veränderung bevorstand. Ihr eigenes Gebetsleben sollte sich radikal verändern und dem seinen ähnlicher werden. Als sie den Ort der Himmelfahrt verließen, um in Jerusalem auf die Ankunft des Geistes zu warten, bewegten sie sich auf eine Verheißung zu, deren Erfüllung unmittelbar bevorstand. Ein Gebetstreffen wurde zur Türschwelle für die Ankunft des Heiligen Geistes und die Geburt der Gemeinde des Neuen Bundes (vgl. Apostelgeschichte 1,12–14). Das Gebet wurde zu einer grundlegenden Praxis für die „Menschen des Weges" und zu einem Erkennungsmerkmal der Gemeinde (vgl. 1. Korinther 1,2). Es war ein Lebensstil (vgl. 1. Thessalonicher 5,17; Apostelgeschichte 2,42), der wichtigste aller Dienste (vgl. 1. Timotheus 2,1; Apostelgeschichte 6,4) und die Spitze des Siegeszugs des Evangeliums (vgl. Epheser 6,17–20). Es sollte eine Übung der Liebe für alle Glaubenden sein, eine Praxis, die das gesamte Leben durchdringt (vgl. Kolosser 4,2–3.17). Die Gemeinde ist ein fortwährender Ausdruck für das „Haus des Gebets"-Sein, das Jesus charakterisierte.

Warum ist das Gebet eine vorrangige Aufgabe? Nun, weil es funktioniert. Und weil Gott es befiehlt. Aber Verpflichtung und Resultate sind nicht unsere Hauptmotivation für das Gebet. Der wichtigste Anreiz, dem Gebet als Lebensstil Priorität einzuräumen, ist die Tatsache, dass Gott mit uns ist. Seine Gegenwart macht unsere Antwort richtig und dringend, und wir sind so gemacht, dass wir diese Antwort am besten durch das Gebet ausdrücken.

Gebet als unsere wichtigste Antwort

Es ist nicht verwunderlich, dass Gott für sein Haus auf der Erde einen Namen wählte, der die Stimmung und die vorherrschende Aktivität der Gemeinschaft seiner Erlösten einfängt: „Haus des Gebets“:

> Sie lasse ich kommen auf meinen heiligen Berg, die dürfen sich freuen im Haus des Gebets. Ihre Brand- und Schlachtopfer auf meinem Altar gefallen mir wohl. Denn mein Tempel soll ein Bethaus für alle Völker sein.“
>
> *Jesaja 56,7*

Die Einweihung des Tempels in Jerusalem durch Salomo wurde durch zwei eindrucksvolle Manifestationen der Gegenwart Gottes unterbrochen. Die erste ereignete sich, als die levitischen Musiker unter Asaf, Heman und Jedutun zusammen mit einhundertzwanzig Trompetern und einer Schar von Sängern Gott mit dem Refrain lobten:

> Denn er ist gütig und seine Güte hört niemals auf!
>
> 2. *Chronik 5,13*

Es wurde ein unvollendeter Gottesdienst. Die Herrlichkeit Gottes erfüllt den Tempel, und der priesterliche Dienst kommt plötzlich zum Stillstand. Aber die zweite Manifestation ist anders: Gottes Gegenwart ruht im Tempel. Dafür gab es einen Grund.

Salomos Einweihungsgebet (vor der zweiten Manifestation der Herrlichkeit Gottes) war eine Aneinanderreihung von Bitten, in denen er Gott immer wieder bat: „Höre! Vergib!“ (2. Chronik 6,12–42.). Er beschreibt eine Reihe von Zukunftsszenarien, die er für Israel erwartete. Er rechnet mit gesellschaftlichen Sünden, Gottes vorübergehenden Gerichten und Desastern wegen der Sünden des Volkes, mit feindlichen Invasionen, militärischen Feldzügen, Ausländern, die zum Beten in den Tempel kamen, und der Vertreibung Israels aus seinem Land wegen seines Ungehorsams gegenüber Gott. Wegen jedem dieser Punkte fleht Salomo Gott an, die Menschen zu erhören und zu vergeben, wenn sie in den Tempel kommen, um zu beten. Dann betet er:

> Nun denn, mein Gott, lass deine Augen offen sein und deine Ohren hören auf das Gebet an diesem Ort.
>
> *2. Chronik 6,40*

Salomo bittet Gott, seine volle Aufmerksamkeit auf das Gebet zu richten, das im Tempel gebetet werden würde. Der Tempel war eigens dafür gebaut worden, ein Haus des Gebetes zu sein, ein Zentrum der laut geäußerten Antworten an Gott. Deshalb war es wichtig, dass Gott dem Klang der Gebete dort seine ständige Aufmerksamkeit schenkte. Dieses Verständnis leitet die letzten Zeilen von Salomos Gebet ein:

> Und jetzt ziehe ein, Jahwe, Gott, komm zu deinem Ruheplatz und begleite deine Lade, das Symbol deiner Macht! Lass an deinen Priestern, Jahwe, Gott, die Rettung sichtbar sein. Mögen deine Frommen des Guten sich freuen!
>
> *2. Chronik 6,41*

Salomo fordert Gott auf, in den Tempel einzuziehen und dort zu ruhen. Das Zelt der Begegnung in der Wüste diente der Begegnung mit Gott: Die Wolke der Gegenwart Gottes kam ganz nah und blieb über dem Zelt der Begegnung stehen, wenn die Israeliten lagerten, erhob sich aber wieder, wenn es Zeit war, dass sie weiterzogen (vgl. 2. Mose 40,36–38).

Auch Davids Zelt der Begegnung auf dem Zion war nur vorübergehend. Es war ein Zelt, das dazu diente, Israels Übergang zu einer neuen Stufe der Praxis des „Hauses des Gebets" zu ermöglichen. Die Prinzipien und die Praxis eines „Tag und Nacht" andauernden Gebets, das von Musik und Gesang begleitet wurde, sollten fortbestehen, nicht aber das Zelt selbst. Gottes Plan sah vor, die Lade seiner Gegenwart in ein festes Gebäude zu bringen, nämlich den Tempel. Der Austausch des Zeltes gegen ein festes Heiligtum für die Bundeslade in Jerusalem signalisierte, dass Israels Wanderung nun zu Ende war und Gottes Volk an diesem Ort dauerhaft wohnen würde. Gottes im Bund zugesagte Gegenwart würde unter ihnen „ruhen". Seine permanente Gegenwart sollte die Stadt und das Volk prägen und ihre Zukunft sichern. Als Salomo betete: „Komm zu deiner Ruhestätte", sprach er die Sehnsucht von Generationen vor ihm aus. Es war ein entscheidender Tag in der Geschichte Israels: Die Zeit war gekommen, dass „Ich bin" sich unter ihnen niederließ.

Gott erhört Salomos Gebet. Feuer vom Himmel fällt auf den Altar mit dem Brandopfer, die Herrlichkeit Gottes erfüllt den Tempel, und das würfelförmige Heiligtum hinter dem Vorhang wird Gottes Wohnstätte. Seine Gegenwart soll das Beten *ermöglichen*. Der Tempel war ein Ort der Gegenwart Gottes, damit er ein Haus des unablässigen Gebets sein konnte.

Diese Wahrheit gewinnt unter dem Neuen Bund noch mehr Gewicht. Die Gegenwart Gottes ist bei uns und wohnt in seinen lebendigen Tempeln, weil er uns als ein Zentrum der betenden Antwort an ihn geschaffen hat. Er ist gegenwärtig, um uns ein Leben als beständige Beterinnen und Beter zu ermöglichen.

Bei der Einweihung des Tempels betet Salomo etwas, das es in der Geschichte vor ihm noch nie gegeben hatte (vgl. 1. Könige 8,41–43). Der Ruhm des Namens Gottes würde Menschen aus anderen Nationen anziehen. Der Tempel in Jerusalem sollte nicht nur für Israel ein Ort der Begegnung mit Gott sein, sondern auch Nichtisraeliten sollten dorthin reisen, um zu beten. Salomos Bitte an Gott lautet: „So höre nun vom Himmel herab, wo du wohnst. Tu alles, was der Fremde von dir verlangt." Es war ein radikales Gebet. Gott darum zu bitten, dass er Israeliten, die im Tempel beten würden, Beachtung zu schenken, war normal und wurde erwartet. Aber ihn zu bitten, Besucher aus heidnischen Völkern genauso zu behandeln, muss für die Zuhörer sehr ungewöhnlich, vielleicht sogar anstößig gewesen sein.

Das Gebet Salomos war prophetisch. Jahrhunderte später würde Gott durch den Propheten Jesaja etwas Ähnliches sagen (vgl. Jesaja 56,6–7). Der Tempel als Zentrum des Gebets war nicht nur für Israel, sondern für alle Völker von Bedeutung. Wie bedeutsam dies war, wird erst viel später im Licht der Offenbarung des Neuen Bundes deutlich werden.

Salomo hatte miterlebt, wie sein Vater David seine Feinde unterwarf und das Königreich Israel über die alten Grenzen hinaus ausdehnte. David war ein Beter und ein „Mann des Krieges". Unter ihm wurde das anhaltende Gebet zum Kernstück des goldenen Zeitalters Israels, in dem sich das Königreich weit ausdehnte. Im Zelt der Begegnung auf dem Zion beteten levitische Beter, Sänger und Musiker Tag und Nacht um die Bundeslade herum zu Gott (vgl. 1. Chronik 16).

Neunhundert Jahre später hört eine Gruppe von Aposteln und Ältesten in Jerusalem Paulus und Barnabas zu, die von Gottes Wirken außerhalb Israels berichten (vgl. Apostelgeschichte 15,12–18). Nach ihrem radikalen Bericht über Gottes Zeichen und Wunder unter den Nichtjuden gibt der Heilige Geist ihnen einen Rahmen für die Deutung des Geschehens. Sie müssen den Bericht über Davids Zelt der Begegnung wieder aufgreifen. Er erinnert sie durch Jakobus daran, dass Gott genau das getan hat, was er in der alten Prophetie des Amos versprochen hatte: Er hat das Zelt der Begegnung wiederhergestellt (vgl. Amos 9,11–12).

Das Kernstück von Davids Herrschaft und der Ausdehnung seines Reiches war das ständige Gebet bei der Bundeslade der Gegenwart Gottes gewesen. Die Gebete, die Tag und Nacht an Gott gerichtet waren, wurden während Davids vierzigjähriger Regierungszeit und darüber hinaus aufrechterhalten. Lobpreis- und Bittgebete waren der Dreh- und Angelpunkt der Expansion von Davids Königreich. Die Apostel erkennen, dass sie Zeugen einer Wiederherstellung dieses Kernstückes für die Ausbreitung des Reiches Christi sind. Solange sich ihr apostolisches Wirken um den zentralen Punkt des Gebets drehte, könnten sie davon ausgehen, dass sie von der Macht Jesu, die in ihnen und durch sie wirkte, berichten könnten. Sie haben verstanden, dass es Gottes Ziel war, ein Bundesvolk in allen Nationen zu haben, das ein lebendiger Ausdruck des Begegnungszeltes Davids sein würde. Gottes Plan war ein befreites Volk, dem vergeben worden war und das seine Gegenwart ehrte, indem es auf ihn reagiert. Das Reich Christi würde sich auf der ganzen Erde ausbreiten, wenn seine Jünger sich als lebendige „Häuser des Gebets" verstehen würden.

Spulen wir etwa auf die Zeit 250 Jahre nach David vor, und nehmen wir das Echo von Salomos Gebet mit, dass Fremde in den Tempel kommen werden, um zu beten, „damit alle Völker der Erde deinen Namen erkennen" (1. Könige 8,43). Der Prophet Jesaja, ein Zeitgenosse von Amos, warnt die Juden vor den Konsequenzen ihrer Sünde. Eine babylonische Invasion steht bevor, Jerusalem wird zerstört und das Volk in die Gefangenschaft verschleppt werden. Aber die Botschaft des Gerichts kommt mit einem Versprechen der Erneuerung. Der Prophet kündigt an, dass Gott sein Volk wieder in sein Land zurückbringen und genau das tun wird, worum Salomo Jahrhunderte zuvor gebetet hatte. Der wiederhergestellte Tempel in Jerusalem wird ein Zentrum sein, in dem Menschen Gott ihre Antwort geben. Er soll ein „Haus des Gebets" werden, für Israel und für die Menschen aus allen Völkern, die nach Gott suchen:

> Die lasse ich kommen auf meinen heiligen Berg, die dürfen sich freuen im Haus des Gebets. Ihre Brand- und Schlachtopfer auf meinem Altar gefallen mir wohl. Denn mein Tempel soll ein Bethaus für alle Völker sein.
>
> *Jesaja 56,7*

Der Tempel war als Zentrum des Gebets von entscheidender Bedeutung für die Verwirklichung der geschichtsprägenden Pläne Gottes für Israel und die anderen Völker. Dieses Zentrum der Reaktion auf Gott-mit-ihnen war von zentraler Bedeutung für das Wohl der Nation. Eine gute Regierung, soziale Gerechtigkeit, Familienleben, geistliche Gesundheit und nationale Sicherheit waren alle damit verbunden, dass Gottes im Tempel wohnende Herrlichkeit die angemessene Würdigung erfuhr. Immer, wenn Israel sich vom Zentrum des Gebets entfernte, ging „Schalom"[10] verloren und Chaos war die Folge. Die Nation blühte auf, solange Israel die angemessene Antwort auf Gottes Gegenwart ins Zentrum allen Denkens und Handelns stellte. Aber es gab noch eine tiefere Dimension in Gottes Verheißung des zukünftigen Segens für alle Völker und seinem Plan für eine globale Gemeinschaft von Menschen, die einen „Haus des Gebets"-Lebensstil haben und genießen. Der Tempel war ein prophetischer Wegweiser. Als Zentrum der Gegenwart Gottes und des Gebets trug er eine lebenswichtige Botschaft, die von zukünftigen Generationen verstanden und bewahrt werden musste. Das Gebet als wichtigste Antwort auf Gott-mit-uns stellt das Herzstück des Lebens in seinem Reich auf Erden dar.

Wollen, was der Vater will

Die Menge in Jerusalem bedeckt die Straße mit Umhängen und Zweigen, als Jesus auf einem geliehenen Esel in die Stadt reitet (vgl. Matthäus 21,1–9). Mit festlichen Rufen begrüßen die Menschen ihn als Befreier, der das davidische Königreich wiederherstellen wird. Aber sie haben keine wirkliche Vorstellung davon, was seine königliche Mission ausmacht.

Siebenhundert Jahre sind seit Jesajas Ankündigung über ein „Haus des Gebets" vergangen. Jesus betritt den Tempel, und er sieht, wie verdreht der Wegweiser inzwischen geworden ist. Seine ursprüngliche Botschaft ist kaum noch zu erkennen. Der Anblick und der Lärm von geldgierigen Geschäften im Tempelvorhof sind nicht das, was sein Vater für diesen Ort vorgesehen hat. Er war dafür gedacht, dass Himmel und Erde zusammenfinden. Der Tempel war Israels wichtigster Ort, um mit Gott in Verbindung zu treten. Immer dann, wenn die Feste, Opfer, Gaben und Gebete zu bloßen Ritualen verkamen, durch die nur der Buchstabe des Gesetzes erfüllt wurde, und nicht mehr die Antwort des Herzens auf den stets gegenwärtigen „Ich bin" waren, wurde das eigentliche Wesen des Tempels verletzt. Die von Gott gegebene Fähigkeit, ihm zu antworten, war für eine innige Beziehung zu ihm unerlässlich. Die verschiedenen Aktivitäten und Pflichten im Tempel dienten dem Wunsch Gottes nach einer ununterbrochenen Gemeinschaft. Das Haus Gottes war nach seinem Entwurf ein Haus des Gebets. Das Gebet konnte gemeinsam oder individuell, öffentlich oder privat sein. Zu den Formen des Gebets gehörten Lob, Jubel, Dank, Anbetung, Bußbekenntnis, Klage und Bitte. Der Betende konnte schreien oder flüstern, stöhnen oder seufzen, Worte sprechen oder singen, es konnten spontane Äußerungen oder festgelegte Liturgien sein. Aber bei aller Freiheit im Blick auf Formen und Ausdrucksweisen des Gebets hatte alles nur den einen Sinn: Das Haus diente als Ort, an dem Menschen durch Gebet auf Gott reagieren sollten. Doch als Jesus in Jerusalem ankommt, ist diese Bestimmung des Tempels so stark beschädigt, dass er es nicht mehr ignorieren kann.

So wie das Zelt der Begegnung Israel auf den Tempel vorbereitet hatte, so lieferte auch der Tempel das Verständnis für die nächste wunderbare Ära in Gottes Plan, unter den Menschen zu leben und der Mittelpunkt ihrer Gebete zu sein. Wir haben bereits gesehen, dass es Gottes Ziel ist, einen lebendigen Tempel auf Erden zu haben und dass jeder Mensch, der an Christus glaubt, genau das darstellt. In dieser Hinsicht hatte der Tempel eine wichtige prophetische Rolle. Er bereitete die Bühne für den lebendigen Tempel vor, den Jesus errichten würde. Indem der Tempel das Gebet als seinen Lebensnerv aufrechterhielt, festigte er das Verständnis, dass das Haus der Gegenwart Gottes im Wesentlichen ein Haus des Gebets ist. Wenn dann die Zeit für die Errichtung des neuen, lebendigen Tempels auf der Erde käme, würde die Verbindung zwischen Tempel und Gebet nicht mehr zu übersehen sein. Doch leider war der Tempel in Jerusalem zu einem Wegweiser mit einer verzerrten Botschaft geworden.

Wenn Gott unter den Menschen lebt, erwartet er eine Reaktion, die seine Gegenwart ehrt, indem sie sich auf ihn einlässt. Sein Plan beinhaltete ein lebendiges Haus des Gebets, und niemand verstand dies besser als Jesus. Die Leidenschaft für den Wunsch des Vaters entlädt sich im Tempelhof. Es ist das einzige Mal, dass wir erleben, wie Jesus in heiligen Zorn ausbricht, und dabei geht es um die Frage, was für ein Haus sein Vater auf dieser Erde haben will. Was als Zentrum für die Antwort auf ihn im Gebet gedacht war, ist zu einer „Räuberhöhle" geworden (vgl. Matthäus 21,13). Jesus stößt die Tische der Geldwechsler um, verjagt die Verkäufer und Käufer aus dem Tempelbereich und wiederholt die Worte, die sein Vater Jahrhunderte zuvor an Jesaja gerichtet hat: „Mein Haus wird ein Haus des Gebets für alle Völker genannt werden" (Jesaja 56,7; Markus 11,17).

Die zuschauenden Jünger haben wahrscheinlich noch nie erlebt, dass Jesus seinen Gefühlen auf diese Weise Luft machte. Sie müssen an die Vergangenheit der Stadt denken, an ihren berühmtesten König, der dort ein Gebetszentrum errichten wollte, in dem unablässig gebetet wurde, Tag und Nacht. König David hatte sich selbst als einen Mann beschrieben, der von dem intensiven Wunsch beseelt war, Gott ein Haus zu geben, wie er es wollte. Seine Entschlossenheit hatte nicht nachgelassen, obwohl er beleidigt und zum Objekt von Spottliedern bei Saufgelagen wurde. Die Jünger erinnern sich an seine Worte aus Psalm 69: „Der Eifer um dein Haus wird mich verzehren" (Psalm 69,10). Jetzt sehen sie denselben Eifer in Jesus (vgl. Johannes 2,17). Er ist entschlossen, dem Vater ein Haus zu geben, das seiner Herrlichkeit auf Erden am besten dienen würde. Er wird sein Leben dafür geben und dann auferweckt werden, um der Eckstein des neuen, von Freude erfüllten, lebendigen Gebetshauses seines Vaters zu werden (vgl. Psalm 118,22–24; 1. Petrus 2,7). Dann wird der in den Himmel aufgenommene Sohn als König und Hohepriester eines neuen Priestertums auf dem Thron sitzen. Es wird ein Reich von Priestern sein, für die Gebet als Reaktion auf seine immerwährende Gegenwart zum Lebensstil werden würde.

Gottes ständige Gegenwart verlangt danach, dass unser Herz in einen Antwortmodus versetzt wird. Die Worte des Apostels: „Betet allezeit" (1. Thessalonicher 5,17) sind mehr als ein Aufruf zu regelmäßigen Gebetszeiten. Sie sind ein Aufruf, einen Lebensstil der betenden Antwort auf den Einen zu kultivieren, der in unserem Leben immer gegenwärtig und beteiligt ist. Dass man „unablässig" beten kann, mag uns unerreichbar erscheinen, aber der Heilige Geist ist gekommen, um uns zu lehren, wie wir in den Stoff unseres täglichen Lebens einen Gebetsfaden einweben können. Er lässt sich nicht von unserem keineswegs perfekten Resultat beirren, sondern möchte, dass wir uns weiter um eine Steigerung bemühen.

Im Laufe der Geschichte hat die Kirche Fluten und Dürreperioden des Gebets erlebt. Weil das Gebet für das Leben in Gemeinschaft mit Gott und für den Dienst an seiner Sache so wichtig ist, war es schon immer eine Strategie des Feindes, es zu schwächen. Das Gebet wird häufig durch Trägheit, Vertrauen auf sich selbst und Betriebsamkeit in den Hintergrund gedrängt. Für viele von uns ist Beten zu einer Aktivität „unter anderem" geworden, die nur aus ihrem Schattendasein hervorgeholt wird, wenn es eine Krise gibt, die zu groß ist, als dass wir sie selbst lösen können. Die Gemeinde, ob nun zum Gottesdienst versammelt oder im Alltag zerstreut, ist zu einem „Haus der vielen Dinge" geworden. Lehren, Predigen, Verwalten, Strategien entwickeln und soziales Miteinander sind alle notwendig, aber sie sollten niemals das wichtigste Element des Hauses verdrängen: das Gebet. Als Beter werden wir nicht von der chaotischen Geschäftigkeit des Lebens erdrückt oder von den Aktivitäten des Feindes aufgehalten, solange wir dem Beispiel Jesu folgen und uns wie er mit Eifer dafür einsetzen, unserem Vater das lebendige „Haus des Gebets" zu geben, das er sich wünscht.

Es ist dringend notwendig, dass wir authentisch leben und die Kluft zwischen dem, was wir glauben, und dem, was wir tun und wie wir leben, überbrücken. Der Himmel sieht in uns lebendige Tempel, die Immanuel beherbergen, Menschen, die eine einzigartige Fähigkeit besitzen, im Gebet auf Gott zu reagieren. Authentisch zu leben bedeutet, dass wir uns so verhalten, dass unsere wahre Identität in Christus zum Ausdruck kommt. Das „Haus des Gebets“ ist also mehr als ein alttestamentliches Bild oder ein Versammlungsort. Es beschreibt ein von Freude durchdrungenes Gebetsleben als Lebensstil, der vom Geist Jesu angetrieben wird und in dem die Antwort auf „Gott-mit-uns“ das Herzstück ist.

Zum Nachdenken und Umsetzen

Mein Haus soll ein Ort des Gebets sein
Matthäus 21,13

Jesus hatte den starken Wunsch, seinem Vater das Haus zu geben, das ihm am meisten Ehre macht.

- Unser Gebetsleben ist nicht perfekt und nicht ohne Schwierigkeiten, aber der Wunsch, als Beter/in zu wachsen, sollte beständig sein. Gibt es in deinem Leben Tische, die du umstoßen musst, um als „Haus des Gebets“ wachsen zu können? Bitte Gott, dir persönliche Bindungen oder Aktivitäten zu zeigen, die du deiner Berufung als „Haus des Gebets“ zuliebe aus deinem Leben entfernen solltest.
- Welche Veränderungen in deinem Gebetsleben möchtest du in den nächsten sechs Monaten vornehmen? Wenn du dein Gebetswachstum planst, mach konkrete Angaben über das Was, Wann und Wie.

• • •

> Hört niemals auf zu beten!
>
> *1. Thessalonicher 5,17*

- Die ständige Gegenwart Gottes macht das Gebet im Alltag möglich, und sie macht es zu einer freudigen Erfahrung. Danke ihm für die Freiheit, in den ruhigen Zeiten wie auch in der Hektik des Alltags, mit ihm in Kontakt treten zu können.
- Schlag deinen Kalender auf und lass Gott hineinschauen. Betrachte alles, was in der nächsten Woche vor dir liegt, als Gelegenheit zu lernen, in ständigem Kontakt mit ihm zu leben.
- Zieh am Ende jedes Tages Bilanz. Notiere die Aktivitäten und Umstände, in denen du dir der Gegenwart Gottes bewusst geworden bist und wie du auf ihn reagiert hast. Notiere in deinem Staunen-Tagebuch Einblicke in das Wesen Gottes, geistliche Einsichten oder die Bibelstellen, die du in diesen Momenten erhalten und auf die du reagiert hast.
- Notiere am Ende der Woche alle Erfahrungen, die du im Gebet gemacht hast, und danke Gott dafür, dass die nächste Woche neue Möglichkeiten mit sich bringt, im Gebet zu wachsen.

• • •

Lies Psalm 92,1–3 und konzentriere dich dann auf V. 2:

> Am Morgen zu verkünden deine Gnade …

- Wenn möglich, plane für den morgigen Tag eine Gebetszeit ein, bevor die Aktivitäten des Tages beginnen.
- Konzentriere dich auf Gottes Liebe und erlaube seinem Geist, dich auf einen Aspekt seiner Liebe zu dir hinzuweisen (z. B. bedingungslos, endlos, aufopferungsvoll).
- Verbringe Zeit in der Stille und denke über die besondere Schönheit seines Wesens nach, die sich darin zeigt.
- Preise ihn für seine Liebe. Sag ihm, wie sehr du diesen Aspekt seiner Liebe schätzt.
- Freue dich, juble. Feiere, dass du von ihm geliebt wirst. Was löst gerade dieser Aspekt seiner Liebe an Gedanken und Gefühlen in dir aus?
- Bitte Gott um die Gnade, dass du dir seiner Liebe immer bewusst bist und ihm den ganzen Tag über darauf antwortest. Schreibe diesen Aspekt der Liebe, eine relevante Bibelstelle oder ein Schlüsselwort als sichtbare Erinnerung auf oder mach einen einfachen Liedrefrain daraus, um das Bewusstsein für diese Wahrheit über den Tag hinweg wachzuhalten.

• • •

... und deine Treue in den Nächten.

- Plane eine weitere Gebetszeit am Ende deines Tages ein.
- Konzentriere dich auf Gottes Treue. Denk in der Stille über seine Treue nach, mit der er dich im Laufe des Tages geliebt hat. Wenn Beschwerden, Ärger oder Hektik deine Antwort auf seine Liebe im Laufe des Tages getrübt haben, sprich mit ihm darüber.
- Danke ihm für seine verlässliche Liebe, auch wenn du sie im Lauf des Tages aus dem Blick verloren und nicht gespürt hast.

- Bitte ihn um die Gnade, auch am nächsten Tag als „Haus des Gebets“ zu leben, nur noch ein bisschen mehr als heute.

6
Immer mehr im Einklang mit Gott leben

Das Bewusstsein der ständigen Gegenwart Gottes wäre furchterregend, wäre da nicht die Tatsache, dass er gut ist und dass er uns liebt. Das Leben in der Gemeinschaft mit ihm ist eine Romanze zweier ungleicher Partner. Gott ist der perfekte Liebhaber, und wir sind die unvollkommene Braut, die es lernt, seine Zuneigung anzunehmen und zu erwidern. Die Reise ist ein gemeinsamer Weg, auf dem der Liebende und seine Geliebte sich unablässig der Gegenwart des anderen bewusst sind. Gott hat eine Distanz überwunden, die so groß ist wie er selbst, um uns nahe zu sein. Er ist gekommen, um zu lieben und geliebt zu werden. Er will eine Beziehung von Herz zu Herz, einen Austausch von Gedanken und Gefühlen, Träumen und Plänen, Freuden und Beschwerden.

Dieses Gespräch mit dem gegenwärtigen, aber unsichtbaren Herrn auf der Ebene des Geistes ist einzig seinen erlösten Ebenbildern vorbehalten. Zu seinem Geschenk an uns gehört die Fähigkeit, seine Stimme zu erkennen und sich von dem, was er sagt, betreffen zu lassen (vgl. Johannes 10,4.27). Er erzählt uns von sich selbst, von seinem Wesen, seinen Wegen und Plänen. Er spricht zu uns über globale Aktivitäten genauso selbstverständlich wie über unsere täglichen Alltagsabläufe und Entscheidungen. Aber er ist nicht gekommen, um eine einseitige Kommunikation zu führen. Er sagt etwas, um Reaktionen auszulösen, um uns in das beglückende Gespräch von zwei Personen hineinzuziehen, die sich lieben. Das Gebet ist nicht einfach eine Liturgie nach Zeitplan oder eine gelegentliche Unterbrechung der Hektik des Lebens, sondern ein ständiger Austausch, der den ruhigen Rhythmus des Tages ebenso durchzieht wie den stressigen. Wir sind ein „Haus des Gebets", gerettet für ein Leben im Gespräch mit Gott: ein Gespräch, in dem Gott die Führung übernimmt und wir das Antworten lernen.

Liebe zu seinem Wort

Als Gott Israel als Nation formte, sorgte er dafür, dass sein Volk verstand, wie wichtig es war, im Einklang mit ihm zu leben. Er machte deutlich, dass ihr Leben von zwei Dingen abhing: von der täglichen Nahrung und von seinem Wort (vgl. 5. Mose 8,2–3; Matthäus 4,4). Nahrung ist zwar lebenswichtig, aber wir können auch eine Zeit lang ohne sie auskommen. Tatsächlich hat Gott im Jahreskalender für Israel nicht nur Feste, sondern auch Fastenzeiten eingeplant. Aber was er nie gutgeheißen hat, war das Fasten von seinem Wort.

Während des Auszugs aus Ägypten stellte Gott sein Volk in der Wüste auf die Probe. Er wollte die Herzenshaltung der Israeliten offenlegen, um ihnen zu zeigen, was er bereits wusste. Er verordnete ihnen eine eintönige Manna-Diät, um aufzuzeigen, wonach ihnen wirklich der Appetit stand:

> Du sollst immer daran denken, wie Jahwe, dein Gott, dich diese vierzig Jahre lang in der Wüste umherziehen ließ, um dich demütig zu machen und dich auf die Probe zu stellen. Er wollte deine Gesinnung erkennen und sehen, ob du seine Gebote halten würdest oder nicht. Er demütigte dich und ließ dich

> hungern. Er gab dir das Manna zu essen, das du und deine Vorfahren nicht kannten, um dir zu zeigen, dass der Mensch nicht vom Brot allein lebt, sondern von allem, was aus dem Mund Jahwes kommt.
>
> *5. Mose 8,2–3*

Gott wollte ein Volk, dessen Hunger danach, seine Stimme zu hören, stärker war als das Knurren ihrer Mägen nach der nächsten Mahlzeit. Er wollte, dass sein Volk das Verlangen nach ihm höher achtete als die Liebe zum Leben. Er wollte, dass die Israeliten Tage ohne die Nahrung aus seinem Wort als leere Existenz betrachteten. Zumindest Hiob hat dies verstanden, wenn er sagt: „Ich habe die Worte seines Mundes mehr geschätzt als mein tägliches Brot" (Hiob 23,12).

Gott suchte nicht einfach nur ein Eingeständnis, dass sein Volk davon abhängig war, dass er zu ihm redete. Er suchte nach Herzen, denen nichts wichtiger war, als seine Stimme zu hören. Das war der Schlüssel zu einem Leben im Einklang mit ihm. Vierzig Jahre nach dem Auszug aus Ägypten lagerte eine neue Generation östlich des Jordans und wartete darauf, das Land der Verheißung zu betreten. Mose rief dieser Generation Israels die Wanderungen der vorangegangenen Generation ins Gedächtnis und wiederholte die Gebote Gottes:

> Höre, Israel: Der HERR ist unser Gott, der HERR allein! Und du sollst den HERRN, deinen Gott, lieben mit deinem ganzen Herzen und mit deiner ganzen Seele und mit deiner ganzen Kraft. Und diese Worte, die ich dir heute gebiete, sollen in deinem Herzen sein. Und du sollst sie deinen Kindern einschärfen, und du sollst davon reden, wenn du in deinem Hause sitzt und wenn du auf dem Weg gehst, wenn du dich hinlegst und wenn du aufstehst. Und du sollst sie als Zeichen auf deine Hand binden, und sie sollen als Merkzeichen zwischen deinen Augen

sein, und du sollst sie auf die Pfosten deines Hauses und an deine Tore schreiben.

5. Mose 6,4–9

Die Israeliten sollten Gottes Worte in ihrem Herzen bewahren, in- und außerhalb ihrer Häuser darüber sprechen, jeden Tag damit beginnen und beenden, sie zu wiederholen, und sich das, was Gott gesagt hatte, mittels visueller Hilfen einprägen. Gott wollte, dass sie ihr ganzes Leben vor der Kulisse seines Wortes lebten. Aber nun ist zu beachten, was zu dieser Aufforderung führt, sich derart an Gottes Worte zu binden: „Du sollst den HERRN, deinen Gott, lieben mit deinem ganzen Herzen und mit deiner ganzen Seele und mit deiner ganzen Kraft" (V. 5). Dieses Gebot Gottes bildet den Rahmen für ein Leben der Hingabe an seine Worte. Das gedankliche Wiederholen von Gottes Worten und die ständige Bezugnahme darauf im Alltag sollte nicht als religiöse Pflicht abgeleistet werden. Es sollte aus Liebe geschehen. Als Menschen, die Gott liebten, sollten die Israeliten seine Worte mit Gefühlen der Liebe in sich aufnehmen und aus der Verbundenheit damit leben. Es sollte eine Beziehung sein, die sich durch einen ständigen Austausch von Herz zu Herz auszeichnete, ein Lebensstil des ständigen Gesprächs, das sich um Gottes Worte dreht.

Diese ständige Interaktion mit Gott war das Herzstück eines Lebens in innerem Einklang mit ihm. Für jüdische Kinder begann diese Bindung schon in der frühesten Kindheit. Rabbi Schmuel Safrai, Professor für jüdische Geschichte, drückt es so aus: „Die Heilige Schrift kannte fast jeder auswendig. Schon sehr früh zur Zeit des Zweiten Tempels konnte man kaum einen kleinen Jungen auf der Straße finden, der die Schriften nicht kannte."[11]

Gott verfolgte Israels Bindung an seine Worte genau und nutzte das Land, um anzuzeigen, wie es damit stand. Wenn das Volk seine Worte liebte, erhielt das Land Regen zur richtigen Zeit, war fruchtbar, frei von Krankheiten und sicher vor feindlichen Invasionen (vgl. 3. Mose 26,5; 5. Mose 11,13–21). Aber wenn Israel sich von Gottes Stimme abwandte, brachte es sich damit aus dem Einklang mit Gott, und das Land erfuhr eine Phase des Mangels. Das Ausbleiben des Segens im Land war der Monitor, der den schwachen geistlichen Puls Israels anzeigte. Er signalisierte eine geistliche Krise und die Notwendigkeit, die Bindung an Gottes Worte zu erneuern. So wichtig war es für Gott, dass sein Bundesvolk im Einklang mit ihm lebte.

Als Mose starb und Josua seinen Platz einnahm, war das Erste, was Gott dem neuen Anführer Israels sagte, ein Appell, wie wichtig es sei, sich seine Worte immer wieder einzuprägen:

> Sei stark und sei mutig! Du wirst diesem Volk das Land, das ich ihren Vorfahren unter Eid versprochen habe, als bleibenden Besitz austeilen. Halte dich mutig und fest an das Gesetz, das mein Diener Mose dir übergeben hat! Weiche weder rechts noch links davon ab, damit dir alles gelingt, was du unternimmst. Du sollst die Weisungen dieses Gesetzbuches immer vor dir hersagen und Tag und Nacht darüber nachdenken, damit dein Tun ganz von dem bestimmt ist, was darin steht. Dann wirst du Erfolg haben, und was du anpackst, wird dir gelingen.
>
> *Josua 1,6–8*

Beim Meditieren über Gottes Worte ging es nicht nur darum, sich die Worte Gottes ins Gedächtnis zu rufen und sie nicht zu vergessen. Das Nachsinnen über seine Worte (das oft ein hörbares Rezitieren oder Vor-sich-hin-Murmeln beinhaltete) verwurzelte sie im Herzen, legte die Schichten an Wahrheit frei, die sie enthielten, und inspirierte zu Antworten an Gott. Wenn Josua in Gottes Zukunftsplänen einen Platz haben wollte, musste er im Einklang mit ihm leben. Und der Schlüssel dazu lag darin, sich an Gottes Worte zu halten. Das bedeutete, sich mit ihnen zu beschäftigen. Er musste darüber nachdenken, sie murmelnd zu sich selbst und zu Gott sprechen und sie zum Kern seines Zwiegesprächs mit Gott werden lassen.

Im Jahr 2004, als der Tsunami im Indischen Ozean zuschlug, war ich im Norden Thailands. Über 200 000 Menschen kamen in Indonesien, Sri Lanka, Indien und Thailand ums Leben. Ein Rabbiner, der an den Such- und Rettungsmaßnahmen an der Südwestküste Thailands beteiligt war, erzählte mir die Geschichte vom Überleben einer Gruppe jüdischer Touristen. Er hatte Tsunami-Opfer in einem Krankenhaus in dem betroffenen Gebiet besucht, und dort hatte eine jüdische Frau ihm von ihrem Erlebnis erzählt.[12] Sie war zusammen mit 41 anderen Israelis auf einem Boot, das gerade an der Insel Phi Phi angelegt hatte, als der Tsunami kam. Die Bootsinsassen wurden von den Wassermassen weggeschwemmt, zusammen mit Trümmerteilen, Bäumen und Autos. Sie war sich sicher, dass ihr Ende gekommen war. Intuitiv begann sie, die Worte des Schema zu rufen, des Grundgebets des Judentums (5. Mose 6,4-9). Plötzlich spürte sie etwas Festes unter den Füßen. Ein untergetauchter Baumstamm trieb nach oben und hob ihren Kopf über Wasser. Ein Seil erschien, das von dem Boot herabgelassen wurde, in dem sie und ihre Gruppe gesessen hatten. Bis auf zwei Teilnehmer wurde die gesamte Gruppe gerettet.

Abgesehen von der großartigen Nachricht, dass die meisten gerettet wurden, und dem ungewöhnlichen Bild eines Baumstamms, der sie aus dem Chaos heraushob, war das, was mich an der Geschichte am meisten erstaunt hat, die Tatsache, dass die Frau in dieser sich rasant entwickelnden lebensbedrohlichen Krise spontan begann, einen Text aus der

Heiligen Schrift zu beten. Es ist nicht ungewöhnlich, dass Menschen in Krisen anfangen zu beten. Aber wenn der Hilferuf in Gottes eigenen Worten geäußert wird, dann liegt das daran, dass das Herz im Wort Gottes geschult worden ist. Gottes normaler Weg für sein Volk sieht vor, dass wir die Bindung an sein Wort in allen Lebenslagen lernen – nicht nur in Krisen, nicht nur als religiöse Verpflichtung oder als magisches Mantra für Schutz und Glück, sondern als Austausch von Herz zu Herz mit ihm, als Gespräch, das in der Liebe begründet ist. Der Liebende spricht, und wir denken über seine Worte nach, wiederholen sie und lassen unsere Antwort an Gott davon formen.

Gottes Worte innerlich oder laut zu wiederholen hilft uns, in unsere täglichen Aktivitäten Gebetsantworten einzuflechten: d. h. ein Gebet zu äußern, das mit Gottes Gedanken übereinstimmt. In Israel gab es feste Gebetszeiten, die sich an den Zeiten für die täglichen Opfer im Tempel orientierten. Während und nach dem babylonischen Exil erhöhte sich der Stellenwert dieser Gebetszeiten: Sie galten nun als ein Opfer, in dem man die „Frucht der Lippen" (Hosea 14,3) darbrachte. Die regelmäßigen Gebetszeiten sollten jedoch das Gespräch mit Gott im Alltag nur ergänzen, nicht ersetzen. In seinem Buch *Praying like the Jew Jesus* schreibt Timothy Jones: „Für viele ist das Gebet vor allem eine Funktion – ein Instrument, um etwas von Gott zu erhalten. Im Leben Jeschuas war das Gebet nicht nur eine Funktion, es war ein Lebensstil. Das Gebet begleitete jede Arbeit, jedes Ritual, jede tägliche Aufgabe. Immer, wenn die Juden des ersten Jahrhunderts morgens aufstanden, wenn sie sich die Hände wuschen, wenn sie eine Kerze anzündeten, wenn sie tranken, aßen, einen Regenbogen erblickten, flüsterten sie ein Gebet. Viele dieser Gebete bestanden nur aus einem einzigen Satz. Die meisten wurden auf eine bestimmte Art und Weise rezitiert."[13]

Egal, ob die Israeliten spontan beteten oder vorgegebene Gebete rezitierten, ob sie gemeinsam oder allein beteten, ob sie Gott priesen oder ihn um Hilfe anflehten, das geschriebene Wort Gottes war die Lebensader, aus der sich das Gebet speiste. Wir sehen das an der Weise, wie Mose betet: Er erinnert Gott an Verheißungen an die Patriarchen (vgl.2. Mose 32,11–14) oder daran, was Gott selbst über sein Wesen und seine Wege gesagt hat (vgl. 4. Mose 14,17–19). Salomo bezieht sich in seinem Gebet zur Einweihung des Tempels auf Verheißungen, die Gott David gegeben hat (2. Chronik 6,3–17; 1. Könige 8,14–26). Jona verwendet in seinem Gebet aus dem Bauch des Fisches Abschnitte aus frühen Psalmen (vgl. Jona 2,2–9; Psalm 120,1; Psalm 18,6; Psalm 42,7b; Psalm 31,22a; Psalm 3,8).

Als Daniel im babylonischen Exil von Gottes Worten an Jeremia über die zukünftige Erneuerung hört, betet er mit Worten, die Gott zu Mose gesprochen hat (vgl. Jeremia 29; Daniel 9,4; 5. Mose 7,9). Nehemias Gebet, nachdem er den Bericht über die zerstörten Mauern und Tore Jerusalems gehört hat, ist ebenfalls eine Wiederholung früherer Worte Gottes (vgl. Nehemia 1,5–11; 3. Mose 26,33; 5. Mose 7,9; 5. Mose 7,21; 30,4; 1. Könige 8,29; Daniel 9,4). Marias Gebet, das Magnificat, ist ein Echo auf Hannas Lied nach der Geburt Samuels (vgl. Lukas 1,53; 1. Samuel 2,5). Die Gebetsversammlung der Jerusalemer Urgemeinde (vgl. Apostelgeschichte 4,23–31), nachdem den leitenden Aposteln befohlen worden ist, nicht mehr öffentlich über Jesus zu reden, beginnt mit Worten, die Jahrhunderte zuvor während der nachexilischen Erweckung in eben dieser Stadt von den Leviten gebetet worden waren (vgl. Nehemia 9,6). Anschließend werden messianische Hinweise aus Psalm 2 wiedergegeben. Das Gebet gipfelt darin, dass Gott den Gebetsraum in seinen Grundfesten erschüttert und keinen Zweifel daran lässt, dass ihm diese Gebete im Einklang mit ihm wirklich Freude machen.

Verbundenheit mit dem Gott, der zu uns redet

Jesus wuchs in einer Kultur auf, in der es üblich war, mit Gottes Worten zu beten. Doch seine Verbundenheit mit den Worten des Vaters beruhte nicht einfach auf seiner kulturellen Prägung, sondern auf seiner Liebe zu dem Sprechenden. Selbst in der letzten Stunde seines Todeskampfes am Kreuz war das Beten Jesu von der Heiligen Schrift geprägt:

> Mein Gott, mein Gott, warum hast du mich verlassen?
>
> *Matthäus 27,46 – aus Psalm 22,1*

> Vater, in deine Hände gebe ich meinen Geist!
>
> *Lukas 23,46 – aus Psalm 31,5*

Timothy Beal schreibt: „Charles Spurgeon macht uns auf Folgendes aufmerksam: Als Jesus es am allernötigsten hatte zu beten, da sah dieser großartige originelle Denker keine Notwendigkeit, zu improvisieren oder innovativ zu sein. Was für eine große, aufschlussreiche Wahrheit: Das fleischgewordene Wort lebte von dem inspirierten Wort! Es war ihm Nahrung, wie es uns Nahrung ist. Und ... wenn Christus auf diese Weise vom Wort Gottes lebte, sollten du und ich dann nicht das Gleiche tun?“[14]

Auch die Gebetsliturgie der „Heuchler“ (wahrscheinlich eine Anspielung auf die Pharisäer) bestand im Zitieren der Heiligen Schrift, aber Jesus bezeichnete ihr öffentliches Beten als „Plappern wie die Menschen, die Gott nicht kennen“ (Matthäus 6,7). Sie waren prahlerisch und trugen ihre Gebetsreden vor, um öffentliche Aufmerksamkeit zu erregen. In den Augen Jesu heiligte das Nachplappern der Heiligen Schrift beim Beten nicht ihre unreinen Motive. Unser Gebet aus dem Wort Gottes zu gestalten, muss aus einem Überfluss an liebevoller Hingabe zu ihm geschehen. Gott hat uns die Heilige Schrift gegeben, um unsere Herzen in denselben Rhythmus zu bringen, in dem sein Herz schlägt. Er spricht, um unser Einverständnis mit ihm zu formen und unseren Willen zu stärken, nach seinen Gedanken zu leben und nicht nach unseren eigenen. Er möchte unsere Herzen dazu bringen, seine Sicht der Dinge zu feiern, und so heil zu werden.

Lukas berichtet von zwei Pilgern, die nach dem Passahfest von Jerusalem nach Hause nach Emmaus gehen. Zu ihnen gesellt sich eine dritte Person, der auferstandene Jesus. Sie erzählen ihrem neuen Reisebegleiter von Jesus von Nazareth, von dem sie gehofft hatten, dass er das Volk vom römischen Joch befreien würde. Aber er war gekreuzigt worden. Noch am selben Morgen hatten einige Frauen berichtet, dass sein Grab leer sei. Die beiden Männer haben noch keine Ahnung, dass sie sich mit ebendemselben Jesus unterhalten. Seine Identität ist ihnen verborgen. Er lässt sie ihre Geschichte über enttäuschte Hoffnungen und Verwirrung erzählen, dann beginnt er, sich selbst anhand der Schriften des Alten Testaments zu erklären. Es ist schon spät, als sie ihr Dorf erreichen, also bitten sie Jesus dringend, über Nacht zu bleiben. Als Jesus bei der Mahlzeit über dem Brot betet und es ihnen reicht, „gingen ihre Augen auf und sie erkannten ihn“ (Lukas 24,13–32). Danach verschwindet er. Sie beginnen, über den elf Kilometer langen Weg zu sprechen, den sie mit Jesus zurückgelegt hatten. Er hat sie auf eine Reise der Offenbarung mitgenommen und ihnen den in ihren Schriften vorhergesagten Christus gezeigt. Während er sprach, war etwas in ihnen geschehen. War es der Glaube, der wiederbelebt wurde? Wurde die Hoffnung wiederhergestellt? War es eine neue Leidenschaft für den Gott Israels? Vielleicht war all dies geschehen. Was sie aber mit Sicherheit wissen, ist dies: Jesus zuzuhören hatte sie im Herzen berührt. Es war, als ob ein Feuer in ihnen entfacht worden wäre:

> Brannte nicht unser Herz, als er unterwegs mit uns sprach und uns den Sinn der Schrift aufschloss?
>
> *Lukas 24,32*

Diese beiden Männer kannten das Alte Testament. Aber was sie gehört hatten, war nicht einfach nur ein Rezitieren von bekannten Bibelstellen. Sie hatten den gehört, der in den Worten der Schrift redet, und seine Stimme machte die Worte in ihren Herzen lebendig.

Seine Worte entflammen die Herzen, weil sie sich Zeit nahmen, seine Stimme zu hören. Der Verstand, der sich leicht von der Hektik des Lebens ablenken lässt, wird protestierend einwenden, dass wir nur eben so viel Zeit haben, um einen kurzen Abschnitt zu lesen. Aber wenn wir dem Hunger des Glaubens nach Gottes Stimme freien Lauf lassen und uns Zeit nehmen, ihm zuzuhören, werden wir uns unter vielen „Menschen des neuen Wegs" wiederfinden, die mit dem gleichen brennenden Herz unterwegs sind.

Die Liebe zu Gottes Worten sollte zum Ausdruck gebracht werden. Indem wir ihm sagen, was seine Worte in uns auslösen und welchen Wert wir ihnen beimessen, halten wir unsere Liebe zu dem, der hier redet, frisch. Der Sänger des Psalms 119 ist mit Schwierigkeiten vertraut, die manchmal lebensbedrohlich waren (vgl. Psalm 119,61.86–87). Dennoch ist er entschlossen, Gott immer wieder zu sagen, wie sehr er seine Worte liebt. Er schätzt sie höher ein als Ersparnisse in Millionenhöhe oder Rohstoffaktien (vgl. Psalm 119,72). Er kann nicht aufhören, über Dinge nachzudenken, die Gott gesagt hat. Er genießt es sogar, in manchen Nächten wach zu bleiben, um ungestört darüber nachzudenken: „Selbst in Stunden der Nacht liege ich wach und grüble nach über dein Wort“ (Psalm 119,148). Er unterbrach seine Tage mit Lobpreis für die Worte des Herrn: „Ich preise dich täglich wohl sieben Mal, denn deine Gerichte sind gut und gerecht“ (Psalm 119,164). Manchmal stellt er sich den Wecker um Mitternacht, um für die Dinge zu danken, die Gott gesagt hatte: „Selbst mitternachts stehe ich auf und danke für dein gerechtes Gesetz“ (Psalm 119,62). Er dichtet Lieder über Gottes Worte: „Deine Ordnungen sind mir wie ein Lied, solange ich Gast in dieser Welt bin“ (Psalm 119,54). Er liebt sie, genießt sie und lebt als ein Mensch, der nach immer mehr von der Stimme Gottes lechzt (vgl. Psalm 119,97.111.131.143.167). Gottes Worte sind wie „Küsse seines Mundes“ (Hohelied 1,2; NLB) für uns. Sie sind erfüllt von seiner Liebe und der Kraft des ewigen Lebens. Dem, der diese Worte spricht, von unserer Leidenschaft für seine Stimme zu erzählen, ist eine Liebeserklärung an ihn (vgl. Johannes 14,21.23).

In Psalm 19 beschreibt David die Sonne als einen gefeierten Bräutigam, der von einem Ende des Himmels zum anderen wandert. Während der Feuerball seine Bahn zieht, entgeht nichts seiner Hitze. Vor diesem Hintergrund wendet sich der Psalmist dem Thema der Worte Gottes zu. Sie sind vollkommen, rein, lebensspendend, angenehm, weise, strahlend, wertvoller als Gold und süßer als Honig (V. 7-10). Das ist Davids Verlangen: So wie die Wärme und das Licht der Sonne alles auf der Erde beeinflussen, so soll jeder Teil seines Lebens der Kraft von Gottes Worten ausgesetzt ist. Wie sonst kann er in Übereinstimmung mit dem leben, der sie spricht? David singt von seiner Sehnsucht danach, dass Gottes Gedanken und Worte sein eigenes Leben prägen, weil es seinem Erlöser Freude bereitet:

> Mögen die Worte, die ich sage, und die Gedanken, die ich fasse, dir gefallen, Jahwe, mein Fels und mein Erlöser.
>
> *Psalm 19,15*

Die verinnerlichten Worte Gottes treiben uns an zu einer Antwort im Gebet, ob es nun gesprochen oder gesungen ist (vgl. Psalm 119,55). Nichts vertieft unsere Bindung an ihn so sehr wie ein Gebet, das von seinen Gedanken geprägt ist. Es ist wichtig, dass wir uns immer wieder auf den Sprecher dieser Worte zubewegen und unser Geist Wurzeln ausbildet, um das, was er sagt, aufzunehmen. Der Dichter des ersten Psalms vergleicht die Gerechten und die Bösen mit Bäumen bzw. mit der Spreu von Getreide. Die Spreu, die nach dem Dreschen zurückbleibt, ist wertloser Abfall, der vom Wind verweht wird. Der Baum hingegen ist an einem Bach gepflanzt und dort verwurzelt. Seine gut gewässerten Wurzeln sorgen für Wachstum und Fruchtbarkeit. Der Baum steht für die Gerechten im Volk Gottes. Der Platz am Wasser ist das Ergebnis einer Entscheidung. Er gehört allen, die ihre Wurzeln ausstrecken, um Gottes Worte aufzunehmen. Er gehört Menschen, die ein echtes Verlangen danach haben, das, was Gott sagt, zu verinnerlichen. Sie haben sogar so viel Freude an dem, was er sagt, dass sie das Nachdenken über seine Worte zu ihrer täglichen Gewohnheit machen, und das Tag und Nacht:

> Wie beneidenswert glücklich ist der, der … Gefallen hat an der Weisung Jahwes und über sein Gesetz Tag und Nacht sinnt! Der ist wie ein Baum, am Wasser gepflanzt, der seine Frucht zu seiner Zeit bringt und dessen Laub niemals verwelkt. Und was er auch tut, wird für ihn gut.
>
> *Psalm 1,2–3*

Das Bild eines Baumes, der in einer wasserlosen Einöde gepflanzt ist, passt nicht zu dem Bild der Landschaft, das Gott für seine Gerechten gemalt hat. Leider ziehen manche die Einöde einem Platz am Wasser vor. In der Einöde gibt es wenig oder gar keine Erfrischung. Der Baum versucht, mit dem sonntäglichen Eimer Wasser von der Kanzel zu überleben, aber das reicht nicht aus. Ein Leben weitab vom Bach ist nicht das Leben im Segen, das Gott für uns vorgesehen hat. Aber Gott sagt den Israeliten durch Jeremia: Wenn sie sich nicht dazu entschließen, ihre „Wurzeln zum Bach hinzustrecken", würden sie bald „ein kahler Strauch in der Steppe" (Jeremia 17,5–8) sein. Mit der Eindringlichkeit der Liebe ruft uns Gott also dazu auf, uns so sehr an seinen Worten zu freuen, dass wir „Tag und Nacht" nach ihnen verlangen.

Gottes Worte in unseren Gebeten zu zitieren, ist kein Wert an sich. Die Freude liegt in der Einheit mit dem, der diese Worte spricht, indem wir zulassen, dass seine Wahrheit unsere Herzen und unseren Verstand in Einklang mit ihm bringt. Was wir im Namen Jesu beten, muss ein „Ja!" zur Offenbarung seiner Gedanken über uns sein. Die Praxis, Gottes Worte in unser persönliches Gebet einfließen zu lassen und so unsere Übereinstimmung mit ihm zu verstärken, ist keine neue Gebetsmethode. Gottes Volk hat das bereits in alten Zeiten getan. Aber in Christus und durch die Befähigung seines Geistes in uns durch den Neuen Bund wird diese Praxis auf eine Weise beflügelt, die geeignet ist, unsere Übereinstimmung mit Gott auf ein Niveau zu heben, das das Alte in den Schatten stellt.

Es ist möglich, eine Stunde lang in der Bibel zu lesen, ohne zu hören, was der, der darin redet, sagt. Die Bibel zu lesen ist nicht gleichbedeutend damit, Gott zu hören. Gott hören, das geschieht, wenn wir als Lauschende lesen. Gelegentlich mal in der Bibel zu lesen ist gut, weil es uns mit ihrem Inhalt vertraut macht. Die Bibel intensiv zu studieren ist wichtig, um in der Erkenntnis zu wachsen. Aber bewusster auf seine Stimme hören wir dann, wenn wir die Bibel als Betende lesen. Wir lesen, um ihn zu hören, und wir hören, um zu antworten. Das Bibelstudium ist wichtig, aber es muss dazu dienen, die Fähigkeit zu entwickeln, Gottes Stimme zu hören. Nur so werden wir vermeiden, die Informationen mehr zu lieben als den, der in der Bibel redet. Glaube ist weder untätiges Wissen noch stille Überzeugung. Er ist aktiv und beredt (vgl. Römer 10,8–10). Wenn unser Glaube eine Antwort auf das, was Gott gesagt hat, zum Ausdruck bringt, wird dies die innere Übereinstimmung mit ihm stärker. Deshalb lesen wir die Schrift mit der Absicht, darauf zu antworten, und nicht nur, um das Pensum des Tages im Bibelleseplan abzuarbeiten. Wir graben nicht nur in der Schrift, um eine neue Nuance der Wahrheit zu entdecken, sondern wir sind hungrig danach, zu hören, was Gott uns durch die Worte, die wir lesen, sagen will. Was wir von ihm hören, wird dann zu einem „Wort des Glaubens" in unserem Herzen und auch in unserem Mund (vgl. Römer 10,8). Wenn wir unsere innere Zustimmung im Gebet ausdrücken, vertieft das unsere Bindung an seine Worte und unsere Liebe zu dem, der sie spricht.

Richtig bitten

Jesus lehrt uns, dass wir darum beten sollen, *dass* der Wille des Vaters auf der Erde geschieht (vgl. Matthäus 6,10). Er will auch, dass wir lernen, *gemäß* seinem Willen zu beten. Unsere Zuversicht im Gebet hängt direkt damit zusammen, dass wir wissen, wie wir richtig bitten:

> Deshalb können wir auch voller Zuversicht sein, dass Gott uns hört, wenn wir ihn um etwas bitten, das seinem Willen entspricht. Und wenn wir wissen, dass er uns bei allem hört, was wir erbitten, können wir auch sicher sein, dass er uns das Erbetene gibt – so, als hätten wir es schon erhalten.
>
> *Johannes 5,14–15*

Unsere staunende Anbetung Gottes muss mit dem übereinstimmen, was er über sich sagt, und unsere Bitten müssen mit seinem Willen in Einklang sein.

> Wenn ihr in mir bleibt und wenn meine Worte in euch bleiben, dann könnt ihr bitten, um was ihr wollt: Ihr werdet es bekommen. Die Herrlichkeit meines Vaters wird dadurch sichtbar, dass ihr viel Frucht bringt und euch so als meine Jünger erweist.
>
> *Johannes 15,7–8*

Jesus ist kein stummer Weinstock. Er spricht zu uns, seinen Reben, und erwartet von uns, dass wir eng mit seinen Worten verbunden bleiben. Unsere Autorität zum Beten beruht auf der Tatsache, dass wir in ihm sind, aber unsere Treffsicherheit im Gebet hängt davon ab, dass wir uns an das halten, was er sagt. In seinem Buch „*With Christ in the School of Prayer*" schreibt Andrew Murray: „In dem Maße, wie die Worte Christi in unser Herz eindringen, zu unserem Leben werden und es beeinflussen, werden unsere Worte auch in sein Herz eindringen und ihn beeinflussen. Mein Gebet wird von meinem Leben abhängen. Was Gottes Worte für mich und in mir sind, werden meine Worte für Gott und in Gott sein."[15]

Ein Gebet, das mit Gottes Gedanken gefüllt ist und nicht mit unseren eigenen, hat bei ihm Gewicht. Viele von uns haben es nicht gelernt, auf diese Weise zu beten. Wenn wir lernen, die Bibel zu nutzen, um die Richtung und den Inhalt unseres Gebets zu bestimmen, ist das zunächst eine Entscheidung und braucht Übung, die aber im Laufe der Zeit zu einer lieben Gewohnheit wird.

Die Gebetspraxis, mit der die meisten von uns vertraut sind, besteht darin, dass wir mit zwei gedanklichen Listen zu Gott kommen. Die eine enthält unsere Bedürfnisse, die andere mögliche Antworten, die wir von Gott hören wollen. Manchmal ist Gottes Plan (und damit das, was wir beten sollen) vielleicht ganz anders als unser eigener. Denken wir an die Zeit, in der Israel im Exil in Babylon war. Normalerweise finden Menschen in Krisenzeiten zum Gebet, und das war zweifellos auch bei Israel der Fall. Ihre Reaktion könnte gewesen sein: „Hilf uns, Gott! Zerschlage die babylonischen Unterdrücker! Rette uns!" Aber Gott hatte etwas anderes im Sinn. Er sagte ihnen, sie sollten segnend beten und Wohlergehen (Schalom) für die heidnische Stadt erbitten (vgl. Jeremia 29,7). Jesus sagte seinen Jüngern und Jüngerinnen etwas Ähnliches: Wenn sie verfolgt würden, sollten sie um Segen für ihre Feinde beten (vgl. Lukas 6,27–28).

Das Bewusstsein dafür, wie wir beten und worum wir im Einklang mit Gottes Willen bitten sollten, ist manchmal recht schnell da. Aber häufig wird die Richtung unseres Gebets eher beeinflusst von unseren Emotionen, von Verwirrung oder Schmerz über unsere aktuellen Umstände. Es ist eine gute Übung, unser Herz in das Staunen und die Ehrfurcht vor Gott zu lenken, bevor wir unsere Bitten äußern. Das hilft uns, in ihm zur Ruhe zu kommen und darauf zu hören, was er zu unseren Gebetsanliegen denkt. Das kann bedeuten, dass wir eine bereits gelesene Schriftstelle noch einmal lesen oder uns vom Geist zu einer neuen Stelle leiten lassen, die etwas zeigt, was für das jeweilige Gebetsanliegen relevant ist. Die Auseinandersetzung mit Gottes Worten hat eine reinigende Wirkung auf den, der damit betet.

> Denn das Wort Gottes ist lebendig und wirksam. Es ist schärfer als das schärfste zweischneidige Schwert, das die Gelenke durchtrennt und das Knochenmark freilegt. Es dringt bis in unser Innerstes ein und trennt das Seelische vom Geistlichen. Es richtet und beurteilt die geheimen Wünsche und Gedanken unseres Herzens.
>
> *Hebräer* 4,12

Die Bibel hat die Macht, Herz und Verstand zu durchdringen und wie ein scharfes Schwert das Reine vom Unreinen zu trennen. Wenn wir Gottes Wort Raum geben, um in uns zu wirken, gleicht es unsere Sichtweise an die Gottes an, es entlarvt unsere Motive und korrigiert unsere Haltung, damit unser Bitten mit Gnade und Demut erfolgt, und nicht aus Zorn, Stolz oder mit verurteilender Härte. Das Wirken des Wortes in uns hilft uns zu unterscheiden, was von uns selbst und was von Gott ist. Es ist eine formende Kraft, die unsere Übereinstimmung mit Gott stärkt und so unsere Treffsicherheit im Gebet erhöht.

Zuerst redet Gott

Unsere irdische Reise als Menschen auf dem Weg Jesu wird nicht in einer Sackgasse enden, sondern mit einem großartigen Aufgenommen-Werden in ein Reich, das „ewiges Haus im Himmel" (2. Korinther 5,1–8; 1. Korinther 15,50–57) genannt wird. Die Einschränkungen, Ablenkungen und Widrigkeiten, die das Leben auf der Erde kennzeichneten, werden für immer vorbei sein. Unsere Freude an Gott wird alles übersteigen, was wir uns vorstellen können. Es wird kein stilles Vergnügen sein; die ewige Romanze zwischen Gott und uns wird voller freudiger Begegnungen sein. Die Gemeinschaft mit ihm wird frei sein von ihren engen irdischen Beschränkungen. Wir werden buchstäblich beten wie nie zuvor. Das Gebet wird aus seiner Verpuppung ausbrechen, seine Flügel ausbreiten und die ungehemmte Freiheit genießen, die Herrlichkeit auf dem Thron so zu sehen, wie sie ist, seine Stimme aus nächster Nähe zu hören und mit einem reinen, ungeteilten Geist zu antworten. Aber wir haben diesen Punkt des Aufstiegs noch nicht erreicht. Wir sind Pilger und unvollkommene Beter, deren tägliche Reise darin besteht zu lernen, immer mehr im Einklang mit Gott zu leben.

Der Schöpfer hat seine Ebenbilder dazu geschaffen, damit sie im Einklang mit ihm leben. Die Sünde hat dieses ursprüngliche Einvernehmen zerstört und ließ die Menschheit in einem Chaos zurück, in dem sie nicht mehr im Gleichklang mit ihm ist. Aber Gottes großes Meisterwerk der Versöhnung bindet uns an den Fürsten des Friedens (vgl. Jesaja 9,6; Matthäus 11,29). Von da an streben wir als Nachfolger Jesu danach, ihm gleich zu werden und ein Leben zu führen, das mit seinem Wesen und seinen Gedanken übereinstimmt. Das bringt uns oft in Konflikt mit den Normen der Welt, in der wir leben, aber es schenkt uns die beruhigende Gewissheit, mit Christus vereint zu sein. Christus hat uns zu einem Leben befreit, das mitten im Chaos einer gefallenen Welt im Gleichtakt mit ihm schwingt. In der irdischen Arena von Gesetzlosigkeit, Schwierigkeiten, Falschheit und egozentrischen Lebens macht er uns zu Aushängeschildern seiner Herrlichkeit (vgl. Jesaja 60,1). Als seine Zeugen leben wir unmissverständlich anders. Unsere Gedanken, Werte, Sprache und unser Verhalten spiegeln sein Wesen. Mit der Erlösung wurden uns keine neuen Gesetze und Gebote gegeben, sondern ein neues Herz, das sich nach Einheit mit Gott sehnt. Seinen innigen Wunsch für uns, dass wir vor allen anderen Dingen ihn lieben sollen, hat er als Gebot formuliert, damit wir nicht übersehen, wie viel ihm daran liegt (vgl. Markus 12,29–30). Die Liebe zwingt uns, im Einklang mit ihm zu leben. Deshalb lehnen wir entschieden alles ab, was dem zuwiderläuft.

Jesus hat uns aufgefordert, sein Joch auf uns zu nehmen. Wenn wir das tun, ist das Einvernehmen mit Jesus aber kein Automatismus. Wir müssen vielmehr bewusst unser Priestertum leben. Gott misst unsere Reaktion auf ihn nicht am Wortreichtum unserer Gebete oder daran, wie viele christliche Engagements wir aufweisen können, sondern daran, wie umfassend der Einklang unseres Herzens mit ihm ist. Jesus macht seinen Jüngern ganz klar, dass die Worte „Herr, Herr" beim Vater kein Gewicht haben, wenn das Leben dessen, der sie spricht, nicht auf seinen Willen abgestimmt ist (vgl. Matthäus 7,21–23). Unsere Gedanken und Worte (und das daraus resultierende Verhalten) sind „annehmbar", wenn sie aus einem Herzen kommen, das im gleichen Takt schlägt wie das Herz Jesu (vgl. 1. Petrus 2,5). Unsere Beziehung zu Gott gedeiht, wenn wir uns ihm angleichen. Je mehr wir ihn als höchstes Gut erkennen, umso besser begreifen wir, dass wir uns verändern müssen. Wir geben der Gnade immer wieder Raum, unser Denken zu erneuern und unser Verhalten zu reformieren, damit unser Leben mehr und mehr mit Gott übereinstimmt. Mehr als alles andere führt uns das Gebet zu der entscheidenden Wirklichkeit, in der die Angleichung an den, den wir lieben und der unser Herz erfüllt, das auf Dauer Wesentliche ist. Indem wir unser Beten so gestalten, dass es mit dem übereinstimmt, was Gott sagt, formen wir die Art, wie wir leben, und bestimmen, was für Menschen wir werden.

Die Offenbarung von Gottes Wesen, Plänen und Wegen ist seine Initiative. Ohne sie wäre eine Angleichung an Gott nicht möglich. Damit wir verstehen, wie entscheidend die Offenbarungsinitiative ist, weist Gott darauf hin, dass sein Denken viel höher ist als das unsere. Er benutzt das Bild der

Entfernung zwischen Himmel und Erde, um die enorme Kluft zwischen seinen Gedanken und der Art und Weise, wie die Menschen denken, zu erklären:

> „Meine Gedanken sind nicht wie eure Gedanken, und eure Wege nicht wie meine Wege!", spricht Jahwe. „Denn so hoch der Himmel über der Erde ist, so weit reichen meine Gedanken über alles hinaus, was ihr euch denkt, und meine Möglichkeiten über alles, was für euch machbar ist.
>
> *Jesaja 55,8–9*

Dann verkündet Gott die gute Nachricht. Er hat sich entschieden, die Distanz zu überbrücken – mit Worten. Er wird zum Redenden und formt seine Gedanken in Worte, die für die Menschen verständlich sind. Ohne diese Worte ist der Mensch nicht in der Lage, die Gedanken Gottes zu begreifen. Dann führt er ein zweites Bild an, indem er sein gesprochenes Wort mit Regen oder Schnee vergleicht, die vom Himmel auf die Erde fallen:

> Und wie Regen oder Schnee vom Himmel fällt und nicht dorthin zurückkehrt, ohne dass er die Erde tränkt, sie fruchtbar macht, dass alles sprießt, dass Brot zum Essen da ist und Saatgut für die nächste Saat, so ist es auch mit meinem Wort: Es kehrt nicht leer zu mir zurück, sondern bewirkt, was ich will, und führt aus, was ich ihm aufgetragen habe. Voll Freude zieht ihr in die Freiheit aus, kehrt heim mit sicherem Geleit. Berge und Hügel brechen in Jubel aus, wenn sie euch sehen, Beifall klatschen die Bäume im Feld.
>
> *Jesaja 55,10–11*

Am Anfang gab es nichts außer Gott und seine Gedanken über die Schöpfung. Gott sprach diese Gedanken aus, und seine Worte schufen die Welt (vgl. 1. Mose 1). Aber Gottes

Gedanken gehen weiter als bis zur Erschaffung aller Dinge. Sie beinhalten die Vollendung, die Fülle, die Vollkommenheit und die endgültige Entfaltung seiner Herrlichkeit in einer Gemeinschaft von geretteten Ebenbildern. Gott hat eine Fülle von zielgerichteten Gedanken. In jedem Moment gibt es mehr davon als Sandkörner an allen Ufern der Erde (vgl. Psalm 139,17–18). Und jede Absicht darin pulsiert vor Liebe. Aber diese Gedanken sind zu hoch, unerreichbar für den Menschen. Deshalb übersetzt Gott sie in Worte. Er schickt seine Worte als Regen, um uns mit seinen Gedanken und Wegen zu durchtränken. Seine Worte sind Träger seiner Sehnsucht und der Kraft seiner Absichten, die nichts vereiteln kann (V. 11). Das Geschenk seiner Worte an uns will uns nicht nur Wissen vermitteln. So wie der Regen das karge Land bewässert und fruchtbar macht, so schickt Gott seine Worte, um die Landschaft unseres Lebens zu verändern und das zu tun, wozu wir selbst nicht in der Lage sind. Er spricht, um unser Herz und unseren Verstand umzugestalten, damit wir uns ihm angleichen können. Er ist immer derjenige, der das Gespräch eröffnet; der Beter ist der, der antwortet. Egal, welche Art oder welches Thema unser Gebet hat, der zuerst Redende hat bereits daran gedacht und hat etwas Relevantes zu sagen. Wir beten also im Regen; das ständige Durchtränkt-Werden von seinen Worten beeinflusst, was und wie wir beten. Der Geist dessen, der uns anspricht, hilft uns, die Verbindung zwischen seinen Worten und unseren Gebeten herzustellen. Wenn unser Beten zu einer Reaktion auf Gottes Gedanken wird, trägt es das unschätzbar wertvolle Siegel des Einvernehmens mit ihm.

Der Neue Bund bringt eine erstaunliche Veränderung mit sich. Die große Ungleichheit zwischen Gottes Gedanken und unseren ist immer noch da, aber das Bild der Entfernung hat sich verändert. Der den Himmel bewohnt, ist auf die Erde gekommen. Der seine Gedanken in Worte fasst, ist uns nahegekommen. Jeder absichtsvolle Gedanke Gottes ist in Jesus, dem lebendigen Wort, zu uns gekommen. Indem wir in Christus hineinversetzt wurden, sind wir in den unendlichen, lebendigen Gedankenvorrat Gottes hineingestellt worden. Indem wir das geschriebene Wort in uns aufnehmen, haben wir Zugang zu dieser Gnade der Offenbarung durch das lebendige Wort. Der Geist dessen, der das Wort spricht, wohnt in uns und stimmt uns beim Lesen der Heiligen Schrift auf seine Stimme ein und entfaltet „was in den Tiefen Gottes verborgen ist" (1. Korinther 2,10), sodass wir durch seine Gedanken verändert werden können. Er fordert uns auf, seine Worte in uns leben zu lassen, damit sie beeinflussen, was wir sagen, vor allem das, was wir im Gebet sagen (oder singen), wenn wir ihm antworten (vgl. Kolosser 3,16–17). Wir sind ständig im Kontakt mit seinen Worten. Unsere Herausforderung besteht darin, ihm zu erlauben, der Erste zu sein, der in der Gebetsbeziehung redet, damit wir immer mehr zu Betern werden, die es genießen, ihm zu antworten.

Im zweiten Teil dieses Buches geht es um praktische Möglichkeiten, wie wir Gottes Wort nutzen können, um unser Beten zu gestalten.

Zum Nachdenken und Umsetzen

Der Psalmist erklärt seine Liebe zu Gottes Wort (vgl. Psalm 119,97). Er schätzt sie höher ein als irdische Reichtümer (vgl. Psalm 119,72), übt sich darin, den ganzen Tag über sie nachzudenken (vgl. Psalm 119,97) und richtet sein Leben und seine Entscheidungen nach ihnen aus (vgl. Psalm 119,24.105). Schreibe deinen eigenen Psalm der Liebe zu Gottes Wort. Schildere ihm in ein paar Zeilen, wie sehr du seine Gedanken liebst, wie viel sie dir bedeuten, wie oft du an sie denkst und dir wünschst, dass sie dein Leben prägen.

• • •

> ... und nehmt das Schwert des Geistes, das Wort Gottes, in die Hand! Und betet dabei zu jeder Zeit mit jeder Art von Gebeten und Bitten in der Kraft des Heiligen Geistes.
>
> *Epheser 6,17–18*

Vom Geist geleitetes und bevollmächtigtes Beten setzt voraus, dass du viel Gebrauch machst vom Schwert des Geistes. Bitte um die Hilfe des Heiligen Geistes in diesen drei Bereichen:

1. Stärkung deiner Bindung an Gottes Wort im Gebet, damit die Freude am Hören und am Antworten auf den, der zu dir redet, wächst.
2. Lernen, das Gebet „bei jeder Gelegenheit" aus Gottes Wort zu gestalten, sei es in persönlichen oder gemeinsamen Gebetszeiten.
3. Weiterkommen darin, dieses Beten aus dem Wort Gottes auf alle Arten von Gebeten und Bitten anzuwenden – also auf alle Inhalte deiner Gebete wie Anbetung, Lobpreis, Dank, Bitte, Reflexion oder anderes.

• • •

> Dann zog er vor seinen Augen vorbei und rief: „Jahwe, Jahwe, Gott: barmherzig und gnädig, langmütig und reich an Güte und Treue, der Gnade über tausend Generationen hin erweist, der Schuld, Vergehen und Sünde vergibt, aber keineswegs ungestraft lässt, der die Schuld der Väter an den Kindern und Enkeln bis in die dritte und vierte Generation verfolgt."
>
> 2. *Mose 34,6*

- Liste auf, was Gott in diesem Vers über sich selbst sagt.
- Schreibe daneben jeweils eine aktuelle Situation, in der die Betroffenen davon profitieren würden, diesen besonderen Aspekt von Gottes Wesen zu erfahren.
- Geh die Liste langsam durch (vielleicht einen Punkt pro Tag) und bringe dabei deine Zustimmung zu dem zum Ausdruck, was Gott hier über sich selbst sagt. Preise ihn angesichts der Situationen, in denen du ihn dringend brauchst, dafür, was für ein Gott er ist. Ziehe weitere relevante Bibelstellen hinzu, um dein Gebet des Einvernehmens mit ihm zu bestärken. Vermeide es an diesem Punkt, Bitten zu äußern, sondern konzentriere dich auf das Staunen über ihn.

• • •

> Wenn ihr in mir bleibt und wenn meine Worte in euch bleiben, dann könnt ihr bitten, um was ihr wollt: Ihr werdet es bekommen.
>
> *Johannes 15,7*

- Notiere ein dringendes Gebetsanliegen, auf das du durch die Nachrichten aufmerksam geworden bist (z. B. eine Flüchtlingskrise, eine Hungersnot, einen militärischen Konflikt, eine Regierungswahl, Menschenhandel usw.). Schreibe das konkrete Anliegen auf.
- Nimm dir Zeit, um Gottes Gedanken in die Notsituation hineinsprechen zu lassen. Suche in seinem Wort nach einer Aussage, einem Prinzip, einem Gebot, einer Verheißung oder einem Handeln Gottes, das für die Ursache oder die Art der Situation oder für die davon betroffenen Parteien relevant ist.
- Nutze diese Worte für deine Gebete für diese Situation.

Teil II:
Unser Gebet gestalten

7
Wege zur Gestaltung des Gebets

Zur Freude am Beten der Heiligen Schrift gehört mehr, als dass wir unsere Gebete mit Bibelversen garnieren. Es geht nicht darum, wie viele Bibelstellen wir auswendig lernen und in unsere Gebete einbauen können. Die Heilige Schrift für unser Beten zu nutzen, bedeutet, dass wir anerkennen, dass Gottes Gedanken Vorrang haben. Statt also im Schnelldurchlauf unsere eigenen Gedanken vorzutragen, zielen wir darauf ab, dass seine Gedanken die Quelle unseres Gebets sind. Glaube und Umkehr haben uns in eine Beziehung zu Gott gebracht, die vom Einklang mit ihm geprägt ist. Von da an ist das Leben eine Reise, auf der wir lernen, uns ihm anzugleichen. Das Beten im Einklang mit Gott ist das Herzstück dieser Reise. Und der beste Weg, das zu tun, ist, unser Beten von der Heiligen Schrift her zu gestalten. Das Gebet erhält dann seine Richtung und seinen Inhalt von Gottes Gedanken.

Diese Art zu beten ist keine neue Praxis oder eine kreative Technik, um langweilige Gebete aufzupeppen. Sie hat eine lange Geschichte, die bis zu den Menschen des Alten Bundes zurückreicht, die Gott liebten. Sie war und ist der Ausdruck einer intimen Beziehung zu Gott, in der sich das Gespräch mit ihm um seine Worte dreht. Wir werden uns vier Wege ansehen, wie wir unser Beten mithilfe der Schrift gestalten können:

1. Mit Gebeten der Bibel beten
2. Gebetsinhalte und Anliegen mit Bibelstellen verbinden
3. Mit einer biblischen Begebenheit beten
4. Mit einem Bibelvers beten

Mit Gebeten der Bibel beten

Die Erlaubnis, Gebete aus der Bibel im eigenen Beten zu verwenden, ist unbegrenzt; sie sind dazu da, damit alle sie nutzen und wiederverwenden. Dazu gehören die Gebete der Patriarchen und Propheten, die Gebete Jesu und der Apostel, die Psalmen und die Gebete im Buch der Offenbarung. Diese Gebete sind in der Bibel enthalten, damit wir uns mit den darin ausgesprochenen Wahrheiten, mit den Umständen, unter denen sie gesprochen wurden, und mit den Herzen der alten Beterinnen und Beter identifizieren können. Sie sind Geschenke, die uns helfen sollen, unsere eigenen Worte an Gott zu formulieren (vgl. Römer 15,4). Die Gebete vieler früherer Beter erwuchsen aus lebensverändernden Begegnungen mit Gott, oft in einem Feuerofen der Not oder in Zeiten der Prüfung. Wir müssen ihre Gebete nicht Wort für Wort nachsprechen. Sie haben sich auf eine Weise ausgedrückt, die erkennen lassen, dass sie im Einklang mit Gottes Herzen beteten. Wenn wir ihre Gebete beten, dann deshalb, weil wir die besondere Wahrheit, die sie zum Ausdruck brachten, aufnehmen und sie zu unserem eigenen Ausdruck des Einvernehmens mit Gott machen wollen.

Nehmen wir zum Beispiel Daniels Lobpreisgebet in Daniel 2,20:

> In alle Ewigkeit soll der Name Gottes gepriesen werden! Ihm gehören Weisheit und Macht.

Wir wissen, dass Gott würdig ist, dass wir ihn in Ewigkeit preisen. Wir wissen, dass seine Weisheit und Macht rühmenswert sind. Aber wenn wir uns mit Daniels Worten verbinden, die den weisen, allmächtigen Gott preisen, werden wir in die Emotionen seines Lobgesangs hineingezogen.

Über Daniel und seine Freunde war gerade ein Todesurteil verhängt worden. Nebukadnezars okkulte Berater und Astrologen waren nicht in der Lage, Nebukadnezars Traum zu deuten, und so erließ er einen Hinrichtungsbefehl für alle Weisen des Königreichs. Dieser betraf auch Daniel und seine Freunde.

Daniel gelang es, den König davon zu überzeugen, sie alle für eine Nacht zu begnadigen. Von dem Gebet um Gnade, das Daniel und seine Freunde in dieser Nacht sprachen, hing ihr Leben ab. Gott erhörte es: Er wiederholte für Daniel den gesamten Traum des Königs und gab seine Deutung. Diese Tat des „Offenbarers der verborgenen Dinge" (Daniel 2,22) bewahrte Daniel, seine Freunde und die babylonischen Weisen vor der Hinrichtung. Sie riss auch den babylonischen Herrscher von seinem Thron. Er fiel Daniel zu Füßen und pries den „Gott aller Götter und den Herrn der Könige" (Daniel 2,47) und erhob Daniel dann zum Premierminister von Babylon.

Daniels Lobpreisgebet war also seine Antwort auf einen Gott, der ihn gerade vor einem Todesurteil gerettet hatte. Es war geprägt von Dankbarkeit und Staunen. Wenn wir uns an Daniels Gebet ankoppeln, sprechen wir nicht einfach seine Worte nach, sondern werden in die Ehrfurcht und Dankbarkeit hineingenommen, die darin steckt. Es beginnt vielleicht als Lob dafür, was Gott zu Daniels Zeiten getan hat, wird dann aber zu einer Feier seiner Weisheit und Macht in unserer Zeit. Und so ist das Gebet nicht mehr nur das von Daniel, sondern auch das unsere.

In Offenbarung 2,12 singt ein Chor aus Engeln, Ältesten und den vier lebendigen Wesen einen Lobgesang, der es wert ist, wiederholt zu werden:

> „Würdig ist das Lamm, das geopfert worden ist, würdig zu empfangen die Macht und Reichtum und Weisheit, Stärke und Ehre, Ruhm und Anbetung!"
>
> *Offenbarung 5,12*

Auch hier geht es nicht nur um das Rezitieren der Worte. Wenn wir uns in ihr Lied einfühlen, werden wir in die Szenerie des himmlischen Thronsaals und die Atmosphäre der unablässigen Anbetung des Lammes hineingezogen. Das Lied hilft uns, uns in die Szene hineinzuversetzen, und zeigt uns eine Wahrheit, mit der wir unsere eigene Reaktion auf das Lamm auf dem Thron gestalten können.

Wir wissen, dass Gott uns liebt und dass er die, die er liebt, auch leitet. Und genau das können wir beten, weil wir wissen, dass es wahr ist. Oder wir können Moses' Version wiedergeben:

> Du lenkst mit Liebe das gerettete Volk, führst es in Kraft zu deiner heiligen Wohnung.
>
> *2. Mose 15,13*

Im Lager herrschte ausgelassene Stimmung. Israel hatte erlebt, wie Gott sein Volk auf wundersame Weise zum Schilfmeer und dann mitten hindurchführte. Die Israeliten hatten gesehen, wie Gottes Macht das Meer in zwei Hälften teilte, die riesigen Wasserwände an ihrer Position hielt, während sie hindurchgingen, und dann den Korridor flutete, um die verfolgende ägyptische Armee zu vernichten. Nun waren sie davon überzeugt, dass der Allmächtige, der sie aus Ägypten gerettet hatte, sie auch mit unermüdlicher Liebe in das Land der Verheißung führen würde. Wenn wir dieses Gebet von Mose aufgreifen, tauchen wir ein in die freudige Jubelfeier und den eindrucksvollen Triumph der Szene. Aber wir sehen darüber hinaus den viel größeren Triumph, der uns im Neuen Bund durch Christus zuteilwird. So wird das Gebet Moses zu mehr als einer Aufzeichnung seiner Antwort an Gott. Der Schauplatz und die Worte seines Gebetes sind die Grundlage für unsere persönliche Gebetsantwort, in der wir Gottes unerschütterliche Liebe zu uns jetzt feiern.

Wenn wir die Gebete in der Bibel verwenden, verbinden sich unsere Stimmen mit dem Klang, der über Generationen hin entstanden ist, in denen das Volk Gottes dieselben Worte wiederholt und damit seine Zustimmung zu der Selbstoffenbarung Gottes zum Ausdruck gebracht hat.

Gebetsinhalte und Anliegen mit Bibelstellen verbinden

Gebetstreffen sind oft gekennzeichnet durch kurze Anbetungszeiten, denen lange Listen mit Gebetsanliegen folgen. Es ist nichts falsch an Gebetslisten; Gebetsanliegen und darauf angewandte Bibelstellen ebenso zu notieren wie die Antworten, die wir erhalten, sind nützliche Strategien in unserem Gebetsleben. Viele Gebetstreffen laufen jedoch ab wie Geschäftstreffen.

Die Liste wird zur Tagesordnung, und der Gebetsleiter fungiert als Moderator, der einen Punkt abhakt und den nächsten vorstellt. Die Tagesordnung lässt in der Regel keine Zeit, um von Gott zu hören oder spontan zu sein, denn der Erfolg des Treffens liegt darin, alle Punkte der Tagesordnung gewissentlich abzuarbeiten.

Die Form des Gebets muss unserer Freude an Gott dienen, nicht sie ersetzen. Warum sollten wir uns in einem Haus des Gebets, das für die Freude erbaut wurde, mit freudlosem Beten begnügen (vgl. Jesaja 56,7)? Das Gebet sollte uns erheben, nicht verdrießen oder langweilen (vgl. Jesaja 40,29–31). Eine Gebetsstunde, allein oder in Gemeinschaft, die von einer langen Liste von Anliegen bestimmt wird, kann uns wesentliche Elemente eines beglückenden Gebets rauben, insbesondere den Wunsch, von Gott zu hören und unser Herz mit seinem in Einklang zu bringen. Ein Gebetsanliegen wird genannt, und die Anwesenden fangen meist unmittelbar an, Gott um sein Handeln zu bitten.

Das ist eine Form, die uns vertraut ist, die aber leicht dazu führen kann, dass Anmaßung das Treffen beherrscht. Wir maßen uns an zu wissen, was Gott in der jeweiligen Situation tun muss. Das führt dazu, dass die Zeit mehr von unseren Stimmen als von Gottes Stimme dominiert wird. Dies wiederum ermutigt zu rückwärtsgewandtem Beten, bei dem die Notlage im Mittelpunkt steht und nicht Gottes Gedanken und sein Wesen. Wenn wir uns die Zeit nehmen, unser Beten von der Bibel her zu gestalten, entwickelt sich unser Gebet immer mehr hin zu einer Antwort, die in die Gedanken Gottes, der zu uns spricht, einwilligt. Das Problem ist nicht, dass wir nicht glauben, dass Gottes Gedanken unser Beten prägen sollten. Aber die meisten von uns haben bisher noch keine geistliche Kultur erlebt, in der ein solches Beten die Norm war.

In einer chaotischen Welt haben wir immer einen Stapel Gebetsanliegen. Wir versuchen vielleicht, in der verfügbaren Zeit so viele Bitten wie möglich zu formulieren, aber wir gehen oft unverändert und unbefriedigt aus unserem Gebet heraus. Wir sind zu etwas Größerem berufen als Bedürfnisse aufzuzählen: Unser Priestertum im Auftrag Jesu Christi qualifiziert uns dazu, uns mit seinem Herzen zu verbinden und im Einklang mit ihm zu beten. Es ist immer gut, den Meister im Gebet zu fragen, welche Anliegen er zum jeweiligen Zeitpunkt für uns auf dem Herzen hat. Seinem Geist gefällt es, wenn wir ihm Raum geben, die Auswahl zu treffen.

Wenn wir „im Namen Jesu" beten, bekunden wir unser Eins-Sein mit ihm, und wir entsprechen seinem Willen am besten, wenn wir uns Zeit nehmen, uns auf ihn zu konzentrieren. Zeit, die wir damit verbringen, ihn anzubeten, ist keine Verschwendung oder Luxus, sondern eine Voraussetzung für richtiges Beten. König David achtete das Zelt der Begegnung als seine größte Freude, weil er dort Gottes Schönheit bewundern konnte (vgl. Psalm 27,4). Er lernte den Zusammenhang zwischen der Freude an Gott und erhörten Gebeten zu verstehen: „Erfreu dich an Jahwe! Er gibt dir, was dein Herz begehrt" (Psalm 37,4). Die Freude an ihm sollte nicht aufhören, wenn wir uns auf ein Thema festlegen, für das wir beten wollen, und anfangen zu bitten. Das Bedürfnis, egal wie dringend, sollte den Blick auf ihn nicht verdunkeln. Die Anbetung ist keine Phase, die wir auf dem Weg zur Arbeit des Bittens durchlaufen. Alles Beten muss sich auf unsere Freude an Gott zurückführen lassen. Wenn wir unser Bitten nicht mehr als Antwort auf seine Herrlichkeit auf dem Thron vorbringen, verlagert sich unser Beten leicht von Gottes Gedanken auf unsere eigenen Ideen.

Gott lässt nicht zu, dass eine Not oder ein Kampf, die von den Mächten der Finsternis ausgehen, unser Leben betrifft, ohne dass er sie vorher überarbeitet hat. Wenn er zulässt, dass so etwas in unser Leben eindringt, dann deshalb, weil er beabsichtigt, dass wir ihn dadurch besser und tiefer kennenlernen. Bei unseren Gebetsanliegen geht es also immer um mehr als nur um die Lösung menschlicher Probleme. Unser Problem wird zu einem Ort, an dem wir Gott kennenlernen und von ihm verändert werden können. Nicht nur die gewünschte Antwort, sondern auch der Weg dorthin im Gebet dient der Herrlichkeit Gottes. Zu erkennen, auf welche Bedürfnisse man sich konzentrieren sollte, und ihnen in Ruhe Zeit zu geben, ist also wichtig für Gott und sollte daher auch für den Betenden wichtig sein.

Gott möchte, dass wir mit einer Weisheit beten, die höher ist als unsere eigene. Deshalb durchtränkt er uns mit seinen Worten (vgl. Jesaja 55,10–11) und seinem Geist (vgl. Johannes 16,13–15). Aber wenn wir wie durchtränkte Menschen beten wollen, müssen wir bereit sein, den vertrauten Schutz alter Gewohnheiten zu verlassen, die die Bibel nicht als Quelle für das Gebet gefeiert haben. Es kostet Mühe, neue Gebetsgewohnheiten zu erlernen. Der Geist wird uns dabei helfen, Texte, Erkenntnisse, Verheißungen, Prinzipien oder Erzählungen aus der Heiligen Schrift in Erinnerung zu rufen, die mit dem Gegenstand des Gebets zu tun haben. Damit das geschieht, ist es wichtig, dass wir unseren inneren Fundus an Gottes Gedanken vergrößern. Deshalb sagt Paulus, dass wir dem Wort Christi viel Raum in uns geben sollen (vgl. Kolosser 3,16).

Die Schrift nach Wahrheiten zu durchforschen, die zum Thema, für das gebetet wird, passen, testet die Kapazität unseres inneren Vorratsspeichers. Am Anfang können die meisten von uns nur wenig daraus schöpfen, weil es nicht zu ihrem Lebensstil gehört, sich eine innere Sammlung von Bibelworten zuzulegen. Es gibt aber gute Hilfsmittel, die uns dabei helfen können, dieses Reservoir zu füllen und zu vergrößern. Hilfreich sind zum Beispiel eine Konkordanz, eine thematische Bibel oder eine Online-Suche nach Bibelstellen, die für ein Gebetsthema relevant sind. Beim Bibellesen ist es gut, sich Verse oder Sätze zu notieren, die das Gebet zu bestimmten Themen stärken können. Nach und nach wird sich das Reservoir erweitern, das Durchsuchen des Speichers wird spontaner und Verbindungen werden schneller ersichtlich.

Beim Gebet in einer Gruppe ist das gemeinsame Reservoir an verinnerlichten Bibelworten größer und erweitert den Strom von göttlichen Gedanken, die in das Gebet einfließen. Wenn wir den Gedanken Gottes zu einem Thema Raum geben, ist es weniger wahrscheinlich, dass wir es im Schnelldurchlauf durchgehen, sondern eher, dass wir in aller Ruhe eine Übereinstimmung mit ihm zu diesem Thema finden.

Stell dir vor, uns hat gerade die Nachricht von einer schweren politischen oder militärischen Krise irgendwo auf der Welt erreicht. Unsere erste panische Reaktion könnte sein: „Herr, das wird Menschenleben zerstören. Zeige deine große Macht und entschärfe die Krise!" Doch beim Beten mit den Gedanken Gottes lösen wir uns von den Nachrichten und richten uns aus auf den Thron Christi.

Ihn anzuschauen, muss nicht immer lange dauern; es geht mehr um die Stärke des Wunsches als um die Länge der Zeit. Gottes Wesen hat so viele bewundernswerte Aspekte, seine Herrlichkeit so viele Farben (vgl. Offenbarung 4,2–3). Aber was uns angesichts dieser neuen Krise beeindruckt, ist die Wahrnehmung seiner Majestät. Es ist seine alles umschließende Herrschaft, die Erhabenheit seines Throns, die Reichweite seines Zepters, die Autorität seiner Beschlüsse und die Weisheit und Gerechtigkeit seiner Herrschaft. In diesem Blick auf ihn sehen wir mehr als genug Schönheit, um der Krise Hoffnung entgegenzustellen. Wir wollen ihn als König verkünden und durchsuchen unser inneres Reservoir nach Bibelstellen, die diese Wahrheit enthalten. Wir verkünden aus Psalm 47 seine Herrschaft über die krisengeschüttelte Nation oder Region (V. 9) und stimmen in den Beifall des Himmels für den „großen König" ein (V. 2–3). Wir verkünden die Qualitäten seiner Herrschaft aus Jesaja 9,6–7: eine wachsende, unendliche Herrschaft, die durch Gerechtigkeit und Recht gekennzeichnet ist und durch die die unermessliche

Kraft seines heiligen Eifers durchgesetzt wird. Aus Sprüche 21,1 kommt uns das Bild in den Sinn, dass er das Herz eines Herrschers lenkt wie einen Wasserlauf. Und so gehen wir zum Bittgebet über und bitten ihn, die Entscheidungen der politischen Führer zu blockieren oder zu segnen, damit sie den Plänen dienen, die er für diese Nation und Region hat. Dann steigern wir uns in den Lobpreis hinein und wiederholen die Worte des babylonischen Königs, dass Gott Herrscher über die Reiche der Menschen ist, Herrscher über diese krisengeschüttelte Region, und dass alles, was er tut, richtig und gerecht ist (Daniel 4,32.34).

Der Medienbericht löst auf diese Weise keine panikartige Gebetsreaktion aus, sondern ruft eine Reaktion auf den zur Rechten des Vaters thronenden Christus hervor. Er veranlasst uns, Gott zu feiern, stärkt unser Wissen um ihn als König und führt zu einem strategischen Gebet, das von seinen Gedanken geprägt ist.

Auf diesem Weg können wir auch Namen, Eigenschaften und Verheißungen Gottes, die für das Gebetsthema relevant sind, einbeziehen.

Die beiden anderen Wege der Gestaltung des Gebets stelle ich kurz vor, werde sie aber später in separaten Kapiteln behandeln.

Mit einer biblischen Begebenheit beten

Auf diesem Weg nutzen wir die Schauplätze, Bewegungen, Dialoge und geistliche Parallelen einer Geschichte oder eines Ereignisses aus der Bibel, um unserem Beten eine Richtung und einen Inhalt zu geben. Dieser Weg ermutigt dazu, Bilder und bildhafte Sprache zu verwenden.

Mit einem Bibelvers beten

Auf dem Weg, unser Gebet zu gestalten, wird unsere Fähigkeit, die Worte des Gottes, der zu uns spricht, zu verinnerlichen und zustimmend zu antworten, am stärksten herausgefordert. Das ist an sich nicht kompliziert, aber es ist die anspruchsvollste der vier Disziplinen und wird den Gebetslebensstil radikal beeinflussen.

8
Der Vorteil von Gebetsnotizen

In der darstellenden Kunst ist ein Drehbuch der Text, der die Richtung und den Inhalt eines Films oder Theaterstücks vorgibt. Es ist das Produkt kreativer Gedanken und sorgfältiger Planung. Die darin niedergeschriebene Geschichte mit den Schauplätzen, Handlungen und Dialogen bestimmt weitgehend die Qualität der Aufführung bzw. des Films.

Ein Gebetsskript kann einen ähnlichen Zweck erfüllen. Natürlich nicht mit Blick auf unsere „Gebetsperformance“, sondern mit Blick darauf, was Gott Freude macht und auf unsere Befriedigung dadurch, dass unser Gebet sich vertieft. Es sind die kurzen Stichworte, in denen wir Einsichten, Eindrücke und unmittelbare Reaktionen auf Gott festhalten, während wir betend einen Abschnitt der Bibel lesen. Hilfreich ist es auch, eine Art „Resonanzbuch“ (auf Papier oder digital) zu führen, um die Notizen festzuhalten und zu ordnen. Diese rasch hingeschriebenen Bemerkungen sind das Rohmaterial dafür, unser Gebet aus dem Bibeltext zu gestalten. Im wahrsten Sinne des Wortes werden sie zum Skript des Betenden für ein besseres Gebet. Mit „besser beten“ meine ich nicht, dass das Gebet eine ausgefeilte Kunst sein soll, sondern dass es ein tieferer Ausdruck der Übereinstimmung des Herzens mit Gott ist. Wenn wir unser Gebet bewusst gestalten wollen, ist das Schreiben eine wichtige Hilfe. Es fördert die Kreativität und hilft uns, mit dem Wort der Schrift umzugehen. Es ist ein

Hilfsmittel, um einen Diamanten an Wahrheit in einer Bibelstelle zu erkennen, seine funkelnden Facetten zu bewundern und im Gebet unsere Antworten an den, der das Wort gesprochen hat, zu formulieren. Das gilt für alle vier Wege, unser Gebet bewusst zu gestalten, die in diesem Buch aufgezeigt werden.

Welche Vorteile hat es, sich beim Bibellesen solche Kurznotizen zu machen?

Die Gedanken verankern

Wir leben in einer Welt, die den Lärm der Stille vorzieht und einen ständig mit Außenreizen beschäftigten Verstand der Einsamkeit. Ablenkung bietet sich überall an. Unserem ruhelosen Geist fällt es schwer, sich von den Dingen zu lösen, die geschehen sind oder geschehen könnten. Selbst wenn wir uns eine „stille Zeit" mit Bibellesen und Gebet gönnen, neigen die Gedanken dazu, die Vergangenheit wieder aufleben zu lassen oder in die Zukunft zu rasen. Das Herz mag sich nach Gott sehnen, aber der geschäftige Verstand gibt vor, wir hätten dazu keine Zeit. Die Gewohnheit, beim Lesen eines Bibeltextes Gebetsnotizen zu machen, ist ein praktisches Hilfsmittel, das dazu beiträgt, unsere Gedanken im Text zu verankern, damit dessen Wahrheit erschlossen und für unser Gebet genutzt werden kann.

Das Reservoir vergrößern

Es ist wichtig, uns immer wieder zu verdeutlichen, dass Gott spricht, um eine Resonanz zu erhalten. Sein Wort ist nicht in erster Linie eine Ressource für Predigt und Lehre. Die Worte, die Gott spricht, kommen zu uns, damit wir ein Gespräch mit ihm beginnen. Er will unsere Reaktion auf seine Gedanken.

Wenn wir das Herz als Speicher für Gottes Worte benutzen, beeinflusst das, was wir im Gebet sagen und wie wir es ausdrücken (vgl. Lukas 6,45; Matthäus 15,18). In einem Leben des unablässigen Gebets (vgl. 1. Thessalonicher 5,17) wird ein Großteil unseres Betens nicht vorformuliert sein. Aber das spontane, improvisierte Gebet braucht einen Vorrat, aus dem es schöpfen kann. Wir können unsere Gebetsantworten nicht von äußerem Rummel, persönlichen Stimmungen und Gefühlen abhängig machen. Ein Gebetslebensstil muss ein Vorratsreservoir haben. Wenn das Reservoir leer ist, wird das Gebet wahrscheinlich oberflächlich und mühsam werden. Je mehr das Reservoir gefüllt ist, desto stärker fließen Gottes Gedanken in unser Gebet ein. Die Praxis, beim Lesen eines Bibeltextes Einsichten und Antworten aufzuschreiben, hilft uns, uns mit dem Geist und dem Wort auf eine Art und Weise zu beschäftigen, die einen Vorrat an Gottes Gedanken in unserem Herzen aufbaut.

Unsere Sprachfähigkeit erweitern

Gott hat uns eine enorme geistliche Ausdrucksfähigkeit verliehen. Der Sündenfall hat diese Fähigkeit verdorben, aber durch Christus ist die Freiheit, „mit Worten zu reden, wie sie der Geist lehrt, und geistliche Sachverhalte vom Geist gelehrt zu erklären" (1. Korinther 2,13), wiederhergestellt. Jakobus erinnert uns daran, dass die Erlösung unsere Zunge nicht nur davon befreit hat, zerstörerisches Feuer zu entfachen und tödliches Gift zu versprühen (vgl. Jakobus 3,6–8), sondern sie vielmehr wieder in die Lage versetzt hat, Segen zu spenden. Die Sprache ist ein Ausdrucksmittel des erlösten Herzens und verkündet die guten Dinge, die wir über unseren Retter glauben (vgl. Römer 10,10–13).

Der Heilige Geist befähigt uns, unser Einvernehmen mit den tiefen Wahrheiten Gottes auszudrücken (vgl. 1. Korinther 2,13). Er ist kreativ, und er ist leidenschaftlich daran interessiert, dass wir in unserer geistlichen Ausdrucksfähigkeit wachsen. Die schlichte Gewohnheit, Gebetsnotizen zu machen, kann uns dabei helfen, uns mit der kreativen Gestaltungskraft des Heiligen Geistes zu verbinden. Das Aufschreiben gibt ihm Raum, uns von alten, abgenutzten Phrasen und vertrauten Vokabeln zu befreien und uns eine authentischere Reaktion auf Gott zu eröffnen, vielleicht auf einem Niveau, von dem wir nicht wussten, dass wir es erreichen können. Er möchte, dass wir erfahren, dass wir in Christus „in jeder Beziehung und jeder Art von geistgewirkter Rede und Erkenntnis reich gemacht worden sind“ (1. Korinther 1,5). Wir haben keinen guten Grund, uns mit der Langeweile und Oberflächlichkeit klischeehafter Gebete zufriedenzugeben, denn wir sind befreit worden, um die Freude daran zu erleben, dass wir uns Gott gegenüber immer besser ausdrücken können.

Wie wir unsere Gebetssprache erweitern können, wird Thema des nächsten Kapitels sein.

Den größeren Zusammenhang sehen

Die Übung, sich Gebetsnotizen zu machen, zwingt uns dazu, unseren inneren Speicher an Bibelstellen nach solchen zu durchsuchen, die für den Inhalt unseres jeweiligen Gebets relevant sind. Das kann vielleicht ein bisschen peinlich sein, weil es offenlegt, wie unzulänglich unser verfügbarer Wortschatz an Gottesworten ausgestattet ist. Dieses innere Depot entsteht normalerweise nicht dadurch, dass wir einfach

Bibelstellen auswendig lernen oder einen Vers ein paarmal lesen. Es baut sich auf, wenn wir uns die Zeit nehmen, die Wahrheit des entsprechenden Abschnitts in unser Gebet einzubauen. Gebetsnotizen aufzuschreiben hilft dabei, diese Disziplin zu kultivieren.

Es hilft uns auch, Bibelstellen in einem größeren Zusammenhang zu sehen. Ein Beispiel sind die Worte Jesu in Johannes 6,48: „Ich bin das Brot des Lebens." Es gibt verschiedene Aspekte dieser Wahrheit, aber nehmen wir an, wir wollen dem, der sie sagt, mit einem Gebet antworten, das den geistlichen Hunger nach ihm, dem lebendigen Brot, betont. Wir werden in unserem inneren Bibelwortreservoir einige andere Stellen finden, die zu diesem Thema passen. Es ist hilfreich, sie zu notieren, wenn sie uns einfallen, und dann kurze schriftliche Gebetsantworten auf die darin enthaltenen Wahrheiten zu formulieren.

Dabei sollten wir den Schwerpunkt des ursprünglichen Textes nicht aus den Augen verlieren: Hunger nach Jesus. So könnten wir z. B. Matthäus 5,6 aus unserem Reservoir ziehen, wo Jesus den Menschen, die nach der Gerechtigkeit vor Gott hungern, den Segen zuspricht. Wenn diese Wirklichkeit unser Gebet prägen soll, beginnen wir damit, dass wir die Sehnsucht entwickeln, unter seinem Segen zu leben und nach der Gerechtigkeit zu hungern, weil wir nirgendwo anders die Fülle finden können. In der Tat (wenn dann Psalm 27,4 aus unserem Bibelworte-Reservoir auftaucht) ist ein Leben, das nach ihm hungert, das *„eins nur"*, das wir über alle Bestrebungen oder Besitztümer auf der Erde stellen. Die „Schönheit" Gottes zieht uns an. Wir wurden geschaffen, um ihn zu begehren.

Das verbindet uns mit einer anderen Stelle in unserem Reservoir, nämlich dem Bild des durstigen Hirschs aus Psalm 42,2. Wir bekennen, wie sehr wir uns nach Gott sehnen wie ein nach Wasser lechzender Hirsch nach dem Strom. Nur er kann unseren inneren Durst stillen. Das ist mehr als ein beiläufiges Interesse. Wir hungern nach ihm. Da kommt uns Davids Lied von der Sehnsucht nach Gott in der Wüste in den Sinn, Psalm 63,2. Es ist ein ernsthaftes Suchen nach ihm, eine unstillbare Sehnsucht: „Nach dir hat meine Seele Durst, nach dir sehnt sich mein Körper in einem erschöpften und wasserlosen Land." Das erinnert an ein ähnliches Gebet der Söhne Korahs in Psalm 84,3: „Meine Seele verzehrt sich in Sehnsucht nach den Höfen im Tempel Jahwes. Mein Herz und mein Leib, sie jubeln dem lebendigen Gott zu." Unser Verlangen nach Jesus gipfelt darin, ihn zu feiern, ihn, das Brot vom Himmel, das uns satt macht und zugleich unseren Appetit weckt, ihn immer mehr zu genießen.

Wir haben also aus unserem inneren Reservoir (vielleicht mithilfe von weiteren Informationsquellen wie Konkordanzen oder Parallelstellenregistern u. Ä.) verschiedene Bibelstellen miteinander in Beziehung gesetzt, die alle unsere Gebetsreaktion auf eine einzige Wahrheit speisen: den geistlichen Hunger nach Jesus. Wir haben nicht wahllos Verse herausgepickt, sondern verwandte Verse so miteinander verbunden, dass unsere innere Übereinstimmung mit dieser einen Wahrheit im Gebet gestärkt wird.

Gebetsnotizen sollen keine langen literarischen Abhandlungen sein. Ihr Zweck besteht darin, einen Strom von innerlich zusammenhängenden Worten Gottes zu entwickeln, um unserem Beten Inhalt und Richtung zu geben.

Wie gestalte ich diese Notizen? Es kann in Form einer einfachen Aufzählung sein, wobei jeder Punkt ein kurzes Gebet mit ein oder zwei Sätzen ist. Selbst wenn das Gebet sich nicht unmittelbar an die Niederschrift der Notizen anschließt, werden sie zu einer wertvollen Ressource, aus der wir später schöpfen können. Es geht auch nicht darum, jedes Wort, das wir notiert haben, in ein Gebet umzusetzen. Gebetsnotizen sollen die Spontaneität nicht ersetzen oder unterdrücken, sondern bereichern und unsere Fähigkeit erweitern, auf Gott, der in seinem Wort zu uns spricht, zu reagieren. Gebetsnotizen sind kein Kunstwerk, keine Gebetskomposition, die die Zuhörer beeindrucken soll. Sie sind das Handwerkszeug eines Beters, ein Hilfsmittel, um die Fäden der Wahrheit im Gebet zu verbinden und so unsere Übereinstimmung mit Gottes Gedanken zu verstärken.

Unsere Antworten einüben

Wir haben uns daran gewöhnt, die Bibel eher als ein Archiv von offenbarten Wahrheiten zu betrachten und nicht als einen Liebesbrief, der neue Worte Gottes an uns enthält und uns zu einer Antwort einlädt. Dass wir verstehen, was er uns sagt, ist wichtig. Gott will mit uns ins Gespräch kommen. Er will, dass wir seinen Worten Aufmerksamkeit schenken. Gebetsnotizen aufzuschreiben, hilft uns, das, was wir in der Bibel lesen, zu erschließen, die Botschaft Gottes an uns zu verstehen und unsere Antwort an ihn überlegt zu gestalten.

Unsere Verbundenheit mit Gott vertiefen

Die Gewohnheit, Gebetsnotizen aufzuschreiben, hilft dabei, Gottes Wahrheiten in uns zu verankern. Wenn seine Worte in uns „Geist und Leben" (Johannes 6,63) werden, vertiefen sie unsere Vertrautheit mit ihm und haben einen prägenden Einfluss auf unser Leben. Es geht dabei nicht darum, Bibelverse aufzuschreiben, um sie auswendig zu lernen. Es ist eine Übung, die uns hilft, uns auf die Wahrheit des gelesenen Abschnitts einzulassen, sodass sie unser Gebet beeinflusst. Die

Zeit, die wir in diese Notizen investieren, zahlt sich aus. Das Aufschreiben verwurzelt uns immer tiefer in der Wahrheit der Bibel und stärkt unsere Verbundenheit mit dem, der darin spricht.

Gebetsnotizen festzuhalten und zu nutzen, mag auf den ersten Blick die Spontaneität einschränken. Tatsächlich aber speist es die Gebetsleidenschaft und fördert das spontane Beten. In seinem Buch When *I Don't Desire God* („Wenn ich mich nicht nach Gott sehne") schreibt John Piper: „Wenn du dich danach sehnst, spontan mit Gott zu kommunizieren, dann gestalte dein Bibellesen und dein Gebet mit Disziplin. Das klingt paradox. Aber genauso paradox ist es, dass der Mais auf einem Feld in Minnesota spontan wächst, weil der Bauer das Feld mit Disziplin pflügt, sät und bestellt. Er lässt den Mais nicht wachsen. Das macht Gott. Aber Gott nutzt seine landwirtschaftliche Sorgfalt als Teil des Prozesses. Die reiche Frucht der Spontaneität wächst in dem Garten, der durch die Disziplin des Zeitplans gut gepflegt wird."[16]

Einen inneren Vorrat an Bibelworten anzulegen und in unserem Gebet daraus zu schöpfen, ist ein Lernprozess. Anfangs mag es uns ein bisschen mechanisch erscheinen. Wie bei einem Fahrrad mit Stützrädern werden wir zunächst nur langsam fahren, während wir uns an das Fahren gewöhnen. Je mehr unsere Vertrautheit damit und unser Selbstvertrauen wachsen, umso leichter wird das Fahren und umso mehr können wir es genießen. Und wir erfahren, dass es sich auszahlt, eine Zeitlang auf dem steilen Anfängerhügel des Lernens zu üben. Das Gebet ist ein Akt der Liebe (vgl. Kolosser 4,12–13), und Gebetsnotizen zu machen, ist eine wertvolle Übung für jeden, der die Absicht hat, gut beten zu lernen. Kapitel 10 und 11 werden uns Gelegenheit geben, diese Praxis der Gebetsnotizen näher anzuschauen und einzuüben.

9
Unsere Gebetssprache erweitern

Nach dem ersten Jahr in Thailand, in dem wir die Landessprache lernten, zogen Sandra und ich in eine andere Provinz, um unsere Sprachkenntnisse zu vertiefen und uns langsam in unsere Aufgaben einzuarbeiten. Der Plan, uns „langsam einzuarbeiten", hat nicht funktioniert. Nach einer kurzen Orientierungsphase waren wir die einzigen Missionare in einer Provinz mit über einer halben Million Einwohner und hatten einen vollen Dienstplan zu bewältigen. Wir waren völlig überfordert. Wir waren dafür verantwortlich, die kleinen, verstreuten Dorfgemeinden zu besuchen, dort zu unterrichten, Gottesdienste zu halten, zu evangelisieren, Mitarbeiter auszubilden, die Jugendarbeit zu koordinieren und Netzwerke aufzubauen. Die Einheimischen sprachen kein Englisch, und wir hatten nicht mehr als ein Jahr Thai-Kenntnisse in unseren Köpfen. Es war der Albtraum eines jeden neuen Mitarbeiters. Ich brauchte etwa einen Monat, um eine kurze Predigt auf Thai vorzubereiten, mit dem Wörterbuch in der einen und der thailändischen Bibel in der anderen Hand. In jeder Dorfkirche, die ich besuchte, hielt ich dieselbe Predigt, bis die nächste fertig war.

Wenn ich auf meinem Motorrad zu einem weiteren Treffen in einem Dorf aufbrach, erlebte ich den bekannten Kampf zwischen meinem Herzen, das den Menschen dienen wollte, und meinem Kopf, der protestierte, dass er noch nicht bereit war.

Ich verbrachte die Fahrt damit, Schlaglöchern auszuweichen und die Zeilen meiner Botschaft in die heiße Luft zu murmeln, wobei ich das Kinn auf und ab bewegte, um die Worte in der richtigen Tonhöhe herauszubringen. Wenn ich im Dorf ankam, ließ ich mich im Schneidersitz auf der Strohmatte nieder, verbarg meine Füße und ließ meine wenigen auswendig gelernten Begrüßungen ab: „Hast du schon gegessen?“, „Wie ist der Reis dieses Jahr geworden?“, „Das Wetter scheint heißer zu sein als letztes Jahr.“ Ein Höflichkeitsschluck Brunnenwasser (mit einem stillen Gebet, dass es gefiltert wäre), dann begann die Versammlung mit einigen Liedern zur Geräuschkulisse von grunzenden Schweinen, quakenden Enten und lärmenden Dorfkindern. Jemand betete, und dann richteten sich alle Augen auf mich.

Hatte ich mir das nur eingebildet, oder war das Dorfleben zum Erliegen gekommen, weil der Ausländer versuchte, Thai zu sprechen? Über meine Fehler zu lachen, würde für mich einen Gesichtsverlust bedeuten, also schaffte es der Kreis der Dorfbewohner, meiner Predigt die meiste Zeit mit unverwandten Blicken zuzuhören. Doch dann kam der Moment, an dem Fragen zur Predigt gestellt wurden. Ich fühlte mich jedes Mal wie im Treibsand. Wenn Großmutter Gold eine Frage stellte, während sie Betelnusssaft in die Ritzen des Teakholzbodens spuckte, war es fast unmöglich, sie zu verstehen. Ich erriet die Frage und hatte dann Mühe, aus meinem begrenzten thailändischen Sprachschatz eine Antwort zusammenzubasteln. Das war mir peinlich. Aber da war noch ein tieferer Kampf, ein innerer Schmerz. Ich liebte diese Menschen und wollte so vieles mit ihnen teilen, aber meine Ausdrucksmöglichkeiten waren wie eingedämmt. Die Sprache wollte nicht fließen, und ich konnte nicht loswerden, was ich sagen wollte. Ich wollte mein Herz ausschütten und ihnen sagen, wie sehr Jesus sie liebt, wie wunderbar es ist, ihn zu kennen, und wie sicher man lebt, wenn man bei ihm Zuflucht findet. Aber ich konnte es nicht. Ich brauchte einen sprachlichen Durchbruch. Ich musste über die einfachen Begrüßungsformeln hinauswachsen. Wenn ich die Herzen der Thailänder auf eine tiefere Art und Weise berühren wollte, musste meine Sprache ein anderes Niveau erreichen.

Das Gleiche gilt für das Gebet, nur dass es hier noch viel entscheidender ist. Wir müssen die Art und Weise, wie sich unser Herz Gott gegenüber ausdrückt, ständig weiterentwickeln. Wir können nicht erwarten, dass wir uns tiefer mit dem Herzen Gottes identifizieren, solange unser Beten sich auf kurze Grußworte beschränkt. Mit verkümmerten Gebeten nehmen wir unserem Priestertum die Vollmacht.

Zur Freude am Gebet gehören das Bestreben, als Beter und Beterin zu wachsen, und die Bereitschaft, über die vertrauten Klischees und Routineformulierungen hinauszuwachsen. Die erlöste Seele hat eine enorme Fähigkeit, sich Gott gegenüber auszudrücken, aber sie muss darin geschult werden, ihre Grenzen immer wieder zu erweitern. Das Gebetsleben wird stagnieren, wenn wir es nicht bewusst ausbauen. Dazu gehört auch, dass wir unsere Gebetssprache erweitern, um unser Herz vor ihm auszuschütten. Das Bewusstsein, dass unser Gebet Gott Freude bereitet, sollte unser Lerntempo beschleunigen. Unser Fortschritt im Leben in der Gnade und in jeder geistlichen Disziplin wird vor allem dadurch motiviert, wie Gott uns darin sieht. Ja, wenn wir im Glauben wachsen, wird sich das auch auf die Menschen um uns herum auswirken. Der geistliche Fortschritt eines Christen sollte andere dazu anspornen, ebenfalls im Blick auf die Verbundenheit mit Gott nach Höherem zu streben (vgl. 1.Timotheus 4,15). Ein Gebetsleben, das wir genießen, ist ansteckend. Gebet verstärkt den Wunsch, zu beten. Mehr als alle anderen Formen unseres Glaubenszeugnisses sollte unser Beten die Leidenschaft der Menschen für eine innige Vertrautheit mit Gott und den Wunsch anfachen, all das zu leben und zu sein, wozu Gottes Gegenwart seine priesterlichen Söhne und Töchter bevollmächtigt (vgl. Philipper 2,12–13).

Aus dem Herzen auf die Zunge

Der Heilige Geist ist ständig aktiv, um uns dabei zu helfen, die Ausdrucksmöglichkeiten unseres Herzens zu erweitern. Gott hat im erlösten Menschen Herz und Mund miteinander synchronisiert. Sie arbeiten zusammen, um ihm priesterliche Opfergaben zu bringen, die allein seinen Ebenbilder vorbehalten sind. Das Herz ist das Zentrum der Verbundenheit mit ihm und der innere Prozessor der Beziehung zu ihm. Es ist die Quelle des Lebens (vgl. Sprüche 4,23). Wenn das Herz im Frieden mit Gott ist und in ihm ruht, teilt es diesen Frieden und das Wohlbefinden durch Worte mit. Es sind nicht notwendigerweise viele Worte, aber es ist eine beschreibende Sprache, welche die Botschaft und Leidenschaft des Herzens ausdrücken kann. Das Herz soll seine Freude über Gott nicht verstecken oder geheim halten. Der Mund ist das Sprachrohr des Herzens (vgl. Sprüche 10,11; Lukas 6,45). Die Zunge ist die Schreibfeder, die die im Herzen erlebte Wahrheit zum Ausdruck bringt (vgl. Römer 10,10). Je tiefer das Herz mit Gott verbunden ist, desto mehr sehnt es sich danach, dies auch ausdrücken zu können. Wenn wir nicht an der Erweiterung unseres Gebetswortschatzes arbeiten, ersticken wir die Fähigkeit unseres Herzens zu tieferen Antworten im Gebet.

Das Herz kann sich auch auf nonverbale Weise ausdrücken. Einfache Gesten wie eine Verneigung im Gebet oder eine Fußwaschung können manchmal mehr ausdrücken als Worte.

Kunst im Gottesdienst und im Gebet können einen tiefen Ausdruck ermöglichen, auch wenn nicht jeder geschickt mit einem Pinsel umgehen oder sich in prophetischem Tanz ausdrücken kann. Körperhaltung, Gesten und Bewegungen im Gebet sind sinnvolle Ausdrucksformen, aber sie ersetzen nicht das Gespräch mit Gott durch Worte. Die Verbindung zwischen Herz und Zunge ist in der Priesterschaft des Lammes von grundlegender Bedeutung.

Die von Gott geschenkte Freiheit, unser Herz zu ihm reden zu lassen, hat ihn unendlich viel gekostet. Und doch können wir leicht vergessen, wie wichtig es ist, eine persönliche Gebetssprache zu entwickeln. Es stimmt: Beten ist einfach. So einfach, dass ein kleines Kind es tun und genießen kann. Aber wir dürfen nicht zulassen, dass diese Einfachheit uns davon abhält, das darin verborgene Geheimnis zu erforschen. Der Geist dessen, der ein Meister im Gebet war, hat sein Volk seit Jahrhunderten im Gebet angeleitet. Und er hat seiner Gemeinde noch viel mehr beizubringen. Aber er sucht nach Menschen, die es zu ihrem Lebensinhalt machen, besser beten zu lernen. Die Bitte der Jünger: „Herr, lehre uns beten" (Lukas 11,1) war keine Bitte von Menschen, die eine Einführungslektion brauchten. Diese jüdischen Männer hatten von klein auf beten gelernt. In ihrer Bitte liegt die Sehnsucht nach einem Fortschritt, einer Steigerung, die über ihre bisherigen Erfahrungen hinausgehen sollte.

Der Wunsch, dass wir uns als Beterinnen und Beter weiterentwickeln, sollte uns immer begleiten. Als Priester des auferstandenen Christus sollte es unser Wunsch sein, uns dadurch auszuzeichnen, dass wir ihm ein immerwährendes Dankopfer darbringen (vgl. Hebräer 13,15; 1. Petrus 2,9). Das können wir tun und genießen, indem wir lernen, unsere Gebetssprache stärker visuell bestimmen zu lassen. Die Fähigkeit, geistige Bilder zu formen und bildhaft zu sprechen, ist eine wertvolle Gabe Gottes. Wenn wir sie nicht trainieren, wird unser kreativer Ausdruck im Gebet schwächer, wie ein verkümmerter Muskel.

Mehr sehen als Worte

Kinder lieben Geschichten. Diese Liebe bleibt den meisten auch nach der Kindheit oft ein Leben lang erhalten. Wir hören oder lesen gerne Geschichten, weil sie die Fantasie anregen. Worte transportieren Bilder aus dem Kopf oder der Seele des Schreibers zum Leser.

Erinnere dich an einige Geschichten aus deiner Kindheit. Vielleicht hast du die Worte vergessen, aber du kannst dich wahrscheinlich noch an die Bilder erinnern. Wenn uns die Fähigkeit genommen würde, uns Bilder vorzustellen, wären wir wie „eine Sternwarte ... ohne Teleskop“[17]. Die Fähigkeit, innere Bilder zu sehen, ist entscheidend bei der Verarbeitung von Informationen und Ideen. Wenn wir diese kreative Fähigkeit beim Lesen der Bibel ausblenden, bringen wir uns selbst um eine Fülle von Einsichten und tieferem Verständnis.

Es ist möglich, eine Bibelstelle zu lesen, ohne von der Wahrheit, die sie vermitteln möchte, berührt zu werden. Wir können die Worte mit dem Verstand aufnehmen, verpassen es aber, die darin enthaltene Wahrheit auf einer tieferen Ebene aufzunehmen. Abstrakte Worte in Bilder zu übersetzen, ist ein Weg dazu, dass geistliche Wahrheiten uns ganzheitlich betreffen und wir sie mit unserem alltäglichen Leben verbinden können.

Gott verwendet selbst immer wieder bildhafte Sprache, die eine solche Übersetzung überflüssig macht. Im Neuen Bund hat er uns sogar versprochen, dass sein Geist auch in Träumen und Visionen mit uns kommunizieren wird. Er verwendet häufig Gleichnisse, Allegorien, Bilder und eine metaphorische Sprache, damit wir uns die Wahrheit leichter vorstellen können. Wenn Gott zum Beispiel von sich selbst als dem „Felsen“ spricht, hilft uns diese Metapher, die Wirklichkeit zu begreifen, dass Gott unsere Stärke und unser sicheres Fundament ist (vgl. Psalm 18,32). Weitere Bilder für Gott, die wir in der Bibel finden, sind Schild (1. Mose 15,1), Hirte (Jesaja 40,11; Johannes 10,14), Krieger (Jesaja 42,13), Tür (Johannes 10,7), Weinstock (Johannes 15,1), Brot (Johannes 6,35) und viele mehr. Alle sollen uns helfen, tiefe Aspekte seines Wesens zu erfassen. In Psalm 103 vergleicht Gott das Ausmaß seiner Liebe mit dem Abstand zwischen Himmel und Erde, seine Vergebung mit der endlosen Entfernung zwischen Ost und West und sein zärtliches Mitgefühl mit dem eines Vaters für seine Kinder (vgl. Psalm 103,11–13). Indem er abstrakte, schwer fassbare Wahrheiten über sein Wesen in vertrauten Bildern ausdrückt, macht er es uns leichter, diese Wahrheiten innerlich vor uns zu „sehen“ und sie unser Herz berühren zu lassen. Dasselbe tut er, wenn er uns die Wahrheit über uns selbst mitteilt. Er nennt uns seine Schafe (vgl. Psalm 100,3), seinen Leib (vgl. Epheser 1,23), verletzliche Menschen, die unter seinen Flügeln Schutz finden (vgl. Psalm 91,4). Er vergleicht die Kürze eines Menschenlebens mit der von Gras (vgl. 1. Petrus 1,24) und den nach Gott dürstenden Menschen mit einem Hirsch, der nach Wasser lechzt (vgl. Psalm 42,2). Wenn wir das Bild sehen, fällt es uns leichter, die geistliche Wahrheit zu erfassen und darauf zu reagieren.

Der Schöpfer hat uns so geschaffen, dass wir geistliche Realitäten bildhaft verarbeiten. Er hat uns die Fähigkeit gegeben, das Rohmaterial vergangener Erfahrungen und Sinnesreize zu nutzen, um innere Bilder zu formen. Wir tun das ständig. Eine einfache Frage wie „Was hast du gestern gemacht?“ löst eine Rückschau auf die Menschen, Orte und Aktivitäten aus, die unseren vergangenen Tag geprägt haben. Die Rückschau ist nicht einfach ein vor dem geistigen Auge ablaufender Nachrichtenticker, sondern eine Wiederholung von Bildern. Diese mentalen Bilder sind so lebendig, dass sie die gleichen Emotionen hervorrufen können, die du am Vortag in Echtzeit erlebt hast.

Diese Fähigkeit, innere Bilder zu formen, kann leicht die Grenzen der Realität überschreiten und in die Welt der Fantasie führen. Ich habe zum Beispiel noch nie einen rosa Elefanten gesehen, der durch einen Reifen springt. Aber ich kenne Elefanten und ich kenne die Farbe rosa. Also hilft mir meine Sinnesdatenbank dabei, mir ein Bild von einem riesigen rosa Tier vorzustellen, das anmutig durch einen sehr großen Reifen springt. Wenn ich die realen Erlebnisse von gestern noch einmal Revue passieren lasse, ist es ganz einfach, eine Fantasiereise auf eine paradiesische Insel, einen aufregenden Fallschirmsprung oder einen „Walk of Fame" auf dem roten Teppich in diese Erinnerung einzubauen. Unsere Vorstellungskraft hat viele Ebenen. Aber leider gibt es als Erbe des Sündenfalls auch eine dunkle Seite der Kreativität. Aus diesem Grund sind viele Menschen der Fantasie gegenüber misstrauisch. In seinem Buch über das Gebet mit Imaginationskraft schreibt Gregory Boyd: „Man hat uns beigebracht, in geistlichen Angelegenheiten der Vorstellungskraft zu misstrauen – und dieses Misstrauen hat katastrophale Folgen für unser geistliches Wachstum."[18]

Der Sündenfall hat den Geist des Menschen verfinstert und mit dem Virus der Sünde infiziert (vgl. Römer 1,21). Die gute Nachricht ist, dass die Erlösung durch Christus die Erneuerung des Geistes möglich gemacht hat. Dazu gehört auch, dass wir eine gereinigte Vorstellungskraft wiedererlangt haben, eine Fantasie, die Gott verherrlichen kann. Dieses Geschenk des Schöpfers soll uns keine Fluchtmöglichkeit in die

Fantasie bieten, sondern sie ist ein Mittel, um sich besser mit der geistlichen Realität auseinanderzusetzen. Die Fähigkeit, innere Bilder zu bilden, ist nicht für selbstverliebte Tagträume, böse Spekulationen oder Täuschungen gedacht. Sie ist eine wunderbare, gottgegebene Fähigkeit, um sich mit der Wahrheit der Welt des Geistes auseinanderzusetzen, sie zu verstehen und sie im Leben anzuwenden. Die Vorstellungskraft dient unserem spirituellen Bewusstsein und hilft dabei, unsere Gefühle zu übersetzen und ihnen Ausdruck zu verleihen. Wie sonst hätte Johannes, als er auf Patmos war, die Offenbarung vom Thronsaal Gottes vermitteln können? Und wie sollten wir sie verstehen? Ohne die bildhafte Sprache, die an die Vorstellungskraft appelliert, wäre das nicht möglich (vgl. Offenbarung 4–5).

In seinem Buch *The Value of a Sanctified Imagination* („Der Wert einer geheiligten Vorstellungskraft") sagt A. W. Tozer: „Ich würde liebend gern erleben, dass die Vorstellungskraft aus ihrem Gefängnis befreit wird und den ihr angemessenen Platz unter den Kindern der neuen Schöpfung erhält. Was ich hier zu beschreiben versuche, ist die heilige Gabe des Sehens, die Fähigkeit, hinter den Vorhang zu blicken und mit staunender Bewunderung die Schönheiten und Geheimnisse der heiligen und ewigen Dinge zu erblicken."[19] Der Gott, der in der Bibel zu uns redet, möchte, dass wir über die Worte auf dem Papier hinausblicken, dass wir über das distanzierte Studium von Versen hinausgehen, das zwar das Wissen über die Bibel erweitert, aber wenig dazu beiträgt, unser Wissen über *ihn* zu erweitern. Er hat uns dazu begabt, mehr zu sein als nur ein Archiv für heilige Informationen: Er hat uns die Gnade geschenkt, in den Worten, die wir hören oder lesen, die Wahrheit zu erkennen, die darin steckt.

Paulus betet für die Gemeinde in Ephesus um „erleuchtete Augen für eure Herzen" (Epheser 1,18). Die „Augen des

Herzens“ beziehen sich auf die Fähigkeit, die Gott schenkt, dass wir die Wirklichkeit mit den Augen seines Geistes sehen können. Es gibt Geheimnisse über Gott und unser ewiges Erbe, die unsere natürliche Fähigkeit, Dinge zu erforschen und zu begreifen, übersteigen. Aber der Geist „erforscht ... die tiefen Dinge Gottes“ (1. Korinther 2,9–10) und bringt sie ans Licht, damit wir uns daran freuen und sie mit dem täglichen Leben in Beziehung setzen können. In diesem Leben werden die Augen unseres Herzens immer eine unvollkommene Sehkraft haben (vgl. 1. Korinther 13,12). Aber im Verlauf unserer Reise in die Gemeinschaft mit Gott soll sich unser geistliches Sehvermögen immer mehr verbessern.

Wenn der Verfasser des Hebräerbriefs sagt: „Doch Jesus sehen wir bereits, der für kurze Zeit geringer als die Engel gemacht wurde und jetzt wegen seines Todesleidens mit Herrlichkeit und Ehre gekrönt ist“ (Hebräer 2,9), dann ist das mehr als eine Glaubensaussage. Es ist ein Hoch auf die erneuerte Sehkraft. Die Augen des Herzens sehen, was der Glaube als wahr verkündet. Die Wirkung der Worte „mit Herrlichkeit und Ehre gekrönt“, verstärkt sich in dem Maße, wie der Geist unseren inneren Augen hilft, einen gewissen Ausschnitt von dem zu sehen, was der Geist sieht. Er hilft unserem Geist, aus den Worten Bilder zu formen und sich die Szenerie um den zur Rechten des Vaters thronenden Christus, seine königliche Pracht, die Majestät des Thronsaals und den Anbetungsdienst der heiligen Engel vorzustellen. Indem wir diese Realität innerlich bildhaft vor uns sehen und nicht nur die Worte lesen, können wir die Wahrheit besser erkennen und dann im Gebet darauf reagieren.

Wenn der Heilige Geist diese geheiligte Vorstellungskraft leitet, dann ist sie wichtig für das gesunde Funktionieren der Augen des Herzens. Wir erschaffen uns keine Fantasiewelt, sondern wir arbeiten mit dem Heiligen Geist zusammen, um uns mit der Wirklichkeit auseinanderzusetzen und sie für unser Leben relevant zu machen.

Damit unsere Fantasie nicht ziellos umherstreift, müssen wir sie an das Wort binden. Die Vorstellungskraft muss trainiert werden, damit sie unserer Erkenntnis Gottes dient und unsere Antwort an ihn sich daraus speist. Für die meisten von uns ist das eine Lernerfahrung. Sie bedeutet, dass wir einige alte Gewohnheiten beim Bibellesen aufgeben und dafür neue entwickeln müssen: Gewohnheiten, die dem Heiligen Geist Zeit und Raum geben, die Augen unseres Herzens zu schulen und uns im kreativen und gesunden Gebrauch der Vorstellungskraft auszubilden. Eine solche Gewohnheit ist etwa die, das Gebet aus einer biblischen Erzählung heraus zu gestalten. Sie wird im nächsten Kapitel vorgestellt.

Der Schlüssel dafür, dass sich unsere Gebetssprache entwickelt, ist das Herz. Keine noch so eiserne Disziplin oder noch so gute Technik wird unsere Ausdrucksfähigkeit im Gebet vertiefen, wenn das Herz nicht mehr empfindsam ist für die Stimme des Geistes. Wenn wir unser Gebet mit neuen Worten und bildhafter Sprache verzieren, mag das eindrucksvoll klingen, aber eine gewählte Ausdrucksweise ist kein Ersatz für ein Gebet, das vom Geist geleitet wird. Die Augen des Herzens sind nicht dazu da, Textzeilen oder Paragrafen von dogmatischen Aussagen zu erfassen. Sie sind eine Gnadengabe, damit wir die Wahrheit, die in Gottes Worten zu uns gelangt, bildhaft erfassen.

Unser Herz ruht in Gott und wartet gleichzeitig ungeduldig darauf, noch mehr von ihm zu sehen. Während unsere inneren Augen mehr von seiner Wahrheit aufnehmen, sehnt sich unser Herz danach, sich ihm noch tiefer zu öffnen. Es sucht nach Worten, die mehr Tiefe haben. Nach Bildern, die eine genauere Beschreibung ermöglichen, und nach Vergleichen, die tiefere Gefühle ausdrücken können. Dafür wurden wir erlöst: für einen uneingeschränkten Ausdruck unserer Seele gegenüber Gott in einem Gebet, für das die einzige Grenze lediglich darin besteht, dass dem Betenden der Wunsch fehlt, im Gebet weiter zu wachsen.

Ein Weg zur Erweiterung der bildhaften Sprache

Eine der einfachsten Möglichkeiten, die Grenzen unserer Gebetssprache zu erweitern, besteht darin, bedeutungsvolle Ausdrücke und Bilder früherer Beter zu verwenden. Die Bibel enthält Aufzeichnungen des Geistes über einige der bewegendsten, leidenschaftlichsten und wortgewaltigsten Herzensgespräche mit Gott. Sie wurden von Generation zu Generation weitergegeben und helfen uns, unsere Gebetssprache zu entwickeln. Aber wenn wir die Bibel nicht mit dem Herzen eines Beters oder einer Beterin lesen, die nach Hilfen suchen, wie sie ihr Gebet verbessern können, können wir diese Gebetsschätze leicht überlesen. Ich stelle immer wieder fest, dass ein Satz oder eine Formulierung, die mich beim Lesen anspricht, in der Hektik des Alltags untergeht, wenn ich sie nicht aufschreibe, um sie in meinem Gebet zu verwenden.

Es ist hilfreich, in unsere Gebetsnotizen auch ein persönliches Archiv von Sätzen, Metaphern und Bildern einzubeziehen, die uns beim Bibellesen aufgefallen sind oder unsere Aufmerksamkeit erregt haben und die unser Beten bereichern können. Manche Metaphern in der Bibel vermittelten die Wahrheit klar, passen aber nur zu einer bestimmten Zeit und Kultur und sind für uns heute vielleicht nicht mehr so relevant. Diese Ausnahmen sollten uns motivieren, neue Bilder zu schaffen und unsere eigenen Bilder zu entwerfen, wenn wir mit den darin ausgesagten Wahrheiten beten.

Wir können viel von dem bildhaften Vokabular in den alten Gebeten lernen. Die fünfzehn Psalmen, die die „Lieder für den Aufstieg zum Tempel" (Psalm 120–134) ausmachen, sind reich an Vergleichen. In Psalm 123 beschreibt der Sänger anschaulich seine Abhängigkeit zu Gott: „Wie die Augen der Diener auf die Hand ihres Herrn, so richten sich unsere Augen auf Jahwe, unseren Gott" (Psalm 123,2). Der Psalmist David preist Gott, der ihn „wie einen Vogel aus dem Netz des Fängers" (Psalm 124,7) befreit hat. In Psalm 125 ist Gottes schützende Gegenwart um sein Volk „wie die Berge um Jerusalem" (Psalm 125,2). In Psalm 130 sehnt sich der Sänger nach Gottes Hilfe, „mehr als die Wächter auf den Morgen warten" (Psalm 130,5–6). In einem Fluchgebet (vgl. Psalm 109) verwendet David innerhalb von zwei Versen (18–19) vier alltägliche Vergleiche, um Gott gegenüber seine Gefühle auszudrücken. Sie betreffen jemanden, der systematisch die Armen unterdrückt und so mit Fluch belegt hat. David beschreibt ihn als einen Mann, der so sehr von seiner Praxis des Fluchens geprägt ist, dass er diese Charaktereigenschaft „wie ein Hemd" trägt, sie „wie Wasser" in sich aufsaugt und einsickern lässt „wie Öl". Also bittet David Gott, diesen Mann dauerhaft in einen Mantel und Gürtel aus seinen eigenen Flüchen zu kleiden. Die bildhafte Sprache ermöglicht es David, auszudrücken, was er tief im Herzen empfindet, und macht es dem Leser oder Zuhörenden leicht, sich vorzustellen, worum er Gott bittet.

Gott hat kein Copyright auf die Bilder und Vergleiche eingetragen, die von biblischen Betern verwendet werden. Sie stehen uns als Ressource zur Verfügung und sollen uns inspirieren, unsere eigenen kreativen Gebete in Resonanz zu Gott zu schreiben.

Es ist eine gute Sache, von Zeit zu Zeit unsere Lieblingsgebetsformeln zu überarbeiten. Neue Worte und frische Bilder können den Kanal des Herzens erweitern, um Gott die

Antwort und die Leidenschaft unseres Herzens zuströmen zu lassen. Gott freut sich zum Beispiel, wenn wir ihm sagen, wie sehr wir auf ihn angewiesen sind. Doch statt eine gewohnheitsmäßige Phrase wie „Herr, ich brauche dich so sehr" zu wiederholen, können wir uns Worte aus einem Gebet Davids leihen, die dasselbe sagen, aber in einer anschaulicheren Sprache:

> Betend breite ich meine Hände zu dir aus, meine Seele verlangt nach dir wie ein ausgetrocknetes Land.
>
> *Psalm 143,5*

Das Bild einer kargen Wüstenlandschaft und eines Mannes mit ausgestreckten Händen und brennendem Durst vermittelt Verzweiflung. Indem wir Davids Bildsprache nachempfinden, können wir unseren eigenen Ausdruck der verzweifelten Sehnsucht nach Gott vertiefen.

In einem anderen Beispiel, in dem David Gott um seinen Schutz bittet, fällt auf, wie er mit dem Klischee bricht und zwei Bilder aus der Natur für sein Gebet benutzt:

> Schütze mich, wie man den Augapfel schützt! Im Schatten deiner Flügel verstecke mich.
>
> *Psalm 17,8*

Die Bilder, die er verwendet, zeigen seine Sehnsucht nach der vertrauten Nähe seines Beschützers. Es ist mehr als ein „Hilf mir!"-Ruf. Die Bildsprache ermöglicht es ihm, seinen Glauben daran zu bekunden, wie Gott sein Bundesvolk zärtlich umarmt, und seine Abhängigkeit und sein Vertrauen in einer Tiefe auszudrücken, die er vielleicht verpasst hätte, wenn er sich mit einem einfachen „Beschütze mich!" zufriedengegeben hätte. Wenn wir mit den Worten Davids beten, wiederholen wir nicht nur seine Worte. Wir identifizieren uns vielmehr mit Davids Glauben und dem Vertrauen, das er durch diese Bilder zum Ausdruck brachte.

Metaphern sind gut, um unsere Fantasie zu trainieren und unser visuelles Vokabular im Gebet zu erweitern. Sie vergleichen Bilder, die ein gewisses Maß an Ähnlichkeit aufweisen, und verwenden das eine, um das andere zu beschreiben. Sie gleichen den oben beschriebenen Bildern, aber ohne die Worte „wie" oder „gleich" zu verwenden. In Psalm 103 verwendet König David das Bild einer Krönungsszene, wahrscheinlich seiner eigenen. Mit dem inneren Bild einer majestätischen Krone, die auf seinen Kopf gesetzt wird, vergleicht er die Weise, wie Gott seine Güte und sein Erbarmen auf seine Erlösten legt, damit sie sie tragen und öffentlich zeigen. Also betet David mit diesem Bild:

> Preise den Herrn, meine Seele, ja, alles in mir lobe seinen heiligen Namen!
> Preise den Herrn, meine Seele, und vergiss nicht, was er dir Gutes getan hat!
> ... Er rettet dich mitten aus Todesgefahr, krönt dich mit Güte und Erbarmen.
>
> *Psalm 103,1.4 (ELB)*

Auch in Psalm 104 beginnt das Lobpreisgebet mit den Worten: „Preise den Herrn, meine Seele." Dann bejubelt der Psalmist die Größe Gottes: „Herr, mein Gott, du bist sehr groß." Aber sein Herz will noch weiter gehen, um Gottes Größe noch mehr zu bewundern. Er möchte der Größe Gottes als König, als Licht ohne Finsternis, als mächtiger Schöpfer applaudieren. Deshalb nutzt er alltägliche Szenen wie das Anziehen eines Gewandes und das Aufstellen eines Beduinenzeltes, um die Größe Gottes zu preisen:

> Herr, mein Gott, du bist sehr groß, mit Majestät und Pracht bist du bekleidet.
> Du, der in Licht sich hüllt wie in ein Gewand, der den Himmel ausspannt gleich einer Zeltdecke.
>
> *Psalm 104,1–2 (ELB)*

Ein einfaches Gebet wie „Herr, ich liebe dein Wort" hat bei Gott Gewicht. Aber es ist ebenfalls eine gute Übung, den Psalm 119 betend zu lesen und die bildhafte Sprache zu beachten, mit der der Psalmist ausrückt, wie viel ihm Gottes Wort bedeutet. Unseren Gebetswortschatz zu erweitern, bedeutet nicht unbedingt, dass unser Gebet dadurch aufrichtiger wird, aber es hilft, das Bedürfnis des Herzens nach einer tieferen Reaktion auf Gott zu befriedigen. Und je mehr unser Herz in seinen Resonanzmöglichkeiten auf Gott wächst, umso mehr wächst auch die Freude.

Indem wir mit Gebetsworten aus der Bibel beten, können wir unsere eigene Bildsprache im Gebet erweitern. Dazu gehört auch, dass wir manchmal einfach ein Bild aus einem biblischen Gebet aufgreifen, ohne es mit den genauen Worten des früheren Beters wiederzugeben. Wir könnten zum Beispiel Worte aus Psalm 119,72 wiederholen, um auszudrücken, wie sehr wir Gottes Worte schätzen:

> Die Weisung aus deinem Mund gilt mir mehr als Berge von Silber und Gold.
>
> *Psalm 119,72*

Anstatt die Worte des Psalmisten einfach zu wiederholen, könnten wir aber auch seine Bilder verwenden. Der Psalmist vergleicht zwei Schätze miteinander: einen Berg irdischen Reichtums und die Worte Gottes an sein Volk. Mit demselben Bild, aber mit unseren eigenen Worten, könnten wir beten: „Herr, deine Stimme zu hören, betrachte ich als mein höchstes Gut. Kein irdischer Reichtum kann so wertvoll sein wie die Worte, die du zu mir sprichst.“ Indem wir das Bild des Psalmisten verwenden, überbrücken wir einen Zeitraum von zweieinhalb Jahrtausenden und identifizieren uns mit dem Reden des Geistes im Herzen eines Beters aus der Vergangenheit, fügen aber unsere eigenen Worte hinzu.

Unsere Gebetssprache zu erweitern bedeutet, die Zeit für das Gebet zu verlängern. Diese Vorstellung läuft unserem von Eile und Dringlichkeit geprägten Lebensstil zuwider. Doch das erhobene Herz sehnt sich danach zu beten, und hat Appetit auf immer tiefere Resonanz auf den Gott, der in seinem Wort zu uns spricht. Die hektischen Drive-through-Zeiten, in denen wir gerade lange genug innehalten, um unsere Wünsche zu äußern und einen Vers für den Tag aufzuschnappen, können die Sehnsucht des Herzens nicht stillen. Wir sind für etwas Besseres geschaffen als das. Die Sehnsucht nach Gott muss ihre Muskeln spielen lassen und uns Raum schaffen, in dem wir als Betende geformt und unsere Gebetspraxis erweitert werden können.

Zum Nachdenken und Umsetzen

Formuliere kurze Gebete (einen Satz lang) mit den folgenden Bildern aus biblischen Gebeten:

- „Im Schatten deiner Flügel“ (Psalm 63,8)
- „Du füllst meinen Becher bis zum Überfließen“ (Psalm 23,5; NGÜ)
- „Wie ein gestilltes Kind bei seiner Mutter bin ich geborgen“ (Psalm 131,2)
- „Stark wie der Tod ist die Liebe ... Ihre Glut lodert wie Feuer; sie ist eine Flamme des Herrn“ (Hohelied 8,6; NLB)

- Wer auf Gott vertraut, der „schwingt sich nach oben wie ein Adler“ (Jesaja 40,31)

• • •

Formuliere Gebete der Hingabe an Gott und verwende die folgenden Alltagsbilder:

- Eine leere Seite
- Einen Sonnenaufgang
- Einen Sturm
- Ein Steuerrad
- Eine Töpferscheibe
- Ein lachendes Kind

• • •

Schreibe kurze Gebete und verwende dabei eine bildhafte Sprache, um Folgendes auszudrücken:

- Deine Freude darüber, zu ihm zu gehören
- Dein Lob für seine große Liebe
- Deine Sehnsucht, ihn besser kennenzulernen
- Das Verlangen, seine Stimme zu hören
- Deinen Jubel darüber, dass Gott über Tod und Sünde gesiegt hat

• • •

Schreibe Anbetungsgebete, die die Heiligkeit Gottes preisen. Verwende dabei

- Metaphern der Bibel. Zum Beispiel: „Er hüllt sich in Licht“ (Psalm 104,2)
- Aussagen und Bilder der Bibel, zum Beispiel:
  - „Ich bin heilig!“ (1. Petrus 1,16)

– „Sein Angesicht war wie die Sonne, die scheint“ (Offenbarung 1,16)
– Mose auf heiligem Boden (vgl. 2. Mose 3,5)
- Eigene Vergleiche und Bilder, die dir helfen, die Herrlichkeit Gottes zu beschreiben und anzubeten

10 Mit einer biblischen Begebenheit beten

Bei dieser Gebetsweise geht es darum, dass Elemente einer biblischen Begebenheit unsere Aufmerksamkeit auf geistliche Parallelen lenken, die unserem Gebet Richtung, Inhalt und Gefühlstiefe geben. Diese Art des Betens eignet sich hervorragend, um die vom Geist geleitete Vorstellungskraft und die bildhafte Gebetssprache zu trainieren. Wer auf diese Weise betet, sollte sich folgende Fragen stellen, wenn er oder sie einen Bibeltext liest, der eine Begebenheit schildert:

- Was ist der Schauplatz, die Situation, der Hintergrund des Geschehens?
- Wer tut was und warum, und wozu führt das?
- Welche wichtigen Aussagen oder Dialoge enthält der Text?

Wenn wir diese Fragen beantwortet haben, können wir geistliche Parallelen erkennen, die unser Gebet prägen werden. Ich möchte das am Beispiel einer bekannten Szene aus den Evangelien aufzeigen.

Wenn eine biblische Szene lang ist oder viel Bewegung und Dialoge enthält, wählt man am besten einen Abschnitt daraus, der dem eigenen Gebetsschwerpunkt am meisten nützt. In unserem Beispiel aus Johannes 12 beschränken wir uns im Gebet damit auf die ersten drei Verse. Ein weiterer

Teil des biblischen Berichts würde einen neuen Schwerpunkt setzen.

> Sechs Tage vor dem Passafest kam Jesus wieder nach Betanien, wo Lazarus wohnte, den er vom Tod auferweckt hatte. Die Geschwister gaben Jesus zu Ehren ein Festmahl, bei dem Marta bediente. Lazarus lag mit den Gästen zu Tisch. Da nahm Maria ein Pfund echtes, sehr kostbares Nardenöl und salbte Jesus damit die Füße. Dann tupfte sie diese mit ihrem Haar ab. Der Duft des Salböls erfüllte das ganze Haus.
>
> *Johannes 12,1–3*

Schauplatz, Situation und Hintergrund

In Bethanien wird eine Party veranstaltet, und es ist eine Auferstehungsfeier. Jesus ist der Ehrengast bei einem Fest, das Maria und Marta ausrichten, um die Auferweckung ihres Bruders Lazarus zu feiern (vgl. Johannes 11).

Wer tut was und warum, und wozu führt das?

Im Hintergrund des Bildes ist Marta beim Servieren zu sehen; Lazarus und die anderen Gäste sitzen am Tisch. Doch die wichtigste Aktion in dieser Szene geht von Maria aus. Sie löst sich von der Feierstimmung, gießt Jesus teures Parfüm über die Füße und trocknet sie dann mit ihrem Haar.

Welche wichtigen Aussagen und Dialoge enthält der Text?

In diesem Abschnitt gibt es keinen Dialog, aber es gibt diese wichtige Aussage: „Der Duft des Salböls erfüllte das ganze Haus" (V. 3). In einer biblischen Szene kann ein Gespräch, eine Formulierung oder nur ein einziges Wort hervorstechen. In diesem Beispiel ist es die Bemerkung, dass der Duft des Parfüms sich ausbreitet, die bedeutsam ist.

Geistliche Parallelen

Wir wollen hinter die Worte blicken, die auf dem Papier stehen. Wenn wir geistliche Erkenntnisse gewinnen wollen, ist es wichtig, dass wir lernen, das Erkenntnispotenzial eines Textes auszuschöpfen. Dazu gehört eine Betrachtungsweise, in der wir uns sozusagen in die beschriebene Situation hineinversetzen: Wir stellen uns die Szene, die beteiligten Personen und Handlungen innerlich bildhaft vor Augen.

Eine Verbindung zwischen der Auferstehungsfeier in Bethanien und unserer eigenen Feier der Tatsache, dass wir mit Christus lebendig gemacht wurden, ist nicht schwer zu erkennen (vgl. Römer 6,4; Kolosser 3,1). Das Wunder unserer geistlichen Auferstehung und die Gewissheit unserer zukünftigen körperlichen Auferstehung geben uns Anlass, das neu geschenkte Leben an jedem neuen Tag zu feiern. Mit dieser Feier unserer Auferstehung ehren wir vor allem den, der Leben schenkt. Und es ist diese Atmosphäre, in der Maria ihrem Herrn ihre Liebe demonstriert.

Der Bericht von dieser Begebenheit liefert uns also einen Kontext für unser eignes Beten. Es ist die Feier des neuen Lebens, genauer gesagt, die Feier dessen, der das neue Leben gespendet hat. Im Rahmen dieser Feier betrachten wir den Bericht darüber und erkennen darin eine geistliche Bedeutung.

Geistliche Parallele Nr. 1: Liebe trifft eine Wahl

Maria ist gemeinsam mit ihrer Schwester Marta Gastgeberin dieser Feier. Worüber während des Festmahls am Tisch gesprochen wird, erfahren wir nicht, aber sicherlich musste Lazarus sich Fragen zu den Tagen zwischen seinem Tod und seiner Wiedererweckung anhören. Jesus ist der Ehrengast des Festes. Er hat einen Ehrenplatz am Tisch und bekommt eine besonders große Portion serviert.

Aber das ist Maria nicht genug. Sie wirkt unruhig, sie scheint irgendwie abseits zu stehen vom Getriebe und der Festlichkeit des Tages. Sie verspürt eine innere Leidenschaft für den, den sie „Herr“ nennt, und es drängt sie, diese zum Ausdruck zu bringen. Sie kann das nicht einfach auf einen günstigeren Zeitpunkt verschieben. Ihr Sinn für Dankbarkeit und ihre Zuneigung zu Jesus, dem Lebensspender, sind stark und drängend. Und so sehen wir, wie sie aufsteht, ein Parfümfläschchen hervorholt und vor Jesus niederkniet.

Was Maria tut, hat eine geistliche Bedeutung. Nennen wir sie „Entscheidung für die Liebe“. Als Christen, die das Geschenk der Auferstehung feiern, haben wir einen unbestreitbaren Drang, unserer Liebe zu Jesus und unserer Hingabe an ihn Ausdruck zu verleihen. Wir leben in einer Welt voller Lärm und Ablenkung. In dieser Welt wird es nie einen perfekten Ort oder Zeitpunkt geben, dieser Hingabe Ausdruck zu verleihen. Das bedeutet: Der perfekte Zeitpunkt und der passende Ort sind „hier und jetzt“. Aber es braucht Mut und Willensstärke, um einen Schritt zu tun, sich von der Ablenkung zu befreien, um Jesus die Liebe des Herzens zu schenken, die er verdient hat. Genau das hat Maria getan. Und wenn du in deiner Lebenssituation in irgendeiner Weise auf das, was sie getan hat, reagierst oder dich angesprochen fühlst, wenn du eine Verbindung spürst, dann schreibe ein paar Gebetszeilen auf, in denen du deine Entschiedenheit erklärst, dich von den Ablenkungen des Lebens zu lösen, um Jesus deine Liebe auszudrücken.

Beginne mit einfachen kurzen Stichworten. Es braucht keine langen, detaillierten Gebete, sondern nur Worte, Formulierungen und kurze Sätze, die ausdrücken, was du innerlich bildhaft als Wahrheit vor dir siehst. Die kannst du dann zu kurzen Gebetsantworten formulieren.

Unsere Gebete aus unserer „Wahl der Liebe" könnten vielleicht so aussehen:

> „Herr, du warst tot und bist nun lebendig. Ich feiere dich, meinen Herrn, meinen Lebensspender."

> „Du ziehst mich zu dir, und ich will mich zu dir ziehen lassen. Der Lärm und die Betriebsamkeit, die mich umgeben, sollen mich nicht davon abhalten, deine Nähe zu suchen."

> „Mein leidenschaftliches Verlangen nach dir ist stärker als der Lärm der Ablenkungen des Lebens. Ich will dir entgegengehen; ich sehne mich danach, der Liebe meines Herzens zu dir Ausdruck zu verleihen."

> „Diese Liebe, die nach Hingabe verlangt, kann nicht warten. Ich bringe sie jetzt zu dir. Denn für diese Liebe hast du mich als einen lebendigen Menschen geschaffen!"

Indem wir uns die Szene bildlich vorstellen, können wir das Geschehen in diesem Bericht mit der geistlichen Wahrheit verbinden. Das gibt unseren Gebeten, die Jesus als den Lebensspender feiern, nicht nur Richtung und Inhalt, sondern verbindet unser Beten auch mit der Leidenschaft, die im biblischen Bericht zum Ausdruck kommt.

Geistliche Parallele Nr. 2: Liebe kennt kein Maß

Maria beginnt, Jesus das Parfüm über die Füße zu gießen. Inzwischen hat sie die Aufmerksamkeit des Raumes auf sich gezogen. Ihre Aktion ist besonders für diejenigen anstößig, die nicht über das Preisschild hinaussehen können. Parfüm im Wert eines ganzen Jahreslohns wird Jesus über die Füße gegossen. „Verschwendung!", protestieren einige von den Jüngern. Doch für Maria ist das keine Verschwendung. Es ist Anbetung. Ihr Bestes zu geben, das ist das Mindeste, was sie für Jesus tun kann. Wenn es bei dieser Party um die Auferstehung ins Leben geht, dann will sie den, der dieses Leben gibt, besonders feiern.

Marias Handlung in dieser Szene verdeutlicht eine Wahrheit. Nennen wir sie die „Extravaganz der Liebe". Marias leidenschaftliche Hingabe an Jesus gibt sich nicht mit halben Sachen zufrieden. Er ist mehr wert als alles, was sie zu geben hat. Mit diesem freimütigen Akt der Liebe drückt sie aus, was ihr Herz für Jesus empfindet – mehr, als Worte es tun könnten.

Nun, wir leben in anderen Umständen als Maria von Bethanien. Aber ihr Beispiel kann uns dazu inspirieren, unsere eigene überschwängliche Liebe zu Jesus auszudrücken. Unsere Reaktionen könnten wie folgt aussehen:

> „Herr, ich bringe mich selbst, einen tönernen Krug mit wertvollem Parfüm, der als Liebesgabe vor dir ausgegossen werden soll – darin bringe ich dir den Lobpreis meines Herzens, mein Leben, mich selbst mit Geist und Seele als Opfergabe, die dich mit ihrem Duft ehrt und verherrlicht."

> „Gott, ich halte nichts zurück. Du liebst mich umfassend und ohne Grenzen. Wie könnte meine Liebe zu dir begrenzt und abgemessen sein? Alles, was ich bin, will ich an dich verschenken."

„Gott, lass meine Hingabe an dich wachsen, damit sie nicht in irgendeinem Mittelmaß stecken bleibt. Ich schäme mich nicht, dir meine extravagante Anbetung zu schenken. Koste es, was es wolle!"

„Manchen mag es wie eine Verschwendung vorkommen, aber ich werde nicht aufhören, alles für dich zu geben, mein Lebensspender."

Geistliche Parallele Nr. 3: Liebe vergisst sich selbst

Als Nächstes sehen wir, wie Maria die Füße Jesu mit ihrem Haar abtrocknet. Scham, Kritik der Anwesenden und die Angst, gegen gesellschaftliche Normen zu verstoßen, spielen für sie keine Rolle. Maria folgt ihrem Herzen. Ihre Leidenschaft, ihren Herrn zu ehren, ist so stark, dass das soziale Regelwerk sie nicht aufhalten kann. Es geht nur um ihn. Egal, was es sie kostet oder welche Unannehmlichkeiten sie hat, sie ist überzeugt, dass er es wert ist!

Diese Demonstration selbstloser Liebe regt uns zu unserer eigenen Antwort an:

„Herr, du bist gestorben, um mich lebendig zu machen. Du bist das reinste Beispiel für selbstlose Liebe. Ich möchte lernen, dich auch so zu lieben."

„Ich lebe zu deiner Ehre und Freude. Ich lebe, um dich mit Herz, Seele, Kraft und Verstand zu lieben und lasse mich davon nicht dadurch abbringen, dass es etwas kostet oder für mich Unannehmlichkeiten bedeutet."

„Ich folge den Eingebungen deines Geistes, um dir meine Liebe zu zeigen. Befreie mich von den einschränkenden Zwängen des Stolzes oder der Menschenfurcht. Befreie mich, damit ich dich, meinen Lebensspender, meinen einzigen Herrn, selbstlos lieben kann."

Geistliche Parallele Nr. 4: Liebe strahlt aus

Wir kommen zu der entscheidenden Aussage im Bibeltext: „Der Duft des Salböls erfüllte das ganze Haus."

Marias Akt der Hingabe an Jesus ist sehr persönlich, aber er ist keineswegs privat. Und es ist nicht nur die Tatsache, dass sie eine Feier unterbricht, um öffentlich in einem überfüllten Raum kostbares Parfüm zu vergießen. Selbst wenn sie es diskret getan hätte, wäre ihre Tat nicht lange geheim geblieben. Der Duft von Parfum lässt sich nicht eingrenzen. Er breitet sich überall aus und erfüllt das ganze Haus. Falls irgendjemand im Haus nichts von Marias Tat mitbekommen hätte, so sorgt der sich ausbreitende Duft dafür, dass sich dies ändert. Die Hingabe der Liebe hinterlässt einen Beleg, der noch tagelang im Haus zu spüren ist. Auch wird der Duft wahrscheinlich an den Gästen haften bleiben, sodass sie ihn mit nach Hause nehmen. Und natürlich lesen wir etwas später (V. 7), dass Marias Handlung prophetisch war und Jesus für seinen bevorstehenden Tod und Begräbnis gesalbt hat.

Das führt uns zu der geistlichen Parallele: Liebe strahlt aus. Die Liebesbekundungen für unseren Lebensspender sind keine religiösen Handlungen, um andere zu beeindrucken. Sie sind Opfergaben der persönlichen Hingabe, aber sie werden andere beeinflussen. Diese Liebesgeschichte ist nicht privat. Der Geist sorgt dafür, dass die Liebe zu Jesus einen angenehmen Duft verbreitet, ein alles durchdringendes Zeugnis. Unsere Liebe zu Jesus lässt sich genauso wenig eingrenzen oder verstecken, wie ein geöffnetes Parfümgefäß seinen Duft zurückhalten kann.

> „Herr, mein Retter, mein Lebensspender, deine teure Liebe hat mein Herz gewonnen. Ich schäme mich nicht, mich dir in leidenschaftlicher Liebe hinzugeben."

„Ich möchte, dass meine Liebe zu dir wie ein Parfüm ist, das nie seine Intensität verliert. Ich möchte, dass der Duft unserer Liebe meine Lebensräume und die Welt, in der ich lebe, erfüllt. Ich möchte den Duft meiner Liebe zu dir im Leben anderer hinterlassen und sie dadurch dazu bringen, auch nach dir zu verlangen."

„Meine Liebe zu dir und deine Liebe zu mir ist keine heimliche Liebe. Ich gehöre zu dir, und dein Verlangen gilt mir. Du trägst mich wie ein Siegel auf deinem Herzen. Warum sollte ich das verbergen wollen? Lass den Duft dieser Liebe sich ausbreiten als Zeugnis dafür, dass ich jetzt und für immer lebe, wegen dir und für dich."

Dieser eine kurze Abschnitt des Berichts in Johannes 12 hat uns einen feierlichen Kontext für unser Beten gegeben: Was hier geschildert wird, führte uns zu einer Feier unseres Retters und Lebensspenders. Die Handlungen und wichtigen Sätze im Bild haben uns dazu gebracht, unsere Liebe zu Jesus auszudrücken. Als wir uns die Szene vorstellten, hat unser Herz Bilder der Wahrheit aufgenommen, geistliche Parallelen, die unserem Beten Inhalt und Richtung geben. Wir haben zugelassen, dass Marias Tat unsere Gebete zu unserer eigenen Liebeserklärung an unseren Lebensspender werden ließ. Wir haben Jesus unsere Liebe zu ihm erklärt, die sich nicht von den Ablenkungen des Lebens aufhalten lässt. Wir haben gebetet, dass wir ihn mit Extravaganz und selbstloser Hingabe lieben wollen, und wir haben ihm unseren Wunsch nach einer ungenierten Liebesgeschichte mit ihm genannt, die ein Zeugnis für viele sein würde. Die Elemente der Erzählung haben uns nicht nur geholfen, wichtige geistliche Wahrheiten zu erkennen und unserem Gebet eine Richtung und einen Inhalt zu geben, sondern sie halfen auch, uns mit den Emotionen des biblischen Berichts zu verbinden. Wir wurden hineingezogen in das Freudenfest der Auferweckung vom Tod und in Marias Leidenschaft für den Lebensspender hineingezogen.

Manche ziehen es vielleicht vor, sofort zu beten, während sie den Text durchgehen, anstatt die Gedanken aufzuschreiben und später damit zu beten. Es ist jedoch gut, sich den dauerhaften Nutzen von Notizen vor Augen zu halten. Auf jeden Fall ist es die Zeit und den Aufwand wert, wenn sie als Vorbereitung eines Betens mit einer biblischen Begebenheit aufgeschrieben werden. Es ist sehr hilfreich, festzuhalten, was die Augen des Herzens sehen, geistliche Parallelen herstellen, den Fluss der Wahrheit strukturieren und unser inneres Reservoir mit weiteren Gedanken füllen, die sich um Gott drehen. Wer lieber spontan beim Lesen des Textes betet, sollte auf alle Fälle im Anschluss daran wichtige Erkenntnisse festhalten, die als Aufzeichnung und Ressource für spätere Zeiten dienen.

Natürlich ist es möglich, das Beten mit einzelnen Bibelversen und das Gebet mit einer biblischen Erzählung miteinander zu verbinden. Das kann man in der persönlichen Gebetszeit tun, aber besonders effektiv ist es im gemeinsamen Gebet. Wenn zum Beispiel jemand mit einem Bibelvers betet, kann eine andere Person in der Gruppe auf dieses Gebet mit einer biblischen Erzählung antworten, die sich auf den Inhalt dessen bezieht, was der erste Beter betont hat. Die nächste Beterin kann dann diese Wahrheit unterstützen, indem sie an den Vers oder an die Erzählung anknüpft, die der vorherige Beter verwendet hat, oder sie kann mit einer völlig neuen Bibelstelle antworten, die zu dem inhaltlichen Schwerpunkt passt. Wichtig beim gemeinsamen Gebet ist es, dass die Beteiligten die Worte der Schrift nutzen, um ihr Einvernehmen mit Gott zu stärken. Wenn wir von einem Vers zu einer Erzählung oder von einem Abschnitt zu einem anderen wechseln, sollten wir darauf achten, dass der Fokus auf die Wahrheit nicht verloren geht.

Hier ist ein Beispiel dafür, wie die Kombination von Gebet mit Einzelversen anhand biblischer Begebenheiten aussehen kann. Wir nehmen einen Abschnitt aus der Offenbarung als Ankertext und konzentrieren uns auf den „Lobpreis für den, der uns liebt":

> Ihm, der uns liebt ... Ihm sei Ehre und Macht für immer und ewig! Amen.
>
> *Offenbarung 1,5–6*

Jemand beginnt zu beten und stellt den Lobpreis für Christus, der uns liebt, in den Mittelpunkt: „Wir sind geliebt von dem, der das Alpha und das Omega ist, der ist, der war und der kommen wird. Herr, wir sind überwältigt, dass wir der Mittelpunkt deiner vollkommenen, ewigen Liebe sind. Deine unerschütterliche Liebe hat in unseren Herzen ein Lied angestimmt, ein unendliches Loblied auf dich."

Ein anderer Beter greift diese Wahrheit mit einem Bild aus einer biblischen Erzählung auf, dem Gleichnis vom verlorenen Sohn in Lukas 15. Das Bild zeigt einen Sohn, der es nicht verdient hat, aber trotzdem in die Arme seines Vaters zurückkehren darf. Es ist der Vater, der nie aufgehört hat, ihn zu lieben, und der nicht müde wurde, darauf zu warten, dass sein eigensinniger Sohn nach Hause zurückkommt. „Ja, Herr, wir preisen dich für deine unerschütterliche Liebe. Du hast nie aufgehört, uns zu lieben, auch nicht in den Jahren, die wir vergeudet haben. Du hast uns, die wir es nicht verdient haben, mit einer Liebe aufgenommen, die uns nie aufgegeben und nie zurückgewiesen hat. Deine Liebe hat uns umarmt und uns bedingungslos vergeben. Wie könnten wir anders, als dein Lob zu verkünden?"

Der nächste Beter fährt fort und bleibt bei dem Bild, mit dem gerade gebetet wurde: „Wir kamen mit dem Schmutz und dem Scheitern unserer Eigensinnigkeit, Vater, aber du hast uns als dein Eigentum angenommen. Du hast unsere Ankunft zu Hause gefeiert, uns mit deiner Gerechtigkeit bekleidet und uns deinen Ring der Verbundenheit gegeben. Die Macht der Liebe hat uns einen neuen Anfang geschenkt. Gepriesen seist du, für immer und ewig!"

Dann betet ein anderer, der sich auf einen Vers aus Jesaja 62,4–5 bezieht: „Wir preisen deine Liebe, Herr! Wir waren zerbrochen, ruiniert und verwahrlost, aber das hat sich nun geändert. Du hast uns dein Eigentum genannt. Du hast Gefallen an uns gefunden und uns für immer zu deiner Braut gemacht!"

Jemand antwortet auf dieses Gebet mit dem Bild von Rut, die zu den Füßen von Boas liegt (Rut 3,7-9): „Du hast dein Gewand über uns ausgebreitet. Du hast uns erlöst, damit wir für immer dir gehören."

Dann kehrt ein anderer Beter zum anfänglichen Vers aus Offenbarung 1 zurück: „Herr, du bist es, der uns liebt. Deine Liebe, die sich über uns ausbreitet, ist jetzt genauso stark wie damals, als du für uns am Kreuz gestorben bist. Deine Alpha-Omega-Liebe versagt nie. Sie hat keine Unterbrechungen. Wir preisen dich für eine Liebe, die diesen und den nächsten und alle Momente unseres Lebens erfüllt und die Zeit überdauern wird."

Indem sich die Betenden auf eine Wahrheit konzentrieren, die ihren Ursprung in dem Wort hat, das Gott zu uns spricht, und damit in ihm selbst, und dann weitere seiner Gedanken dazu aus anderen Versen und biblischen Begebenheiten einbeziehen, bauen sie gemeinsam den Einklang mit ihm auf.

Wenn wir lernen, anhand von biblischen Erzählungen zu beten, eröffnet sich uns eine neue Kreativität und Gebetssprache. Eine Geschichte, die gebetet wurde, bleibt in unserem Gedächtnis haften, und ihre geistlichen Parallelen fügen sich in unser wachsendes inneres Gebetsreservoir ein. Dieser Weg der Gebetsgestaltung bietet eine unkomplizierte Möglichkeit, die Augen unseres Herzens zu schulen, um geistliche Wahrheiten zu sehen und dem, von dem sie kommen, zu antworten.

Zum Nachdenken und Umsetzen

Die letzte Übung zur Gebetsgestaltung bezieht sich auf einen Abschnitt aus dem Bericht über Elias Begegnung mit den Propheten Baals auf dem Berg Karmel. Im Gegensatz zu unserem Beispiel aus Johannes 12 wurde für diese Übung als Gebetsschwerpunkt eine Bitte gewählt. Mithilfe der zuvor erläuterten Schritte kannst du die Erzählung als Gebetsschwerpunkt nutzen.

Bibeltext: 1. Könige 18,25–39

Fokus: Bitte für eine bestimmte Menschengruppe. Bitte darum, dass Gottes Kraft Herzen, die ihm widerstehen, für ihn öffnet.

1. Lies den Text einige Male.
2. Was ist der Hintergrund der Geschichte? Wo liegt die geistliche Konfrontation?
3. Wer tut was?

- Die Propheten Baals (V. 26–29). Notiere, was sie tun. Notiere geistliche Aussagen, die dir beim Beten helfen können (z. B. Gefangensein in religiöser Täuschung).
- Elia (V. 30–38). Notiere, was er tut. Notiere geistliche Aussagen dahinter (z. B. der Glaube, dass unüberwindliche Hindernisse Gott nicht davon abhalten können zu handeln).

4. Bedeutsame Worte? Elias Gebet in V. 37 und das Ergebnis in V. 39 sind für unseren Schwerpunkt besonders wichtig.

• • •

Vervollständige dein Gebetsskript, indem du aus den oben genannten Notizen kurze Gebetsimpulse aufschreibst und Gott bittest, etwas Außergewöhnliches zu tun. Bete konkret für eine bestimmte Gemeinde oder einen bestimmten Ort und bitte Gott um ein Zeichen seiner Macht, das den Klammergriff der Täuschung bricht und Herzen dazu bringt, ihn als den einzigen Herrn anzubeten.

11
Mit einem Bibelvers beten

Übungen können Freude machen, wenn man sie aus Liebe zu Gott durchführt. Sie sind nicht der streberhafte Versuch, Gott zu beeindrucken, sondern erwachsen aus dem Wunsch eines Liebenden, Gott besser kennenzulernen. Geistliche Übungen helfen uns dabei, uns auf der Drehscheibe des Töpfers zu positionieren, damit er uns für eine tiefere Vereinigung mit ihm formen kann.

Eine dieser Übungen der Liebe besteht darin, unsere Resonanz auf Gott anhand eines Bibelverses zu gestalten. Der erste Schritt besteht darin, eine geeignete Stelle auszuwählen. Manchmal suchen wir bewusst nach einer Bibelstelle, die für ein bestimmtes Gebetsanliegen oder -thema relevant ist, aber meistens werden wir beim regelmäßigen Bibellesen von einer Wahrheit angesprochen, die sich im Gebet verwenden lässt. Wichtig ist, dass wir die Bibel bewusst als Betende lesen und immer auf der Suche nach Bibelstellen sind, die Gebetsreaktionen auslösen können. Dabei können wir uns auch gegenseitig unterstützen.

Für diese Art der Gebetsgestaltung ist es am besten, die Auswahl der Schriftstellen auf maximal zwei oder drei Verse zu beschränken. Bei längeren Abschnitten wird es schwieriger, sich auf eine bestimmte Glaubenswahrheit zu konzentrieren und damit in Einklang zu kommen. Das gilt besonders für das Gebet in Gruppen.

Der Weg, der in diesem Kapitel beschrieben wird, ist nur eine Herangehensweise, um anhand eines Verses zu beten. Die Herangehensweise ist einfach und kann nach Bedarf angepasst werden. Entscheidend ist nicht, eine Technik zu beherrschen, sondern zu verstehen, welchen Werten sie dient. Diese Gebetsweise soll uns helfen, uns von Gottes Wahrheiten betreffen zu lassen und mit Einwilligung zu antworten.

Die Schritte beim Beten mit einem Bibelvers sind folgende:

- Lies den Bibeltext mehrere Male.
- Finde den Diamanten (die biblische Wahrheit).
- Identifiziere die Facetten (Bestandteile der gefundenen biblischen Wahrheit).
- Entdecke die Tür zu der Wahrheit.
- Formuliere deine Reaktion im Gebet.

Wir schauen uns diese Schritte anhand einer sehr vertrauten Schriftstelle an.

Der Bibeltext

> Denn so hat Gott die Welt geliebt, dass er seinen einzigen Sohn gab, damit jeder, der an ihn glaubt, nicht verloren geht, sondern ewiges Leben hat.
>
> *Johannes 3,16 (ELB)*

Selbst bei einem vertrauten Bibelvers wie diesem ist es wichtig, ihn mehrmals zu lesen oder ihn laut zu wiederholen, um sich auf den nächsten Schritt vorzubereiten.

Der Diamant

Ein einziger Vers kann mehrere Wahrheiten enthalten. Stell dir das wie eine Vitrine vor, in der sich Diamanten befinden. Jeder ausgestellte Edelstein hat eine unwiderstehliche Schönheit. Wenn wir versuchen, alle ausgestellten Diamanten auf einmal zu bewundern, entgeht uns die besondere Schönheit der einzelnen Edelsteine. Es geht nicht darum, welcher Edelstein der Wahrheit die größere Schönheit oder den höheren Wert hat, sondern darum, auf welche Wahrheit der Heilige Geist dich in diesem bestimmten Moment aufmerksam macht.

Unser ausgewählter Abschnitt enthält mindestens drei Wahrheitsthemen. Die meisten Menschen sehen wahrscheinlich Gottes *Liebe* als den offensichtlichen Diamanten der Wahrheit in diesem Text. Manche finden jedoch, dass die Bedeutung des *Glaubens* am lautesten zu ihnen spricht. Andere sind vielleicht nicht so sehr von den Aspekten der Liebe und des Glaubens in diesem Vers beeindruckt, sondern vor allem von der Botschaft der *Hoffnung*. Wir haben also einen Vers mit drei wichtigen Wahrheiten: *Glaube*, *Hoffnung* und *Liebe*. Wenn wir versuchen, alle drei Diamanten auf einmal zu bewundern, werden wir von jedem nur einen flüchtigen Eindruck bekommen. Und ein flüchtiger Blick reicht nicht aus, wenn wir uns von Gottes Gedanken bezüglich einer dieser Wahrheiten wirklich betreffen lassen wollen, sodass sie unsere Gebetsreaktionen prägt. Für unsere Übung wählen wir also einen dieser Diamanten als Wahrheitsthema: Gottes *Liebe*.

Die Facetten

Diamanten werden geschliffen, um ihre Schönheit zu präsentieren. Jede geschliffene Fläche oder Facette ist abgeschrägt und poliert, damit das Licht die Qualität des Diamanten reflektieren kann. Jede Facette trägt zur Brillanz des Diamanten als Ganzem bei.

Wir wollen diese Facetten der Wahrheit in dem Vers identifizieren. Jede von ihnen spiegelt einen Teil der Wahrheit über Gottes Liebe wider. Es gibt keine richtige oder falsche Art, die Facetten zu identifizieren. Zwei Menschen, die genau denselben Text betrachten, können die Facetten der Wahrheit unterschiedlich erkennen. Es geht nicht darum, analytisch korrekt zu sein, sondern dem Geist zu erlauben, unsere Aufmerksamkeit auf die Bereiche der Wahrheit zu lenken, mit denen wir uns als Betende beschäftigen sollen.

Wir werden feststellen, dass manche Bibelstellen, die wir für das Gebet auswählen, viele Facetten haben. Es besteht kein Druck, sie alle zu erkennen oder lange Sätze auf möglichst viele kleine Abschnitte zu reduzieren. Der Sinn darin, einzelne Facetten zu erkennen, ist es, die Teile des Verses zu identifizieren, die uns in ihrer Gesamtheit eine tiefere Wertschätzung und Freude an dem Diamanten vermitteln. Wenn wir die Teile bestaunen, bekommen wir ein klareres Bild von der Schönheit des Ganzen. Indem wir auf das eingehen, was wir in den einzelnen Teilen sehen, wird unser Einvernehmen mit der Wahrheit des Verses vertieft. Sie zu erkennen ist wichtig, um unser Gebet an der Wahrheit des Textes auszurichten.

Als Beispiel in Johannes 3,16 haben wir als Thema der Wahrheit „die Liebe Gottes“ gewählt. Jetzt werden wir drei Facetten dieses Diamanten betrachten.

Facette 1: „Denn so hat Gott die Welt geliebt ..."

Es ist hilfreich, den Anfang und das Ende einer Facette in deiner Bibel zu markieren oder sie in dein Gebetsnotizbuch einzutragen und sie mit einem Kennzeichen zu versehen, einem Stichwort, das angibt, welchen Aspekt der Wahrheit die Facette beinhaltet. Das Thema des Textes, Gottes Liebe, ist ein unerschöpfliches Thema für das Gebet. Deshalb werden wir unseren Ausgangspunkt und weiteren Weg von den drei Facetten der Wahrheit in diesem Vers bestimmen lassen. Wir nennen die erste Facette „Die Reichweite der Liebe". Diese Facette oder dieses Segment wird unser Beten auf den Tatbestand lenken, dass Gottes Liebe allumfassend ist. Sie wird uns dazu bringen, das Ausmaß seiner Liebe zu bestaunen. Wenn wir in einer Gruppe beten, hilft die Konzentration auf eine bestimmte Facette der Wahrheit dabei, dass alle auf dasselbe ausgerichtet sind, und erleichtert es so, in Einklang mit Gott zu kommen.

Facette 2: ***„... dass er seinen einzigen Sohn gab ..."***

Diese zweite Facette spiegelt die Schönheit von Gottes aufopfernder Liebe wider. Deshalb nennen wir sie „Der Preis der Liebe". Wir bleiben bei der allgemeinen Wahrheitsthematik, aber dieser Teil des Verses verlagert unseren Fokus von der Reichweite der Liebe Gottes auf die kostspielige, opferbereite Natur seiner Liebe.

Facette 3: „... damit jeder, der an ihn glaubt, nicht verloren geht, sondern ewiges Leben hat."

Diese dritte Facette verlagert unseren Schwerpunkt auf das Versprechen eines liebenden Gottes auf ewiges Leben. Wir nennen diese Facette „Das Geschenk der Liebe: Leben".

Natürlich kann man einfach die Worte des Verses lesen, Gott für sein Geschenk des ewigen Lebens danken und weitergehen. Aber die Übung einer bewussten Gebetsgestaltung, zu der auch die Gewohnheit von Gebetsnotizen gehört, hat u. a. darin ihren Sinn, dass wir hinter den bloßen Wortlaut schauen und alle Ebenen der Wahrheit erfassen, die sie transportieren, und so unsere Resonanz auf den Gott, der zu uns redet, vertiefen. Indem wir Zeit investieren, um uns mit seiner Wahrheit auseinanderzusetzen und zu bestaunen, was wir von ihm sehen, stärken wir unseren Einklang mit ihm im Gebet.

Jetzt, wo wir die Teile markiert und benannt haben, können wir zum nächsten Schritt übergehen, um unsere Gebetsreaktionen zu gestalten.

Die Türen zu den Wahrheiten

In jeder Facette gibt es Schlüsselwörter oder -sätze. Sie sind die Türen, die uns in Räume der Wahrheit führen können, die Gott in seinem Wort an uns bereitgestellt hat. Die geistliche Wahrheit in jedem dieser Räume wird unsere Freude an der Kernwahrheit des Verses verstärken.

Schlüsselwörter oder -sätze sind diejenigen, die etwas Wichtiges über die jeweilige Wahrheit in einem bestimmten Abschnitt aussagen. Auch hier gibt es keine richtige oder falsche Wahl bei der Identifizierung von Schlüsselwörtern. Wer zu einem Bibelvers zurückkehrt, den er schon früher einmal im Gebet verwendet hat, wird möglicherweise feststellen, dass er damals ganz andere Schlüsselwörter markiert hat. Das gehört zu der kreativen Art und Weise, mit der der Heilige Geist unsere geistliche Erkenntnis immer wieder erweitert.

Wir werden nun in unseren drei Facetten einige wichtige Wörter und Sätze markieren.

Schlüsselworte in Facette 1 (Die Reichweite der Liebe): „Denn so hat Gott die Welt geliebt …"

Wir markieren die Wörter „geliebt" und „Welt" als bedeutsam. Jedes dieser Wörter ist eine Tür zu einem Raum der Wahrheit. Die erste Tür („geliebt") führt uns in einen Raum, der uns Gott als Liebhaber zeigt. Es wird noch andere Gelegenheiten geben, uns auf Gott als Schöpfer, Richter, Krieger, Ratgeber usw. zu konzentrieren, aber in diesem Abschnitt der Schrift führt uns die Tür in einen Raum, der uns Gott als den liebenden Gott zeigt. Wenn wir uns Zeit für einen gemütlichen Rundgang durch diesen Raum nehmen, werden wir feststellen, dass er voller Geschichten, Bilder und Verse aus anderen Teilen der Bibel ist, die vom liebenden Wesen Gottes reden. Wie viel wir in diesem Raum sehen, hängt weitgehend davon ab, wie viel Zeit wir uns nehmen, um über die Wahrheit nachzudenken, dass Gott ein Liebender ist. Ein Schlüsselwort hat uns in den Raum gelockt, aber die ganze Bibel wird zu unserer Inspiration, um über diese Wahrheit nachzudenken.

Jetzt ist ein guter Zeitpunkt, um einige Gebetsantworten zu verfassen – keine langen Kompositionen, sondern kurze Gebetsimpulse in ein oder zwei Sätzen. Diese Reaktionen sind so gestaltet, dass sie mit Gottes Gedanken über sich selbst als liebenden Gott übereinstimmen. Es können zunächst Lob-, Dank- oder Anbetungsgebete sein. Zum Beispiel:

> „Herr, ich preise dich als den großen Liebhaber. Die Dimensionen deiner Liebe gehen weit über meinen Verstand hinaus. Du hast mir jeden Grund gegeben, deine unendliche Liebe zu preisen."

> „Danke, dass du dich mir als Gott der Liebe offenbart hast und dass du mich mit unermüdlicher Liebe in deinem Herzen trägst, selbst dann, wenn ich nicht auf dich reagiere."

„Du hast mich in eine Liebesbeziehung mit dir hineingezogen, die niemals enden wird. Deine große Liebe schürt die Leidenschaft meines Herzens für dich."

Dann könnten unsere Gebetsantworten die Reaktionen in Fürbitte für Menschen übergehen, die die Liebe Gottes kennenlernen müssen.

Die zweite Tür ist das Schlüsselwort „Welt". Es führt in einen Raum, der mit Beweisen für die allumfassende Liebe Gottes gefüllt ist. Es ist eine Liebe voller Barmherzigkeit, die niemanden ausschließt. Sie hält keine Freundlichkeit zurück und gibt sündige Menschen, uns selbst eingeschlossen, nicht auf. Während wir durch diesen Raum mit den Beweisen für die allumfassende Liebe Gottes gehen, schreiben wir unsere Gebetsantworten an ihn auf. Es ist eine Zeit, um den Gott, der zu uns spricht, reden zu hören, seine Wahrheit zu bestaunen und ihm zu antworten.

Unabhängig davon, welche Form unsere Gebetsantwort hat, ist es wichtig, dass wir auf das Hauptthema der Wahrheit fokussiert bleiben. Wir behalten den Diamanten im Blick, in diesem Fall die Wahrheit der *Liebe* Gottes. Die erste Facette hat unsere Aufmerksamkeit auf die Größe oder Reichweite von Gottes Liebe gelenkt. Die zwei Schlüsselwörter haben uns in Räume geführt, die ihn als den Liebenden zeigen. Sie zeigten einen Gott von unermesslicher Liebe, der die Welt umschließt und niemanden ausschließt. An diesem Punkt kann der Beter wählen, ob er mithilfe der frisch aufgeschriebenen Notizen beten möchte (mit dem Schwerpunkt auf der Reichweite der Liebe Gottes) oder ob er erst seine Reaktionen auf die übrigen Facetten aufschreiben und später beten möchte. Wenn wir wenig Zeit haben, ist es besser, die Wahrheit einer einzelnen Facette in sich aufzunehmen und unsere Reaktionen darauf sofort in einem Gebet aufzunehmen, als hastig zu versuchen, alle Facetten in einer Gebetszeit abzudecken.

Schlüsselworte in Facette 2 (Der Preis der Liebe): „... dass er seinen einzigen Sohn gab ...“

Wie im ersten Abschnitt suchen wir nach Schlüsselwörtern oder -sätzen und betreten die Räume der Wahrheit durch diese Türen. Die Formulierung „einziger Sohn“ ist ein Tor zur Wahrheit darüber, wer Jesus ist. Er ist das lebendige Wort der Schöpfung, der allmächtige Erhalter, der höchste Herrscher und der Grund für alle Dinge. Er ist die Ausstrahlung der Herrlichkeit des Vaters und auf ewig eins mit ihm. Die Einheit zwischen Vater und Sohn geht weit über das hinaus, was unser Verstand fassen kann. Sie ist ein Raum, der keine Decke hat und zu groß ist, um in einem Menschenleben vollständig erforscht zu werden. Je tiefer wir in diesen Raum des „einzigen Sohnes“ vordringen, desto mehr wächst unsere Begeisterung für diese Wahrheit. Die Bedeutsamkeit dessen, wer Jesus ist, nötigt uns Staunen ab. Alle Listen mit Gebetsanliegen, die wir mit uns herumtragen, werden beiseitegeschoben, so sehr verlangt es uns danach, Jesus anzubeten. Egal, wie lange wir in diesem Raum verbringen, der Besuch ist zu kurz. Wir verlassen ihn mit frisch niedergeschriebenen Reaktionen auf den „einzigen Sohn“ und mit einem brennenden Herzen!

Das Wort „gab“ ist ein so gewöhnliches Wort für eine Handlung, aber es wird außergewöhnlich, wenn es im Zusammenhang damit verwendet wird, dass Gott seinen Sohn dahingab. Eben noch haben wir uns vor ihm in einem Raum verneigt, der die Einzigkeit des Sohnes in sich trug. Aber jetzt gehen wir durch eine Tür in einen Raum, in dem wir diesen „einzigen Sohn“ als Opfer für unsere Sünde sehen, und das kleidet dieses einfache Wort in eine unwiderstehliche Schönheit. Es ist für uns unmöglich, das Ausmaß dieses Opfers der Liebe zu erfassen. Auf der einen Seite des Raumes sehen wir die Erinnerung an das Opfer des Vaters, der seinen einzigen Sohn als Preis für die Erlösung einer rebellischen Menschheit hingegeben hat. Die andere Seite zeigt uns den gewaltigen Schritt in die Niedrigkeit des Sohnes, der seine göttliche Herrlichkeit ablegte, um als Lamm das Kreuz zu auf sich zu nehmen. Im Raum ist es nicht still. Er ist erfüllt vom Echo des Dankes vergangener Generationen erlöster Menschen und vom Rauschen des Lobpreises der Engel. Wir finden uns dabei wieder, wie wir tanzend das Opfer der Liebe feiern und dann, ganz plötzlich, sprachlos niedergebeugt und von unbeschreiblicher Dankbarkeit überwältigt sind. Dort schreiben wir unsere Reaktionen auf, manchmal als Stoff für spätere Gebete, manchmal als Aufzeichnung der Gebete, die bereits in diesem Raum der Wahrheit gebetet wurden.

Indem wir die Facetten bewundern, anstatt einfach hastig an ihnen vorbeizulaufen, können wir uns auf Gottes Gedanken einlassen und im Einklang mit ihm im Gebet auf das Ausmaß und die Opferbereitschaft seiner Liebe antworten.

Aber es gibt noch mehr, was unsere Reaktion herausfordert, wenn wir den Diamanten, Gottes Liebe, bewundern.

Schlüsselworte in Facette 3 („Das Geschenk der Liebe: Leben"): „... damit jeder, der an ihn glaubt, nicht verloren geht, sondern ewiges Leben hat."

Die Schlüsselwörter in diesem dritten Abschnitt bieten uns einige interessante Türen, durch die wir gehen können. Die Formulierung „... nicht verloren geht, sondern ewiges Leben hat" öffnet eine Tür in einen Raum, den wir wirklich nicht verpassen sollten. Es ist ein Raum der Gegensätze. Wir treten ein in die Wahrheiten des heiligen Zorns, des Gerichts und der ewigen Hoffnungslosigkeit. Aber derselbe Raum ist erfüllt von Liedern der Hoffnung und gibt uns einen Panoramablick auf Barmherzigkeit und Gnade.

Unsere kurz notierten Reaktionen könnten damit beginnen, dass wir Gottes Güte feiern, weil er jetzt und für immer seine Lebensqualität mit uns teilt. Dann können wir zum Dank für seine große Barmherzigkeit übergehen, die uns vor dem ewigen Verderben und endlosen Bedauern bewahrt hat, dem das Geschenk des Lebens gegenübersteht. In diesem Raum fühlen wir uns gedrängt, von unserem Glauben an Jesus als den einzigen Weg zum ewigen Leben sprechen. Er kann uns auch zur Fürbitte für Menschen führen, die noch nicht glauben und daher noch nicht die Schwelle zum Leben überschritten haben. Diese eine Tür lässt verschiedene Arten von Gebetsreaktionen zu, aber der Fokus bleibt derselbe: das Leben als Geschenk der Liebe.

Beim flüchtigen Lesen der Bibel verpassen wir viel von dem, was Gott uns von sich zeigen will. So können wir zwar unser tägliches Pensum abhaken, aber die Weise, wie wir beten, wird dadurch kaum beeinflusst. Nachdem wir Gebete aus dem Wahrheitsdiamanten in Johannes 3,16 formuliert haben, wird dieser Vers dem Gebet eine tiefere Schönheit verleihen als zuvor. Indem wir den Vers betend und nicht nur lesend entfalten, sind wir in unserem Staunen über Gottes Liebe und in unserer Übereinstimmung mit seinen Gedanken und seinem Wesen gewachsen. Die Notizen zu diesem Vers sind eine wertvolle Ressource für künftige Gebete zu diesem Abschnitt oder zu anderen, die ein ähnliches Wahrheitsthema haben. Und die Übung hat unser inneres Reservoir von Gottes Gedanken vergrößert, das unser Beten und damit auch unser Leben prägt.

Die Übung zur Gestaltung des Gebets am Ende dieses Kapitels basiert auf Psalm 65,5. Ich habe einen Wahrheitsfokus (den Diamanten) und Facetten vorgeschlagen, aber diese können auch ganz andere sein.

Zum Nachdenken und Umsetzen

Übung: Das Gebet aus einem Bibelvers gestalten

> Wie glücklich ist der, den du erwählst und in deine Nähe kommen lässt, dass er in deinen Höfen wohnt! Vom Gut deines Hauses, deinem heiligen Tempel, werden wir satt.
>
> *Psalm 65,5*

Hinweis: Nutze die Möglichkeit schriftlicher Gebetsnotizen, wenn du die folgenden Schritte machst:

1. Lies den Text (wiederhole ihn, singe ihn, schreibe ihn in dein Gebetstagebuch).
2. Entdecke den Diamanten, den Fokus der Wahrheit: Gottes Güte Freundlichkeit feiern.
3. Identifiziere die Facetten und markiere sie. Benenne die Bereiche der Wahrheit. Vorgeschlagene Facetten sind:

   - „Wie glücklich ist der, den du erwählst …" – Auserwählt, ihm zu gehören,
   - „… den du in deine Nähe kommen lässt, dass er in deinen Höfen wohnt!" – Zu ihm hingezogen, um mit ihm zu leben,
   - „Vom Gut deines Hauses, deinem heiligen Tempel, werden wir satt." – Erfüllt durch ihn.

4. Markiere die Türen, also die Schlüsselworte oder -sätze in jeder Facette.
5. Gehe durch die Türen, durchdenke die gefundenen Wahrheiten, die der Redende für dich bereitgestellt hat, schreibe deine Erkenntnisse und Reaktionen auf.

• • •

Türen zu den Wahrheiten:

Facette 1

Facette 2

Facette 3

Formuliere Gebetsantworten, indem du deine Gebetsnotizen als Ressourcen verwendest. Berücksichtige dabei Lobpreisgebete, Gebete der Sehnsucht nach Gott und Bittgebete.

12
Das gemeinsame Gebet vertiefen

Zu meinen Lieblingsstellen zum kämpferischen Gebet, das dem Reich der Finsternis Schaden zufügt und das Reich Christi vorantreibt, gehört Epheser 6,10-20. Der Heilige Geist hat für uns festgehalten, was dabei entscheidend ist: das Wesen unseres geistlichen Feindes, unsere Schutzausrüstung, unsere von Gott ermächtigte Waffe (das Wort Gottes) und seine wichtigste Strategie für uns (das Gebet). Allerdings sollten wir die Bedeutung der Einleitung zu diesem letzten Kapitel des Briefes nicht übersehen. Paulus spricht davon, dass die Gemeinde ein Volk ist, das durch Christus versöhnt ist und als sein Leib lebt. Die folgenden Worte tragen eine gewisse Dringlichkeit in sich:

> Bemüht euch sehr darum, die Einheit, die der Geist Gottes gewirkt hat, im Verbund des Friedens zu bewahren.
>
> *Epheser 4,3*

Die Stärke des gemeinsamen Gebets liegt in der Gnade der Übereinstimmung oder der Einmütigkeit der Betenden. In diesem Kapitel geht es darum, mit dem Geist zusammenzuarbeiten, um mit einer gemeinsamen Stimme des Einvernehmens zu beten. Die Einheit des Geistes ist jedoch die Grundlage dafür, diese Einmütigkeit im Gebet zu erzielen. Zerrüttete Beziehungen, Mauern, Groll und Bitterkeit, Unversöhnlichkeit,

Eifersucht oder auch Worte, Einstellungen und Verhaltensweisen, die unsere geistliche Einheit gefährden, behindern das Entstehen von Einmütigkeit im gemeinsamen Gebet. Deshalb sind diese Worte so dringlich: „Bemüht euch, im Geist eins zu sein, indem ihr untereinander Frieden haltet" (NLB). Die Einheit zu bewahren, alles zu vermeiden, was die Einheit des Leibes Christi schwächt, und einander mit Großmut und Achtung zu begegnen, sind Werte, die wir ernst nehmen müssen, wenn wir die Autorität unserer gemeinsamen Gebetsstimme stärken wollen.

Wer betet, hat eine von Gott im Namen Jesu gegebene Autorität, eine Zutrittsberechtigung zum Himmel, um auf der Erde Einfluss zu nehmen. Solange wir uns an die Bedingungen unserer Zutrittsberechtigung halten und im Einklang mit den Wünschen Gottes bitten, verspricht er, uns zu antworten. Unser Potenzial im Gebet entspricht der unendlichen Macht Gottes. Jakobus schreibt:

> Das Gebet eines Gerechten ist wirksam und vermag viel.
>
> *Jakobus 5,16*

Er hätte viele Beispiele aus der Geschichte anführen können, aber er wählte nur eins aus, nämlich den Bericht über Elia, der um eine Dürre betete und nach ein paar Jahren Regen herabrief. Es war ein bemerkenswertes Beispiel dafür, wie Gottes Kraft als Antwort auf einen Beter wirkte, über den gesagt wurde, er war „ein Mensch, genau wie wir" (Jakobus 5,17). Wenn ein einzelner Mensch das erreichen kann, indem er sich in die Kraft des Wesens Gottes und seinen Willen einklinkt, was kann dann eine Gruppe von Betern gemeinsam bewirken?

Gibt es einen Unterschied zwischen der Wirksamkeit des individuellen und des gemeinsamen Gebets? Jeder Christ, der im Namen Jesu betet, betet in seiner Vollmacht. Wenn diese Vollmacht jedoch noch gestärkt wird, indem Christen gemeinsam und einmütig beten, vervielfacht sich die Gebetskraft. Gott hat uns im Alten Testament eine Lektion gegeben, um diese Tatsache zu verdeutlichen.

Gottes Mathematik

Gott gab Israel Regeln und Gesetze, um sie auf das Leben im Land der Verheißung vorzubereiten. Er versprach segensreiche Folgen für den Gehorsam. Eine davon war die militärische Überlegenheit.

> Fünf von euch werden hundert verfolgen, und hundert von euch zehntausend. Eure Angreifer fallen vor euch, und zwar durch das Schwert.
>
> 3. *Mose 26,8*

Es ist das Bild von fünf israelischen Kämpfern, die dem Feind gegenüberstehen und ein gemeinsames Ziel haben, nämlich ihr Land zu sichern. Gottes Verheißung besagt, dass sie nicht nur die Stärke von fünf Einzelpersonen haben, sondern dass er sie zwanzigmal so stark machen wird: Die fünf Krieger werden hundert Feinde besiegen. Aber die Verheißung hat noch mehr zu bieten. Was wäre, wenn die Gruppe von fünf auf hundert Mann anwachsen würde? Wenn ihr Kräfteverhältnis gleich bleiben würde, könnten sie jetzt zweitausend Feinde besiegen. Aber Gott rechnet ganz anders. In einer größeren Gruppe erhöht er die Stärke noch um ein Vielfaches. Hundert Krieger würden eine riesige Armee von zehntausend Mann in die Flucht schlagen.

Das Schlüsselelement ist die innere Einheit. Die Vervielfältigung der Kraft ist Gottes Geschenk an die Einheit unter den

Männern. Für fünf Männer ist es leichter, einmütig zu handeln, als für hundert. Aber der größere Kreis der Einmütigkeit erhält den Segen größerer Stärke. In diesem Versprechen Gottes steckt eine wichtige Lektion: Wenn die Einheit wächst, vervielfacht sich die Kraft.

Wir sind in die Einheit von Vater und Sohn mit hineingenommen worden. Das ist unser Fundament für ein Leben in Einheit untereinander (vgl. Johannes 17,20–23). Im inneren Einvernehmen mit Gott zu wachsen, ist eine lebenslange Herausforderung. Das gemeinsame Gebet stellt uns aber noch vor eine weitere Herausforderung. Wir müssen lernen, diesen Einklang mit Gott gemeinsam auszudrücken. Das ist ein wichtiges Element für praktizierte Einheit. Wir werden nicht immer in allen Dingen übereinstimmen, aber der Heilige Geist ist da, um uns zu helfen, das Maß an Einmütigkeit im gemeinsamen Gebet zu erhöhen. Paulus sieht das als Ausdruck dafür, dass wir „untereinander gleichgesinnt" sind, wobei die große Motivation darin besteht, dass wir auf diese Weise „den Vater unseres Herrn Jesus Christus einmütig wie aus einem Mund" (Römer 15,5–6) verherrlichen. Er leitet diese Bemerkungen mit einer Rede über Dienstbereitschaft ein (vgl. Römer 15,1–4), denn wenn man Einmütigkeit schaffen will, ist eine Haltung des „Füreinander" und der Gegenseitigkeit unverzichtbar. Im gemeinsamen Gebet konzentrieren wir uns darauf, mit Gott in Kontakt zu sein, und versuchen gleichzeitig, uns gegenseitig in unserem Gebet zu fördern, sodass die Stimme der Einmütigkeit in der Gruppe gestärkt wird.

Gott wird die Einheit segnen, weil sie die Einheit in Gott selbst widerspiegelt. Er legt großen Wert darauf, dass wir auf der Grundlage seiner Wahrheit zur geistlichen Einheit untereinander finden. Jede Gebetsversammlung ist eine Gelegenheit dazu, dass Herzen eins werden, nicht nur im Blick auf die Gebetsanliegen, sondern im Blick auf Gottes Wort. Sich gemeinsam auf eine Wahrheit über Gott zu konzentrieren, ist der einfachste Weg, damit eine Gruppe Einmütigkeit ausdrücken kann. Aus dieser Einmütigkeit heraus können weitere Bibelstellen zur Sprache kommen, die für das Gebetsanliegen relevant sind. Indem die Betenden die Gedanken Gottes in den Mittelpunkt stellen, fällt es ihnen leichter, sich zu konzentrieren und ihrer inneren Einheit Ausdruck zu verleihen. Wenn eine Person Gott lobt oder ihn konkret um etwas bittet, unterstützen die anderen dieses Gebet, indem sie sich auf die darin aufgenommene Wahrheit einlassen und dann mit ihrem Gebetsbeitrag ihre Übereinstimmung ausdrücken. Indem jedes Gebet das vorherige ergänzt und erweitert, wächst der Geist der Einmütigkeit. Einmütiges Beten stärkt die Vollmacht und damit die Kraft des Gebets.

Jesus hat seinen Jüngern eingeschärft, wie wichtig persönliche Gebetszeiten in der eigenen „inneren Kammer" sind. Er zeigte ihnen aber auch den Wert von gemeinsamem einmütigem Gebet.

> Und auch das versichere ich euch: Wenn zwei von euch hier auf der Erde sich einig werden, irgendeine Sache zu erbitten, dann wird sie ihnen von meinem Vater im Himmel gegeben werden.
>
> *Matthäus 18,19*

Damals haben die Jünger die Tragweite der Bemerkung Jesu wahrscheinlich noch nicht begriffen. Ihre Lernkurve nahm während ihres gemeinsamen Gebets in Apostelgeschichte 2 einen plötzlichen Aufschwung. Danach konnten die Apostel nie mehr vergessen, dass die Gemeinde, der sie im Leben und im Tod dienen würden, während eines Gebetstreffens entstanden war. Sie sollten noch mehr Geschichten erzählen können, Geschichten von Orten, die von Gottes Kraft erschüttert wurden, und von Missionen zu den Unerreichten, die durch die Einmütigkeit der Christen im Gebet entstanden. Dass das gemeinsame Gebet einen außerordentlich starken Einfluss auf Gott hat, war für die, die es praktizierten, kein Geheimnis.

Weihrauch war ein wichtiger Bestandteil des Gottesdienstes im Alten Bund. Jeden Morgen und Abend legte der levitische Priester frischen Weihrauch auf den goldenen Altar, der vor dem Vorhang im Heiligtum des Tempels stand. Er erfüllte das Heiligtum mit einem beständigen Duft. Es gab eine enge Verbindung zwischen dem Weihrauch und dem Blut der Versöhnung. Wenn der Hohepriester am Versöhnungstag durch den Vorhang in das Allerheiligste trat, trug er das Blut des Sühneopfers und ein Räuchergefäß mit Kohlen vom goldenen Altar bei sich. Der Rauch des Weihrauchs, den er aufsteigen ließ, umhüllte den Gnadenthron, auf den das sühnende Blut gesprengt worden war (vgl. 3. Mose 16,11–14). Das Bild von Blut und Weihrauch wies voraus auf das vollkommene Opfer des Erlösers für die Menschheit und auf den Duft seines Triumphs.

Wenn David betet: „Lass wie Weihrauch mein Gebet vor dir sein" (Psalm 141,2), bezieht er sich nicht nur auf sein Gebet als bewussten Akt des Gehorsams gegenüber Gott, sondern auch auf den angenehmen Duft seines Gebets aufgrund seiner Verbindung mit dem sühnenden Blut. Im Neuen Bund wird diese Verbindung noch verstärkt. Jedes Gebet gründet sich auf das Opfer Jesu. Unabhängig davon, ob wir uns beim Beten auf sein Sühneopfer beziehen oder nicht – unsere Gebete im Namen Jesu tragen den Duft seines Todes und seiner triumphalen Auferstehung in sich.

Sicherlich würde Gott in den wenigen Szenen vom Thronsaal des Himmels, die er uns gegeben hat, nichts Unwichtiges oder Unbedeutendes einbauen. In einer dieser Szenen in Offenbarung 5,8–10 sehen wir die vierundzwanzig Ältesten, die Schalen mit Weihrauch in den Händen halten. Das sind die Gebete der von Gott geheiligten Menschen (V. 8), und das Lied, das sie singen, handelt vom Blut der Erlösung. Das Gebet eines einzelnen Glaubenden trägt einen Duft in sich, der dem Vater eine Freude bereitet, die alles übertrifft, was wir uns vorstellen können. Wenn eine Gruppe von Christen in Einmütigkeit betet, trägt der dichte Weihrauch ihres Gebets nicht nur den Duft des Triumphs Christi, sondern auch den Duft der Gemeinde Christi, die in Einheit zu ihm spricht und einmütig seinem Wort und Willen zustimmt.

Arten und Schwerpunkte des Gebets

Ein einziger Vers der Heiligen Schrift kann für verschiedene Arten von Gebeten verwendet werden. Zum Beispiel kann die Stelle aus unserer Übung im vorherigen Kapitel – Johannes 3,16 – zu folgenden Arten von Gebet führen:

> *Dankgebet:* Wir äußern Dankbarkeit für das Ausmaß der Liebe Gottes zu den lieblosen und unwürdigen Menschen, uns selbst eingeschlossen. Das Opfer des liebenden Gottes, das er für den höchsten Preis erbracht hat, ist ein Grund für unendlichen Dank und ständige Dankbarkeit dafür, dass wir von der verdienten Strafe in eine unverdiente unendliche Zukunft mit ihm gerettet wurden.
>
> *Lobpreis und Jubel:* Wir preisen das Ausmaß der vollkommenen Liebe Gottes, die überall hinreicht und niemanden ausschließt. Sie überbrückt die riesige Kluft zwischen seiner von Menschen missachteten Herrlichkeit und der sündigen Menschheit. Wir bejubeln die große Barmherzigkeit, Weisheit und Macht seiner Liebe. Wir feiern das Geschenk des Lebens, das wir jetzt genießen können, und die Vorfreude auf das ewige Leben mit dem vollkommenen Liebenden.

Anbetung: Wir öffnen unser Herz in Liebe vor dem, der uns eine so großzügige, bedingungslose Liebe erwiesen hat. Das Kreuz ist seine Liebeserklärung an uns. Wir antworten auf das Opfer des liebenden Gottes für uns mit Worten ehrfürchtigen Staunens, mit Leidenschaft und mit einem Herzen, das zu ihm hingezogen ist und sich nach ihm sehnt. Wir wollen ihm sagen, was wir empfinden, weil wir von seiner grenzenlosen Liebe und einer niemals endenden Liebesbeziehung fasziniert sind.

Proklamation: Wir erklären unser inneres Einvernehmen mit Christus, dass seine Liebe unaufhaltsam ist und die Macht hat, selbst die verschlossensten Herzen zu erreichen und dort Hoffnung zu schenken, wo Verderben droht.

Gebet der Sehnsucht: Wir geben unserer Sehnsucht nach Gott Ausdruck, dessen tiefe, großzügige Liebe ihn über alle Maßen begehrenswert macht. Wir wollen uns tiefer mit seiner aufopfernden Liebe identifizieren. Wir geben unserem geistlichen Appetit eine Stimme, indem wir unsere Sehnsucht bekennen, ihn besser kennenzulernen und ihm in der Liebe ähnlicher zu werden.

Hingabe: Als Antwort auf das äußerste Opfer des Liebenden schenken wir uns ihm als die von ihm Erkauften, als hingebungsvolle Bürger seines Reiches, als lebendige Opfer, als heilige Priester, die vor dem Verderben gerettet wurden, um dem Urheber ihrer ewigen Erlösung zu dienen. Wir geben uns seiner Liebe hin, die mit uns tut, was sie will.

Bitte: Wir appellieren an den, der seine große Liebe zu allen bewiesen hat. Unsere Bitten basieren auf dem Geschenk des Sohnes als Retter der Menschheit. Wir bitten darum, dass der liebende Gott die Herzen mit der Wahrheit seines Opfers gewinnt und die Menschen in seine unendliche Liebe zieht.

Unsere Einmütigkeit im Gebet („einmütig wie aus einem Munde“) bezieht sich sowohl auf die Art des Gebets als auch auf den Inhalt. Es ist möglich, dass jeder in einer Gebetsstunde dieselbe Schriftstelle aufschlägt, dieselbe Wahrheit darin sieht, es aber keine wirklichen Fortschritte in der Einmütigkeit gibt, weil das Gebet von einer Art des Gebets zur anderen springt. Es kann sein, dass eine Gebetsstunde mit Dank beginnt, aber bevor Einmütigkeit entwickelt werden kann, wechselt der nächste Beter zum Bittgebet. Oder die Anbetung wird vorzeitig abgebrochen, weil jemand zu einem Gebet der geistlichen Kampfführung übergeht. Es ist wichtig, gemeinsam darauf zu achten, wie der Heilige Geist das gemeinsame Gebet steuert, und das gilt nicht nur für den Inhalt, sondern auch für die Art des Gebets.

Die Bibelstelle, an der wir unser Gebet ausrichten und gestalten, bestimmt weitgehend die Art und den Schwerpunkt unseres Gebets. Wir könnten zum Beispiel Psalm 63 wählen:

> Gott, du bist mein Gott! Ich suche nach dir! Nach dir hat meine Seele Durst, nach dir sehnt sich mein Körper in einem trockenen, erschöpften Land, wo kein Wasser mehr ist.
>
> *Psalm 63,2*

In diesem Vers ist die Art des Gebets die der Sehnsucht und des Hungers nach Gott. Wenn wir jedoch Psalm 68,28 wählen, ist die Art des Gebets eine ganz andere:

> Gott, biete auf deine Macht, die Gottesmacht, die du an uns erwiesen hast!
>
> *Psalm 68,29*

Diese Schriftstelle wird uns zum Bittgebet mit dem Schwerpunkt auf geistlicher Kampfführung führen. Wenn ein Bedürfnis oder eine Situation eine bestimmte Art des Betens erfordert, lohnt es sich, eine Bibelstelle zu finden, die für diese Art des Gebets geeignet ist.

Der ausgewählte Bibeltext beeinflusst nicht nur die Art des Betens; die Wahrheit, die er enthält, gibt dem Gebet auch eine Richtung. In Psalm 63,2 bestimmt der Vers nicht nur die Art des Gebets (Sehnsucht nach Gott), er legt auch einen besonderen Schwerpunkt für dieses Gebet fest, nämlich die Tatsache, wie unbedingt wir Gott brauchen. Hunger nach Gott ist ein umfangreiches Thema. Es umfasst die Wahrheit, dass er begehrenswert ist, dass er all unserer Liebe und Anbetung würdig ist; außerdem die Sehnsucht, ihn besser kennenzulernen, und die Belohnungen dieser Sehnsucht nach ihm. Aber der Fokus in diesem Vers lenkt unser Gebet auch darauf, wie unbedingt wir ihn brauchen.

In dem anderen Beispiel, Psalm 68,29, befinden wir uns in einer Kriegssituation. Die Wahrheit in diesem Vers lenkt uns jedoch auf einen ganz bestimmten Schwerpunkt des Kampfgebets. Unser Gebet wird die Tatsache betonen, dass Gott, der Krieger, für die, die er liebt, in den Kampf zieht.

Wenn wir unser Gebet von einer Bibelstelle aus gestalten, lassen wir zu, dass sie sowohl die Art als auch den Fokus oder die Richtung unseres Gebets bestimmt. In Gebetstreffen ist es wichtig, dass der Gebetsleiter ein Gespür dafür hat, welche Art von Gebet und welcher Schwerpunkt der Wahrheit gebraucht wird. Es ist nicht die persönliche Vorliebe oder die Stimmung des Augenblicks, die über die Art(en) des Gebets in einem Abschnitt entscheiden. Ein Teil unseres Wachstums als Betende besteht darin, auf die inneren Signale des Geistes, der in uns redet, zu achten, welche Art des Betens, welche Wahrheitsaspekte wir fokussieren und wann wir von einer Facette der Wahrheit zur nächsten wechseln sollten. Vor allem in einer Gruppe, die neu unterwegs ist zur inneren Einmütigkeit, kann es notwendig sein, dass die Gebetsleiterin die Gebete behutsam lenkt, aber ohne die Gebetsrunde zu dominieren oder zu kontrollieren. Die Art und Richtung des

Gebets kann sich im Laufe der Gebetszeit ändern. Es kann mit Danksagung beginnen und in Bittgebet übergehen oder mit Lobpreis beginnen und dann in Anbetung übergehen.

Es gibt Zeiten, in denen ein Gebetstreffen auf ein bestimmtes Gebetsanliegen abzielt. Zum Beispiel könnte es einen dringenden Aufruf zum Gebet für jemanden geben, der sich in einer Krise befindet. Es ist wichtig, dass wir dem Drang widerstehen, sofort Gebete zu sprechen, die auf das Problem oder die Krise eingehen. Auf unserem Weg als Betende müssen wir lernen, aus unserem „Resonanzkern" heraus zu beten und nicht aus einer Reaktion, die von den Umständen diktiert wird. Aus der Ruhe heraus zu beten bedeutet, dass wir uns Zeit nehmen, um uns auf Gottes Gedanken einzulassen, anstatt sofort auszusprechen, was er unserer Meinung nach tun sollte. Sein Geist ist ein unbestechlicher Wegweiser. Er weiß, welche Art des Gebets notwendig ist, welcher Wahrheit wir Aufmerksamkeit schenken sollen und welche Schriftstelle das Beten am besten für den inneren Einklang mit ihm prägt.

Wenn wir unser Gebet an einer Bibelstelle festmachen, erhöht sich nicht nur der Einklang der Gruppe mit Gott, wir nehmen auch tiefer an seiner Freude (und manchmal auch an seinem Leid) teil, die in den Bibelstellen steckt. Es gibt dem Heiligen Geist die Möglichkeit, uns in das Spektrum seiner Emotionen, die in den Worten enthalten sind, hineinzuziehen. Er bildet in uns die Leidenschaft aus, die Wahrheiten seines Wortes in der Einheit mit Christus zu beten.

Schritte zur Einmütigkeit

Das gemeinsame Beten kann Folgendes beinhalten:

- Persönliches Nachdenken und stilles Gebet mit einem vereinbarten Schwerpunkt
- Gemeinsames Lesen oder Rezitieren eines Gebets
- Lautes gemeinsames Beten („Bienenkorb")
- Bestimmte Personen beten im Namen der Gruppe
- Alle Anwesenden (die es wollen) beten laut nacheinander

Die dritte Option, das gleichzeitige laute Beten Einzelner oder kleiner Gruppen („Bienenkorbbeten"), kann dem gemeinsamen Wachstum in Einmütigkeit dienen, aber es kann auch die Unbeteiligtheit oder den Mangel an persönlichem Wachstum als Beter verdecken. Diese Art des Gebets hat ihre Vorzüge, aber die Praxis sollte mehr sein als eine kulturelle Vorliebe oder eine praktische Entscheidung, um viele Gebetsanliegen in kürzester Zeit zu erledigen. Die Form des gemeinsamen Gebets muss die Einmütigkeit untereinander fördern. Es gibt Gelegenheiten, bei denen es aufgrund der Art des Gebets und des Schwerpunkts sehr einfach ist, Einmütigkeit herzustellen, indem man gleichzeitig laut betet.

Zum Beispiel ist eine Nachricht über die Erhörung eines Gebets eingetroffen: Eine Geiselnahme wurde ohne den Verlust von Menschenleben beendet. Die Gruppe dankt Gott dafür, dass er sie erhört und geantwortet hat. Die Antwort ist aber auch eine Gelegenheit, um Gott zu preisen. Wofür sollten wir Gott loben? Einige wollen Gott vielleicht dafür loben, dass er in der Krise anwesend war. Andere wollen ihn vielleicht für seine väterliche Liebe zu den Geiseln loben, für die Weisheit, die er den Unterhändlern gegeben hat, für seine Macht über den Terror, für seinen endgültigen Triumph über das Böse oder dafür, dass er ein Gott ist, der Gebete erhört und beantwortet. Wenn an diesem Punkt alle gleichzeitig zu beten beginnen, wird der Lobpreis ganz unterschiedlich ausfallen. Das ist zwar ein Wohlgeruch für Gott, wird aber das „einmütig und mit einer Stimme"-Beten wahrscheinlich nicht fördern. Genau das ist aber für das gemeinsame Gebet so wichtig.

Eine Möglichkeit wäre, einen Ankervers mit einem Lobpreisschwerpunkt vorzugeben und dann den Einzelnen die Möglichkeit zu geben, auf die Wahrheit in dieser Schriftstelle zu antworten, indem sie nacheinander beten und die Gebete der anderen aufnehmen und erweitern. Zum Beispiel könnte 2. Mose 15,18 – ein Teil des Liedes von Mose über Gottes Sieg am Schilfmeer – als Ankervers festgelegt werden. „Jahwe ist König für immer und ewig!" Die Konzentration auf Gott als König würde dazu beitragen, dass sich der Lobpreis auf diese Schlüsselwahrheit konzentriert und der innere Einklang damit verstärkt wird. Gott könnte dafür gepriesen werden, dass er den Geiseln seine Güte und seine Macht über das Böse gezeigt hat, aber der Fokus würde immer auf dem Lobpreis Gottes als König liegen, der für immer triumphiert und über allem thront. Wenn die Einmütigkeit der Gruppe mit Gott um diese spezielle Lobpreiswahrheit herum wächst, kann sie sich zu einer kraftvollen gemeinsamen Stimme steigern. Die kollektive Stimme wird gestärkt durch die Art und Weise, wie die Einzelnen einander gedient haben, um eine Einmütigkeit der Herzen zu erzielen.

Für Paulus war der „Amen"-Faktor sehr wichtig. In seinem Brief an die Korinther ging er auf das Beten und Singen in den Versammlungen der Gemeinde ein. Er unterschied zwischen dem Beten und Singen im Geist (in einer Sprache, die ohne die Gnade der Auslegung durch den Heiligen Geist von der Gemeinde nicht verstanden wird) und dem Beten und Singen mit dem Verstand (in einer Sprache, die von den Anwesenden verstanden wird) (vgl. 1. Korinther 14,14–19). Paulus selbst praktizierte beides. Aber im Versammlungskontext bevorzugte er Worte, die von den Anwesenden verstanden werden konnten. Der Grund dafür war, dass er den Zuhörern die Möglichkeit geben wollte, „Amen" (was „so sei es" bedeutet) zu dem sagen zu können, was er betete oder sang. Indem die Mitglieder der Gemeinde die im Gebet ausgesprochene Wahrheit hörten, konnten sie ihre Übereinstimmung bekunden. Wie bei der weltbewegenden Gebetsversammlung, die in Apostelgeschichte 4 berichtet wird, sollten wir in der Lage sein, die Dinge festzuhalten, in denen wir untereinander und mit Gott im Einvernehmen sind.

In der Praxis müssen diejenigen, die einen lauten Gebetsbeitrag leisten, darauf achten, dass sie so laut sprechen, dass sie von der ganzen Gruppe verstanden werden können. In größeren Gruppen ist es hilfreich, wenn ein leichter Zugang zu einem Mikrofon besteht, wenn jemand beten möchte. Ohne Einmütigkeit kann eine Gebetsgemeinschaft zu einer Aneinanderreihung unverbundener, individueller Gebete werden, die eben nur unter demselben Dach gesprochen werden.

Dass wir „einmütig mit einer Stimme" reden, ist besonders wichtig in der gemeinsamen Anbetung (Einmütigkeit und Einvernehmen mit der Wahrheit, die Gott, der zu uns spricht, über sich selbst mitgeteilt hat) und beim strategischen Beten (Einmütigkeit darüber, um welche Aktion wir Gott bitten, im Einklang mit seinem Wunsch danach, dass sein Reich gebaut wird).

Einmütigkeit entsteht, weil wir mit dem Geist Gottes zusammenarbeiten. Er ist der Architekt und Baumeister der Einheit. Wir sind die lebendigen Steine, die Entscheidungen treffen, die seine Gnade, die unter uns wirkt, unterstützt. Es gibt einige konkrete Schritte, die wir unternehmen können, um die Einmütigkeit im gemeinsamen Gebet zu fördern:

1. Es muss sichergestellt sein, dass alle den Zweck des Gebetstreffens verstehen. Liegt der Schwerpunkt auf der persönlichen Glaubensbeziehung (Besinnung, Dank, Lobpreis, Anbetung, Hingabe, Sehnsucht nach Gott), Seelsorge (Gebet füreinander oder für die Bedürfnisse innerhalb der Glaubensgemeinschaft) oder Strategie (Gebet für den Fortschritt des Reiches Gottes)? Das Gebetstreffen könnte eine Mischung aus den oben genannten Aspekten sein, aber es wäre gut, sich auf einen Hauptschwerpunkt zu einigen, um die verfügbare Zeit optimal zu nutzen.

2. Ein häufiges Problem beim gemeinsamen Gebet ist die Überfrachtung mit Gebetsanliegen. Es ist ratsam, dass die Leitenden oder Moderatoren die Gebetsanliegen nach Möglichkeit im Voraus filtern und diejenigen auswählen, die am dringendsten sind oder strategische Bedeutung haben. Die Gebetszeit sollte nicht durch die Menge der Anliegen bestimmt werden, sondern durch das Zeugnis des Geistes, worauf wir uns in der verfügbaren Zeit in aller Ruhe konzentrieren sollen. Wenn wir die Kraft des gemeinsamen Gebets nutzen wollen, ist es wichtig, dass wir uns Zeit nehmen, Einmütigkeit über ausgewählte Anliegen zu erzielen, anstatt nur oberflächlich viele Punkte zu erwähnen. Wenn ein Anliegen nicht in der Gebetszeit behandelt wird, bedeutet das nicht, dass es unwichtig ist, sondern dass es zu einem anderen Zeitpunkt oder in einem anderen Rahmen des Gebets besser aufgehoben wäre. Einzelne können zum Beispiel dazu ermutigt werden, diese Anliegen in ihre persönlichen Gebetszeiten mitzunehmen.

3. Wenn sich Menschen zum Beten treffen, sind viele abgelenkt oder müde. Wenn man sich sofort in die Gebetsanliegen stürzt, kann das die Müdigkeit nur noch verstärken. Konzentration und innere Ruhe sind notwendig, und das stellt sich nicht immer in der Zeit von ein paar Lobpreisliedern ein. Manche Gebetstreffen dienen ausschließlich der Anbetung. In anderen Treffen, in denen es vor allem darum geht, Gott um etwas zu bitten, ist es gut, mit einer großzügig bemessenen Zeit für Lobpreis, Dank, Anbetung oder mit Gebeten der Sehnsucht nach Gott zu beginnen und die Gruppe immer wieder darauf zurückzulenken, ihre Bewunderung für und ihre Sehnsucht nach Gott auszudrücken. Der beständige Fokus auf seiner Herrlichkeit wird die Betenden anspornen und sie mit dem Herzstück der Freude am Gebet in Kontakt halten.

4. Ein Gebetsanliegen kann einen Schwerpunkt bilden, dient aber in der Regel nicht dazu, Einmütigkeit auf der geistlichen Ebene zu erreichen. Wenn wir nichts anderes haben als unser(e) Gebetsanliegen, kommen die Vielfalt und die unterschiedlichen Perspektiven in der Gruppe beim Beten zum Vorschein. Wenn das Anliegen jedoch an Gottes Gedanken gebunden ist, kann sich die Gruppe auf diese Wahrheit einigen, insbesondere auf die Wahrheit über ihn. Wenn wir uns im Wort Gottes verankern, fällt es der Gebetsgruppe leichter, einmütig zu beten, weil unser Geist mit seiner Wahrheit in Einklang steht.

Ob im Lobpreis oder in der Bitte an Gott – die Heilige Schrift sollte die Richtung vorgeben und den Inhalt des Gebets prägen. Wenn ein Thema (ein Bedürfnis oder ein Anliegen) für das Gebet eingeführt wird, geschieht das am besten mit einem Wort Gottes, damit Gott die Gebetsperspektive gestalten kann. Visuelle Präsentationen oder andere praktische Mittel können sicherstellen, dass sich alle Anwesenden über die Bibelstelle, die den Anker für die Gebetszeit bildet, und den „Diamanten" der Wahrheit im Klaren sind, auf die sie sich konzentrieren sollen.

Es ist hilfreich, wenn die, die das Treffen leiten, im Voraus eine Bibelstelle als Anker vorbereiten, die den Schwerpunkt der Sitzung bilden soll. Das schließt nicht aus, dass während des Gebetstreffens auch andere Bibelstellen zur Sprache kommen. Aber es gibt eine erste Orientierung für die Art und den Schwerpunkt des Gebets. Außerdem ist die Disziplin, einen Bibeltext durchzuarbeiten, sodass er das eigene Gebet der Leitenden prägt, eine gute Vorbereitung für die Leitung des Treffens. Wenn möglich, sollte man den Teilnehmern die Ankerbibeltexte und den Gebetsschwerpunkt im Voraus mitteilen, damit sie die Möglichkeit haben, die Wahrheiten zu verinnerlichen und ihr Gebet selbst zu gestalten. Manchmal haben wir die Teilnehmer dazu ermutigt, eine halbe Stunde vor dem geplanten Gebetstreffen zu erscheinen, um sich mit ausgewählten Bibelstellen zu beschäftigen. Das hat die Einmütigkeit bereits zu Beginn des Treffens merkbar erhöht.

5. Wenn möglich, sollte das Musikteam oder Einzelne, die ein Instrument spielen, beim Gebetstreffen dabei sein. Anbetungsmusik ist kein Vorspiel zum Gebet, sie ist ein integraler Bestandteil des Gebets. Gott hat uns mit einer enormen geistlichen Ausdrucksfähigkeit geschaffen, und die Musik gehört ganz sicher dazu. Nicht jeder spielt ein Instrument, aber alle können und sollen singen (vgl. Epheser 5,29; Kolosser 3,16).

6. Die klangliche Qualität der Stimme erlaubt vielen von uns keine Gesangskarriere, aber Gott applaudiert unserem

Gesang immer. Er liebt den Klang unserer Stimmen, weil er sie uns gegeben hat. Die Instrumentalisten unterstützen nicht nur den Gesang, sondern sie sind auch in der Lage, den Einklang ihres Herzens mit Gott durch den Klang ihrer Instrumente auszudrücken. Die Musiker sollten wissen, dass sie nach den ersten Lobpreisliedern die Instrumente nicht aus der Hand legen, sondern sich während der gesamten Gebetszeit damit einbringen sollen. Und die Beter sollten wissen, dass sie mit Worten beten können, aber auch mit Liedern. Musik hat eine wichtige Funktion, wenn es darum geht, Menschen, die gemeinsam beten, in Einklang miteinander zu bringen.

7. Einmütigkeit im Gebet zu lernen, ist für viele von uns neu. Es ist hilfreich, wenn der Leiter oder die Leiterin die Betenden regelmäßig an die Bedeutung des Gebets erinnert und ihnen konkrete Hinweise gibt, wie das gehen kann. Wenn jemand in einer Gebetsgemeinschaft betet, sollten die anderen zuhören und nicht in Gedanken bereits ihr eigenes Gebet verfassen.

   Wir dienen der betenden Person, indem wir die Wahrheit, die gebetet wird, innerlich bestätigen und dieses Einvernehmen dann auch äußern, indem wir das Gebet ergänzen oder einfach Teile davon wiederholen oder neu formulieren. Indem wir der Wahrheit, die jemand, der oder die vor uns gebetet hat, Kontinuität verleihen, tragen wir zur Einmütigkeit aller bei.

8. Wenn das Gebet abzuschweifen beginnt, kann der oder die Leitende das Gebet sanft wieder auf Kurs bringen, indem man ein Lied singt, eine Bibelstelle liest oder auf eine Weise betet, die die Richtung wiederherstellt.

9. Wichtig ist, darauf hinzuweisen, dass die Gebetsbeiträge kurz sein sollen. Die Gebetsdynamik in der Gemeinde unterscheidet sich sehr von der in unserem persönlichen Gebet. Wenn Menschen in Gebetsgemeinschaften lange Gebete beten, passieren zwei Dinge: Erstens ziehen sich die meisten anderen innerlich zurück, wenn die Gebetszeit von einigen wenigen vereinnahmt wird. Und zweitens wird es für andere schwierig, darauf zu reagieren. Denn je länger ein Gebet ist, desto vielfältiger wird es. Wenn das passiert, nimmt die Einmütigkeit am meisten Schaden.

10. Jemand sollte während der Gebetszeit stichwortartig mitschreiben. Er oder sie soll Schriftstellen, wichtige Erkenntnisse, Bilder, prophetische Worte oder Verheißungen Gottes festhalten. Diese Aufzeichnungen sind wichtig für die Kontinuität bei der Entwicklung der Einmütigkeit von einer Gebetszeit zur nächsten. Das gilt besonders für Bittgebete.

11. Da es sich hier um einen Lernprozess handelt, ist es hilfreich für alle, die am gemeinsamen Gebet teilnehmen, regelmäßige Feedback-Runden anzusetzen. Eine ehrliche Diskussion darüber, wie sich die Gruppe im Blick auf die Einmütigkeit im Gebet entwickelt, ist ein wichtiger Teil des Wachstums im gemeinsamen Gebet.

13
Beter in Aktion

Die Geschichte wurde von Gebetsbewegungen geprägt. Sie entstanden in Zeiten der Erweckung, in denen das Bewusstsein für das Gebet und die Gebetspraxis zunehmen, und hatten in der Regel einen starken missionarischen Schwerpunkt. Sie sind wie Flutwellen. Die Gebetswelle kann kurz oder lang sein, aber wenn sie abebbt, hinterlässt sie einen Schatz, der künftige Generationen beeinflusst. Gebetsbewegungen sind ein Werk des Geistes Gottes, das darauf abzielt, das Gebet als Herzstück der Beziehung zu ihm wiederherzustellen.

Wir sind leicht ablenkbar. Wenn wir nichts unternehmen, um das Gebet zu schützen und zu fördern, verliert es seinen zentralen Platz und wird zu einer Randaktivität im Leben unter anderen. Eine von Gott gesandte Gebetswelle hilft, dieses Abdriften zu korrigieren, stellt die Freude und die Zentralität des Gebets wieder her und vertieft die Gebetserfahrung der Gemeinde.

Der Beginn der aktuellen weltweiten Gebetsbewegung ist schwer zu bestimmen. Die Gebetswelle in Südkorea nach dem Ende des Koreakriegs im Jahr 1953 war bedeutend. Der Geist des Gebets, der in der Erweckung von Pjöngjang 1907 (fast vier Jahrzehnte vor der Teilung Koreas in Nord und Süd) stark gewesen war, wurde neu entfacht. Die erste Internationale Gebetsversammlung fand 1984 in Seoul, Südkorea, statt. In den Neunzigerjahren führte der United Prayer Track der

AD2000 & Beyond-Bewegung Millionen von Menschen zum Gebet für die Länder im 10/40-Fenster.[20] 1994 stellte ein Artikel in *Christianity Today* dazu fest: „Eine Gebetsbewegung, die vielleicht alles in der Geschichte der Christenheit übertrifft, gewinnt schnell an Schwung."[21]

Das Aufkommen von Gebetsinitiativen unterschiedlichster Art war außergewöhnlich. Dazu gehören Gebetsmärsche und -reisen, Gebetswachen, Gebetsevangelisationen, Transformationsgebetsdienst, weltweite Gebetstage, Gebetsketten, Einkehrtage, Glaubenskonferenzen und -workshops, Gebetsnetzwerke, überkonfessionelle Gebetswochen, interaktive Online-Gebetsseiten, Gebetshäuser, 24-7-Gebetsräume, Gebetscoaching für Kinder und eine wachsende Datenbank mit Gebetsressourcen. Es gibt keine Anzeichen dafür, dass die Flut nachlässt, sie wird vielmehr immer stärker. Das große Verdienst der Bewegung ist jedoch nicht nur die Zunahme der Gebetsaktivitäten, sondern auch die Art und Weise, wie das Gebet den Einklang der Gemeinde mit Gott verstärkt.

Wir haben grünes Licht, den Ort der höchsten Macht zu betreten. Die Freiheit, sich an den Allerhöchsten zu wenden, ist ein Wunder der Barmherzigkeit, das uns zum Staunen bringen soll. Wir können uns so sehr an die Mechanismen des Gebets gewöhnen, dass wir die Ehrfurcht vor der Begegnung verlieren. Die meisten von uns werden nie eine Audienz bei den Königshäuptern dieser Welt haben, aber der größte König hat uns in seine Nähe gerufen, wo wir unter dem Zepter stehen dürfen, das die Geschichte prägt. Wir haben dort Zutritt, um zu staunen und zuzuhören, ja, aber auch um mit ihm zu sprechen, überall, jederzeit und über alles. Unser Gebet wird nicht als Sprachnachricht aufgezeichnet, die Gott irgendwann abspielt, wenn es ihm passt. Es ist kein Ferngespräch zu einem Thron, der Milliarden von Lichtjahren von uns entfernt ist. Wir sprechen den König aus nächster Nähe an. Unsere Worte haben eine unmittelbare Auswirkung auf Gott-mit-uns, indem sie mit seinem Wesen und seinem Willen verzahnt sind. Der Geist, der einer siebenfachen lodernden Fackel vor dem Thron gleicht (vgl. Offenbarung 4,5), lebt in uns, schult die Augen unseres Herzens, um die Herrlichkeit Gottes zu bestaunen, und lehrt uns zu beten, was ihm gefällt. Es ist für den Himmel unvorstellbar, dass ein Beter etwas sagen will, das nicht in Übereinstimmung mit ihm ist. Das sollten wir auch so empfinden. Unser geformtes Gebet sollte diesen immer tieferen Einklang mit ihm widerspiegeln. Jesus erklärte seinen Jüngern, dass ein zuversichtlicher Gebrauch unseres Rechts, Gott zu bitten, davon abhängt, dass wir mit Gottes Wünschen auf einer Linie sind:

> Deshalb können wir auch voller Zuversicht sein, dass Gott uns hört, wenn wir ihn um etwas bitten, das seinem Willen entspricht. Und wenn wir wissen, dass er uns bei allem hört, was wir erbitten, können wir auch sicher sein, dass er uns das Erbetene gibt – so, als hätten wir es schon erhalten.
>
> *1. Johannes 5,14–15*

Gebet als Einverständnis mit Gott

Wir bereiten Gott Freude, wenn wir wiederholen, was er sagt. Moses Bitte, Gottes Herrlichkeit sehen zu dürfen, wird abgelehnt, aber in einer Begegnung, von der wir gern mehr Details hätten – eine Videoaufzeichnung wäre wunderbar –, gibt Gott Mose eine Offenbarung seiner Güte, zuerst in Form einer visuellen Erfahrung und anschließend durch eine hörbare Verlautbarung (vgl. 2. Mose 34,5–7). Gottes Mitteilung seiner Güte blieb in Moses Herzen verwurzelt, selbst, nachdem er die enttäuschende Nachricht erhalten hatte, dass er das Land der Verheißung nicht betreten würde. An dem Tag, an dem er auf den Berg Nebo steigen soll, um zu sterben, stimmt er mit Israel ein letztes Lied an, in dem er die Güte Gottes feiert (vgl. 5. Mose 31,30; 5. Mose 32,4).

Dieses Wort Gottes über seine Güte wurde in Israel zu einer tief verwurzelten Wahrheit, die die Gebete aller folgenden Generationen beeinflusste, Gebete, die das Einverständnis des Beters mit Gott im Blick auf das, was er über sich selbst sagt, zum Ausdruck brachten. Jahrhunderte später, beim neu errichteten Zelt der Begegnung, erklingt in Davids Einweihungslied dieselbe Wahrheit: „Preist Jahwe! Denn er ist gut und seine Gnade hört niemals auf" (1. Chronik 16,34).

Als Davids Sohn Salomo die Einweihung des Tempels leitet, lassen levitische Musiker und Sänger zusammen mit einhundertzwanzig Trompetern ihr Einweihungslied erklingen: „Er ist gütig und seine Güte hört niemals auf!" (2. Chronik 5,13). Die Gegenwart Gottes, verhüllt in Wolken, zieht ins Heiligtum ein. Die Wucht der Herrlichkeit bringt die priesterlichen Aktivitäten zum Erliegen. Es ist eine Tempelweihe, die sie nie vergessen werden. Was sie auch nicht vergessen konnten, war, dass die wunderbare, alles durchdringende Herrlichkeit erschien, als sie alle ihr Einverständnis mit einer wichtigen Aussage, die Gott über sich selbst macht, Ausdruck verliehen: Er ist gut.

Dasselbe Gebet des Einverständnisses wird wenig später erneut gesprochen. Feuer vom Himmel fällt auf den Altar, und Gottes Herrlichkeit erfüllt erneut den Tempel. Ein von heiligem Schrecken erfülltes Volk beginnt, dieselben Worte zu beten: „Seine Güte ist so groß! Seine Gnade bleibt ewig bestehen" (2. Chronik 7,3; NLB).

Dieser Refrain wird in der Geschichte Israels immer wieder wiederholt. Wir hören ihn in den Psalmen 100, 107, 118 und 136. In 2. Chronik 20,21 wird er von König Joschafat gegen die Feinde der vorrückenden Armee gebetet. Er wird angesichts der wiederhergestellten Fundamente des nachexilischen Tempels gesungen (vgl. Esra 3,11). Jeremia prophezeit, dass dieser Refrain im wiederhergestellten Tempel zu hören sein wird, wenn die Menschen Gott dort ihre Dankopfer darbringen (vgl. Jeremia 33,11). Der Grund, warum diese Worte so viel Gewicht hatten, ist, dass sie Gottes Unterschrift trugen. Es war die von ihm gesprochene Wahrheit, und zu hören, wie sie aufgenommen und an ihn zurückgegeben wurde, machte ihm Freude. Wo das Gebet Gott gefällt, weil es im Einverständnis mit ihm ist, hat es Macht.

Wenn unsere Worte an ihn sich daraus speisen, was er zu uns gesagt hat, ist das ein Bekenntnis des Vertrauens in seine Gedanken und Wege, die höher sind als unsere. Ein Gebet, das von Gottes Worten geprägt ist, feiert die Letztgültigkeit und Reinheit seiner Weisheit. Es erhebt seine Gedanken über unsere Wahrnehmungen, Urteile und wechselnden Gefühle. Es ist wie duftender Weihrauch für ihn, eine wohltuende Begegnung des Einklangs der Herzen.

In der Apostelgeschichte macht Gott bei mehr als einer Gelegenheit deutlich, wie wichtig ihm dieses innere Einverständnis ist. Wir wissen, was während des Pfingstfestes nach der Himmelfahrt Jesu in dem Raum geschah, in dem die Jünger versammelt waren. Das geistliche Beben war über Jerusalem hinaus zu spüren, und die Nachbeben wirken noch zwei Jahrtausende später auf die Völker ein. Das physische Phänomen, das die Ankunft des Geistes begleitet, lässt keinen Zweifel daran, dass es sich um eine Tat Gottes handelte. Das zehntägige Gebetstreffen der Jünger wird plötzlich von einem Geräusch wie von heftigem Sturm unterbrochen, nur dass es nicht draußen, sondern im Inneren des Hauses geschieht. Die Betenden sehen etwas, das wie Feuerflammen aussah, die sich durch den Raum ausbreiten und sich auf jedem, der dabei ist, niederlassen. Am Ende des Tages sind aus ängstlichen

Jüngern mutige Zeugen Jesu geworden, über dreitausend Menschen haben ihrer Botschaft geglaubt und die apostolische Mission ist gestartet. Es ist bezeichnend, dass das Epizentrum dieses Bebens ein Gebetstreffen ist, eine Begegnung des Einverständnisses mit Gott bezüglich einer Verheißung, die er durch den Propheten Joel ausgesprochen hatte (vgl. Apostelgeschichte 2,1–4; Joel 2,28–32; Apostelgeschichte 1,4; Apostelgeschichte 2,14–21.29–33).

Nicht lange nach dem Pfingstereignis werden Petrus und Johannes verhaftet, nachdem sie einen gelähmten Bettler am Tempeltor geheilt haben. Nachdem der Sanhedrin sie bedroht hat, werden sie am nächsten Tag freigelassen und treffen sich sofort mit ihren Glaubensbrüdern zum Gebet. Sie beten so, wie es ihnen beigebracht worden ist, und orientieren sich dabei an dem, was Gott gesprochen hatte, vor allem im zweiten Psalm (vgl. Apostelgeschichte 4,23–31). Am Ende ihres Gebets setzt Gott ein Ausrufezeichen dahinter. Er lässt den Ort erbeben. Er gibt keinen besonderen Grund dafür an. Es ist einfach eine abgeschwächte Demonstration, wie sehr ein Gebet, das im inneren Einklang mit ihm gebetet wird, ihn bewegt.

Viel später werden Paulus und Silas in der ostmazedonischen Stadt Philippi auf richterlichen Befehl heftig ausgepeitscht und in ein Verlies geworfen. Ihr Kerker wird zu einem Gebetsraum (vgl. Apostelgeschichte 16,25–26). Wir wissen nicht, wie lange die Gebetszeit gedauert hat, aber wir wissen, dass sie plötzlich durch ein heftiges Erdbeben unterbrochen wird. Noch vor dem Morgengrauen haben sich der Gefängnisaufseher und seine ganze Familie zu Christus bekehrt.

Alle drei hier erwähnten Machterweise Gottes haben eines gemeinsam: Sie sind das Ergebnis eines Gebets, das mit Gott und seinem Willen im Einklang ist. Diese Beispiele des Einverständnisses mit ihm wurden nicht in der Bibel aufgezeichnet, um die Erwartung zu wecken, unsere Gebete müssten zu ähnlich eindrucksvollen physischen Phänomenen führen. Gott hat diese Gebetszeiten auf diese Weise ausgezeichnet, um seiner jungen Gemeinde zu helfen, die außergewöhnliche Natur ihres Zutrittsrechts zu seinem Thron zu verstehen. Sie lernten, dass das Gebet im Namen Christi sehr nahe Begegnung des inneren Einklangs mit Christus auf seinem Thron ermöglicht und übernatürliche Folgen hat.

Wer sich mit Worten, die mit Gottes Herzen in Einklang stehen, an den Herrn auf dem Thron wendet, feiert seine Weisheit als das abschließende Wort über alles, was Himmel und Erde betrifft. Gott kann mit einem mächtigen Phänomen reagieren, wann immer er will, aber er ist nicht dazu verpflichtet. Er hat sich bereits geäußert und es in der Heiligen Schrift festgehalten. Immer, wenn wir im Einklang mit seinem Wesen und Willen beten, treten wir ein in eine Begegnung tiefen Einverständnisses. Das Potenzial einer solchen Begegnung ist kaum zu überschätzen, denn das Spektrum der Macht entspricht den Dimensionen Gottes. Nichts ist unmöglich. Die Macht liegt nicht im Akt unseres Betens, sondern in Gott. Unser Gebet des Einverständnisses mit ihm wird zu einem Weihrauch der Vereinigung mit Christus, der den Segen hervorruft, den Gott sich für die Erde wünscht.

Beter im Tor

Gott hat jedem Beter und jeder Beterin eine Einflusssphäre gegeben. Er hat einen Raum zwischen sich und der menschlichen Not geschaffen, einen Raum, der mit dem Klang des Gebets gefüllt werden soll, das mit seinem Willen übereinstimmt. Unsere Beziehung zu Christus gibt uns diese Vollmacht der Fürbitte. Durch das fürbittende Gebet identifizieren wir uns mit dem liebenden Herzen des Vaters und mit den Nöten beschädigten Lebens in einer chaotischen Welt.

Unser Auftrag in der Fürbitte besteht darin, um den Segen zu bitten, der das Ergebnis des Versöhnungswerks Christi ist. Eines der deutlichsten Bilder für den Einfluss, den der betende Mensch vor Gott für andere hat, findet sich beim Propheten Hesekiel:

> Ich suchte einen Mann unter ihnen, der die Mauer zumauert oder der für das Land in die Bresche springt und mir entgegentritt, damit ich es nicht vernichten muss. Doch ich fand keinen.
>
> *Hesekiel 22,30*

Die Sünden Judas waren vielfältig und verbreitet; sie hatten sogar die Herrscher der Nation, das Priestertum und das prophetische Amt infiziert. Gott hatte bereits begonnen, sein Volk zu ermahnen, aber solange die Menschen nicht bereit waren, umzukehren, stellt er weiteres Gericht in Aussicht, das zu einer endgültigen Belagerung Jerusalems und der Vertreibung des Volkes aus seinem Land führen würde. Hesekiel, der sich bereits in Babylon im Exil befand, erhielt diese erstaunliche Botschaft von Gott, dass er nach einem Fürsprecher suchte. Die Sünde Judas und Jerusalems verlangte eine gerechte Bestrafung, doch Gottes Liebe suchte nach einem Weg der Barmherzigkeit. Dazu gehörte die Suche nach einem Fürsprecher, der zwei Dinge tun würde.

Eine Mauer bauen

Mauern definierten die Grenzen einer Stadt. Als erkennbare Begrenzungen dienten sie der Regierung, der Sicherheit, der Wirtschaft und der Gemeinschaft. Natürlich erwartete Gott nicht, dass jemand buchstäblich eine riesige Mauer um das Land baut, aber er suchte nach jemandem, der das Land mit seinem Herzen umschließen oder „in sein Herz schließen" würde. Dafür musste der Betreffende das Volk lieben, auch die missbräuchlichen Herrscher, die unreinen Priester und die selbstsüchtigen Propheten. Er musste auch überzeugt sein: Mochte die Sünde des Volkes noch so groß sein, so ist Gott doch barmherzig und in der Lage, sein Volk zu retten.

Mauern entstehen nicht einfach so; sie werden absichtlich gebaut. Eine Mauer ist nicht wie eine Sandburg am Strand. Eine Sandburg hält nur so lange, bis die Flut kommt; eine Mauer ist von Dauer. Gott suchte nach einem Menschen, der das Volk ganz bewusst in sein Herz schließen und diese Herzensmauer aufrechterhalten würde, bis sie nicht mehr gebraucht würde. Aber das war noch nicht alles: Dieser Mensch, dessen Herz das Volk umschloss, sollte jemand werden, der „in die Bresche tritt".

In die Bresche treten

Die „Bresche", also der Durchbruch in der Mauer oder das Tor, war der einzige Ort, an dem man die ummauerte Gemeinschaft legitimerweise betreten oder verlassen konnte. Das Tor war ein Ort von strategischer Bedeutung, ein Ort, an dem Älteste und Richter Entscheidungen trafen, die sich auf die gesamte Gemeinschaft auswirkten. Gott wollte denjenigen, der das ganze Volk auf dem Herzen trug, am Tor von Angesicht zu Angesicht treffen. Er wollte, dass dieser Mensch am Tor das Volk vor ihm vertrat und ihm Gründe dafür lieferte, es nicht zu vernichten. Auf der Grundlage des Gesprächs im Tor würde Gott eine Entscheidung über sein Volk treffen. Dessen Zukunft hing davon ab, was am Durchbruch in der Mauer geschehen würde – die Vernichtung könnte vermieden und Barmherzigkeit geübt werden. Dieser visuelle Clip gibt uns eine Vorstellung davon, welch enormen Einfluss Gott einem Menschen zugesteht, der die, die er liebt, ins Herz geschlossen hat, und mutig genug ist, im Tor für sie die Stimme zu erheben.

Die Rolle des Fürsprechers im Tor besteht nicht darin, Gott davon zu überzeugen, seine Pläne zu ändern, und auch nicht darin, die Vorzüge der eigenen Pläne zu verteidigen. Vielmehr hat er die Aufgabe, seine Übereinstimmung mit Gottes Wunsch nach Barmherzigkeit und Versöhnung zum Ausdruck zu bringen. In Psalm 106,23 macht Gott deutlich, dass er Israel in der Wüste vernichtet hätte, „wäre da nicht Mose, sein Erwählter, gewesen. Der trat in die Bresche vor ihm, um abzuwenden seinen lodernden Zorn und sie nicht zu vernichten.“ Im Leben von Abraham, Samuel, Daniel, Esra und Nehemia erhalten wir Einblicke in ähnliche Gebetsbegegnungen (vgl. 1. Mose 18; 1. Samuel 12; Daniel 9; Esra 9; Nehemia 1).

Wenn wir von diesen Fürsprechern lesen – oder wenn wir von Jesus hören, dass die Ausbreitung seines Reiches mit unserem Beten zusammenhängt (vgl. Matthäus 6,9–10), oder wenn Paulus uns daran erinnert, dass das Wohlergehen einer Stadt und ihrer Regierung in den Händen der Betenden liegt (vgl. 1. Timotheus 2,1–3), können wir uns überfordert fühlen. Es klingt wie eine viel zu schwere Verantwortung für uns, eine zu große Rolle für unvollkommene Beter, die auf einer Lernreise sind. Und das ist es natürlich auch – allerdings nicht für Jesus.

Stell dir vor, Jesus bittet den Vater für die Stadt Quetta im Südwesten Pakistans um Gnade und um den Segen der Versöhnung, den er durch seine Hingabe gewonnen hat. In dieser Stadt leben etwa eine dreiviertel Million Belutschen, die das Evangelium nicht kennen. Jesus schließt sie in sein Herzen, tritt in die geistliche Bresche und legt Fürsprache für die Stadt ein. Würde sein Gebet erhört werden? Ja, natürlich. Es ist unvorstellbar, dass irgendetwas verweigert wird, worum Jesus den Vater in Übereinstimmung mit seinem Willen bittet. Tatsache ist, dass Jesus nicht nur Quetta in sein Herz geschlossen hat, sondern jede Nation, jede Volksgruppe, jede Stadt, jede Gemeinde und jeden einzelnen Menschen auf dieser Erde. Er hat sich das Recht erkämpft, der Erlöserkönig aller Menschen auf der Erde zu sein, und somit hat er das Recht, für sie einzutreten.

Wenn das der Fall ist, warum sehen wir dann kein verändertes Quetta und keine riesige Ernte in den gottfernen Städten und Volksgruppen der Welt? Wirkt die Fürsprache Jesu nicht? Doch, aber das obige Bild von Jesus, der als Fürsprecher im Tor steht, ist unvollständig. Das Bild des Neuen Bundes zeigt uns Jesus nicht als einsamen Fürsprecher. Vielmehr werden Jesus und seine betende Braut zu einer Stimme im Tor. Wenn die Fürbitte im Namen Jesu in den Gemeinden, denen es gilt, keine sofortigen Antworten und keinen spürbaren Durchbruch bringt, liegt das nicht an irgendeiner Unzulänglichkeit des perfekten Fürsprechers. Wir können nicht so tun, als verstünden wir, warum die Antworten auf Gebete im Tor auf sich warten lassen, manchmal sehr lange. Es könnte sein, dass eine stärkere Stimme des Einklangs mit Christus nötig ist. Und wir wissen, dass geistlicher Widerstand immer im Spiel ist, wenn das Reich Gottes nicht vorankommt. Aber der tiefere Grund ist die Tatsache, dass Gott das Tor, die Bresche, als einen Ort ausgewählt hat, an dem er auf die Fürbitte hört und den Fürsprecher formt. Das Ausharren im Tor ist kein Zeichen für gescheitertes Gebet, sondern für das Wachstum eines Beters.

In einem früheren Kapitel haben wir gesehen, dass Christus sein Recht, den Vater zu bitten, mit seiner Braut, der Gemeinde, geteilt hat. Diese Wahrheit hat Gott mir eindringlich vor Augen geführt, als ich eines Tages für die Stadt Chiangmai in Thailand betete. Ich hatte Chiangmai schon Jahre zuvor ins Herz geschlossen. Jeder, der die Stadt besucht, wird den Wassergraben, die alten Mauern und die fünf Tore bemerken. Ich hatte oft in einem dieser Tore gestanden und um Gnade für die Stadt gebetet. Bei dieser Gelegenheit stand ich jedoch nicht an einem der Tore, sondern stellte mir die geistliche Mauer der Stadt vor, die die Stadt in meinem Herzen umschloss, eine Mauer mit ihrem riesigen geistlichen Tor. Der Gedanke, mit Gott über die Zukunft von einer Million Menschen in Chiangmai und vielen weiteren in der Provinz zu sprechen, war überwältigend. Ich wusste, dass auch viele andere für diese Stadt beteten, aber das Ausmaß der Verantwortung, die mit der Berechtigung zur Fürbitte einherging, hatte mich noch nie zuvor beeindruckt.

Dann bemerkte ich, dass ich nicht allein im Tor stand, sondern im Schatten des allgegenwärtigen Fürsprechers. Was sollte ich in der Gesellschaft des perfekten Beters noch hinzufügen? Was sollte ich sagen? Dann kam der innere Anstoß, eine Antwort auf meine stillen Fragen: Hör einfach zu – höre, was er sagt, und stimme ihm zu.

Ich hörte zu, was er sagte und wiederholte seine Worte. Er erklärte sich für würdig, Zentrum der Anbetung in der ganzen Stadt zu sein. Ich stimmte ihm zu. Er verkündete, dass sein Opfer die Kontrollrechte der Finsternis aufgehoben und der Stadt eine Zukunft in Freiheit geschenkt hat. Ich stimmte ihm zu. Er sang ein Lied der Liebe über die junge Generation der Stadt und versprach, ihre Herzen durch seine große Macht zu gewinnen. Ich sang dieselbe Wahrheit.

Ich weiß nicht, welche Auswirkungen diese Gebetszeit auf die Stadt hatte, aber ich weiß, dass sie einen großen Einfluss auf mich hatte. Mir wurde klar, dass ich nicht allein bin, wenn ich für Chiangmai oder eine andere Gemeinde ins Tor trete, sondern dass ich mich dem großen Fürsprecher anschließe, der bereits dort ist. Die Effektivität unseres Gebets im Tor liegt darin, dass wir unsere Stimme mit seiner vereinen. Beim

Fürbittgebet geht es darum, das Einvernehmen mit Gottes Wunsch nach Barmherzigkeit zum Ausdruck zu bringen und dies in Verbindung mit Christus zu tun. Wir berufen uns auf die Versöhnung, die Jesus mit seiner Selbsthingabe erwirkt hat. Das Gebet im Tor ist eine Gebetsbegegnung im Einklang mit Gott, die mächtige Folgen hat.

In der weltweit wachsenden Gebetsbewegung erkennen immer mehr Menschen im Volk Gottes, dass diese geschichtsprägende Rolle des Gebets nicht nur einigen wenigen vorbehalten ist, sondern das Recht und die Verantwortung aller Christen ist. Viele haben eine einzelne Gemeinde oder Volksgruppe in ihr Herz geschlossen, andere richten ihr Gebet auf mehrere Städte oder Nationen. Wenn die Stimme im Tor stärker wird, können wir davon ausgehen, dass wir von mehr Durchbrüchen und Ernte in bisher unerreichten oder für das Evangelium verschlossenen Orten reden werden. Aber könnte dies durch eine Bewegung von Betern an vorderster Front beschleunigt werden?

An die Front gehen

Gottes Macht wird nicht durch die Entfernung begrenzt, die zwischen dem Beter und der Person oder dem Ort, für den gebetet wird, liegt, aber wenn wir tatsächlich an dem Ort beten, wo die Not ist, verlagert das unsere Begegnung der Übereinstimmung mit Gott direkt vor Ort.

Als sich eine riesige feindliche Allianz auf Juda zubewegt, leitet König Joschafat eine Gebetsversammlung in Jerusalem, um Gott um Hilfe zu bitten. Gott sichert ihnen den Sieg zu: „Das wird nicht euer Kampf sein, sondern es ist Gottes Sache!" (2. Chronik 20,1–22). Das entfacht das Gebet mit Jubel und Lobpreis neu. Früh am nächsten Morgen bricht das Heer Judas auf, um dem vorrückenden Feind zu begegnen. Dann führt Gott Joschafat in eine wichtige Gebetspraxis ein. Sie sollen weiter beten, auch und gerade, wenn sie in die Schlacht ziehen. Sie tun es, und Gott schlägt den Feind. Das Gebet vom Vortag in der Sicherheit der Stadtmauern war wichtig. Aber Gott wollte das Gebet auch an der Frontlinie. Durch das Gebet wurde der Ort zuerst zu einer Zone der inneren Übereinstimmung mit Gott und erst in zweiter Linie zu einem Schlachtfeld. Der erste Schritt entschied über den Ausgang des zweiten.

Jesus beauftragt zweiundsiebzig seiner Jünger, paarweise auszuziehen und die Ankunft seines Reiches zu verkünden. Wenn sie ein Haus betreten, besteht ihre erste Aufgabe darin, dort um den Segen zu beten (vgl. Lukas 10,5). Natürlich hätten sie auch einfach ihre gesamte Reise und jedes Haus in jeder Stadt mit einem Segensgebet aus der Ferne segnen können, bevor sie sich auf den Weg machten, aber das Gebet vor Ort beinhaltet eine geistliche Dynamik, die beim Beten aus der Ferne fehlt. Es macht den Ort und seine Menschen zu Beteiligten an der kraftvollen Übereinstimmung einer Gebetsbegegnung, die zwischen dem Betenden und dem Thron Gottes stattfindet.

Als Paulus und Silas in ihrem Kerker in Philippi eine Begegnung mit Gott vor Ort erleben, wird das Verlies mehr als ein Gefängnis. Er wird zu einer Zone des Einvernehmens mit Gottes Thron. Der Ort und die, die dort anwesend sind, werden also von der Begegnung im Tor beeinflusst. Die geistliche Atmosphäre an einem Ort wird beeinflusst, wenn er zum Schauplatz des Gebets vor Ort wird. Viele Menschen haben erlebt, dass Gott sie dazu gebracht hat, nicht nur für einen bestimmten Ort zu beten, sondern dorthin zu gehen, um vor Ort zu beten. Das ist manchmal lästig und teuer. Aber abgesehen von dem Akt des Gehorsams, der Gott gefällt, hat das Gebet des Einklangs mit Gott im Tor mächtige Auswirkungen auf die Menschen und den Ort in der Gebetszone vor Ort.

Es ist wahr, dass jeder, der betet, unabhängig vom Standort, „an der Front" arbeitet. Die geistliche Konfrontation – das Kommen des Lichts und der Widerstand der Finsternis – ist eine ständige Realität. Christus ordnet das Leben seiner Jünger neu, damit sie sich als Betende in die Räume, Aktivitäten und Beziehungen jedes neuen Tages begeben. Unsere Begegnungen mit Gott im Gebet im Einklang mit ihm beeinflussen das geistliche Kräfteverhältnis, wo immer wir sind. Egal, ob es sich um ein verborgenes (privates und unbemerktes), gemeinsames oder spontanes Gebet handelt (das Angebot, mit einem Bekannten oder Fremden zu beten), wir schöpfen aus unserem inneren Reservoir an Gottes Worten und bringen unsere innere Übereinstimmung mit ihm zum Ausdruck, wo immer wir sind. Das kann im Haus eines Nachbarn, im Supermarkt, in öffentlichen Verkehrsmitteln oder an einer religiösen Stätte sein, aber unser Gebet hebt den Ort oder das Ereignis über das hinaus, was es zu sein scheint.

Es gibt aber noch eine andere Ebene des Betens an vorderster Front. Es gibt Orte und Kulturen, die noch nicht vom Evangelium erreicht wurden, in denen es keine oder nur wenig christliche Präsenz gibt, und in denen dichte Finsternis herrscht. Die Entfernung ist kein Hindernis für die Gebetskraft. Es ist möglich, eine weit entfernte Gemeinschaft ins Herz zu schließen und für sie im Tor die Stimme zu erheben. Aber die räumliche Nähe fügt der Gebetserfahrung einen eigenen Faktor hinzu. Das Gebet vor Ort ermöglicht es dem Beter, sich mit dem Ort, der Person oder der Gemeinschaft, für die gebetet wird, eng zu identifizieren. Was wir dort sehen und hören, kann manchmal ablenken, aber es kann auch Einblicke verschaffen und das emotionale Engagement im Gebet vertiefen. Am wichtigsten jedoch, wenn das Gebet vor Ort an einem unerreichten Ort oder in einer für Gott verschlossenen Gemeinschaft stattfindet, ist die Tatsache, dass dadurch ein

Tor des Einvernehmens mit Gott errichtet wird. Der Ort wird zu einer Zone der Begegnung mit dem Thron, in der die Übereinstimmung mit Gott gefeiert wird. Er wird zu einem Ort des Wohlgefallens für Gott, einem Ort, an dem der König geehrt und seine Herrschaft begrüßt wird. Er wird zu einem Ruheplatz für die Wahrheit, zu einem Tor für den Einfluss des Himmels auf die Erde, zu einem Weihrauchaltar vor Ort, der den Triumph Christi ehrt. Für das natürliche Auge ist vielleicht keine unmittelbare Veränderung zu erkennen, aber die Beter vor Ort sehen über das Offensichtliche hinaus. Sie wissen, dass ihre innere Übereinstimmung mit Gott mächtige Folgen hat, auch wenn es kein schnelles, sichtbares Ergebnis gibt. Die Wirkung der Begegnung ist selten so offenkundig oder unmittelbar wie im Gefängnis von Philippi, aber der Glaube bezeugt, dass alles geschehen kann und tatsächlich auch etwas geschehen ist.

Der Jüngste Tag wird die erstaunlichen Leistungen der Beter zeigen, die hinter den Kulissen treue Stimmen im Tor für ferne Menschen waren. Aber wie würde es das Bild des Fortschrittes in der Mission verändern, wenn viele Gebetsunterstützer aus ihren kirchlichen Gebetskreisen und häuslichen Gebetsräumen aufbrechen und als Gebetshelfer direkt an Orte größerer Dunkelheit ziehen würden? Nicht jeder kann das tun, und viele wollen es auch gar nicht. Aber in der immer schneller wachsenden globalen Gebetsbewegung formt der Geist die Herzen und den Verstand vieler Menschen dafür, eine größere Rolle im missionarischen Gebet einzunehmen. Das Bewusstsein für die wegweisende Rolle des Gebets vor Ort und für die dringende Notwendigkeit, dass Beter sich zu weniger erreichten oder für Gott verschlossenen Volksgruppen aufmachen, wächst. Die mächtigen Auswirkungen einer solchen Gebetsbewegung vor Ort auf die dunkelsten Orte und hartnäckigsten Festungen der Welt lassen sich kaum erahnen.

Das Gebet ist für uns alle das Herzstück unseres Lebens mit Gott und der Schlüssel zu allen Diensten im Reich Gottes. Indem Teams an vorderster Front sich dafür öffnen, „Gebetsbeauftragte“ ins Team zu holen, wird anerkannt, dass manche Menschen - durch Gottes Führung und die Neigung ihres eigenen Herzens - die Gnade erhalten haben, die Arbeit des Gebets als ihren Hauptdienst zu tun. Sie werden dann nicht mehr durch andere Aufgaben unterbrochen und abgelenkt werden. Sie können ihre Zeit und Energie darauf konzentrieren, als Stimme im Tor zu wachsen und zu dienen. Vergessen wir nicht, dass alle Christen das Recht und die Verantwortung haben, als Beter im Tor zu leben. Aber wir wollen diejenigen ehren, für die dies eine Hauptberufung von Gott ist, indem wir sie ermutigen, an die vorderste Front zu gehen. Das ist ein Schritt, der in vielen Fällen einen Sprung in eine andere Kultur und hohe persönliche Kosten mit sich bringt. Aber er trägt in sich auch die Freude, an der Spitze des Vormarsches des Reiches Gottes an schwierigen Orten zu stehen.

14
Tiefer graben, um höher zu steigen

Unser Gebetsleben ist unvollkommen, und Gott macht uns dafür keinen Vorwurf. Aber er sucht nach einem anhaltenden Wunsch und dem Willen, als Beter zu wachsen. Unsere Reise mit erhobenem Herzen ist eine Reise des ständigen Lernens. Wir leben mit dem Verlangen, den Gott, der zu uns spricht, besser kennenzulernen, und mit dem Ehrgeiz, als seine Gebetsschüler zu glänzen. Wir finden unser Glück darin, ihm Freude zu machen durch einen Lebensstil der Gebets-Intimität, der unser Einvernehmen mit Gott höher bewertet als die Anerkennung der Welt für uns. Dass wir selbst dabei verändert werden, ist in diesem Lebensstil eine Konstante.

Der Zweck unserer Reise zu wachsender Freude am Gebet ist nicht nur der, dass wir Gott immer besser kennenlernen, sondern auch der, dass wir ihn durch unser Gebet bekannt machen. Für die verbleibende Zeit bis zur großen Wiederkunft Christi können wir erwarten, dass er die Aufmerksamkeit auf seinen Namen lenkt, indem er noch wunderbarere Taten vollbringt als die, die bereits aufgezeichnet sind. Und dieses Wirken Gottes wird begleitet sein vom Klang des Gebets seines Volkes, das um diese größeren Zeichen seiner Herrlichkeit in der Welt betet. Es wird die Gebetsstimme eines Volkes sein, das sich entschieden hat, auf dem Altar zu leben, eines geweihten Volkes, dessen Herz ganz darauf ausgerichtet ist, im Einklang mit dem zu leben, den wir „Herr“ nennen.

Israel hat endlich die Grenze des verheißenen Landes erreicht. Die Wanderung durch die Wüste ist vorbei, und Gottes Volk steht am Ufer des Jordans, an der Schwelle zu ihrem Erbe. Und Gott legt ihnen eine Brücke vor die Füße, die die Israeliten über den Fluss und über jedes Hindernis, das ihnen auf dem Weg zu ihrem verheißenen Erbe begegnen würde, führen soll. Der Name der Brücke: Heiligung. Sein Wort an sie durch Josua lautet:

> „Heiligt euch, denn morgen wird Jahwe in eurer Mitte Wunder tun."
>
> *Josua 3,5*

Israel wird sehr bald erleben, wie ein Fluss angehalten wird, die Mauer einer uneinnehmbaren Stadt zusammenbricht, Riesen besiegt werden und vieles mehr. Diese Generation wird erleben, wie sich Gottes uralte Verheißungen erfüllen und die Macht seiner Hand erstaunliche Dinge unter ihnen tut. Aber die Brücke, die die Israeliten mit diesen Wundern von morgen verbindet, ist die Heiligung. Sie müssen bereit sein, sich von allem in ihrem Leben zu trennen, was die Herrlichkeit Gottes entehrt, und sich ganz dem Ziel zu verschreiben, seinen Ruhm zu mehren.

Im Neuen Bund, insbesondere in der jetzigen kritischen Phase der Geschichte, gewinnt diese Brücke eine noch größere Dringlichkeit und Bedeutung. Christus hat seine Pläne und Verheißungen für die Entfaltung seiner Herrlichkeit in unserer Zeit an die Stimme seiner betenden Braut gebunden. Wir können uns mit Gebetsroutine und einer begrenzten Gebetserfahrung zufriedengeben. Oder wir können nach den „erstaunlichen Dingen" greifen, die Gott in unser Morgen hineingeschrieben hat. Warum sollten wir uns mit dem Mittelmaß zufriedengeben, wenn wir zum Außergewöhnlichen berufen sind? Die aufwärtsstrebende Reise, auf der man Gott kennenlernt und ihn „bekannt betet", ist ein Abenteuer, das wir uns nicht entgehen lassen sollten, aber der Weg dorthin ist ein Weg der Hingabe an ihn. Der Wert des beglückenden Gebets ist so hoch, dass alle Kosten oder Unannehmlichkeiten, die wir in Kauf nehmen, um diesen Lebensstil zu entwickeln, überhaupt kein Verlust sind.

Eines Tages spricht Jesus zu einer großen Menge seiner Anhänger. Die Frage, die er stellt, lautet: „Was nennt ihr mich immerzu ‚Herr, Herr', wenn ihr doch nicht tut, was ich sage?" (Lukas 6,46). Es gibt eine Diskrepanz zwischen dem Titel, den sie ihm geben, und ihrer Reaktion auf ihn. Wenn sie wirklich glaubten, dass er der Herr ist, würden sie ihn ehren, indem sie seine Weisungen befolgen.

Jesus sagt über die Menschen, die seine Worte hören und umsetzen: „Ich will euch zeigen, mit wem ich sie vergleiche." Dann erzählt er eine Geschichte von zwei Bauherren (vgl. Lukas 6,46–49). Er wählt das Bild des Hausbaus, um eine wesentliche Praxis beim Aufbau eines Lebens in Übereinstimmung mit ihm zu veranschaulichen. Der eine Bauherr baut ein Haus, das Stürmen standhalten kann, der andere nicht. Warum stürzt das eine Haus ein, als die Flut kommt, und das andere nicht? Was ist die Qualität des solide gebauten Hauses, die das andere nicht hat? Wir kennen die Geschichte gut: Das eine Haus ist auf einem soliden Fundament gebaut, das andere nicht. Aber es gibt noch ein Detail in der Geschichte, das wir nicht übersehen sollten. Die Weisheit, die den einen Bauherrn von dem anderen unterscheidet, ist die, dass er „tief ausschachtet" (V. 48). Es kostet Zeit und Mühe, aber er gräbt weiter, bis er auf den Felsen stößt. Dann baut er auf diesem sein Fundament. Der andere Bauherr wählt den schnellen, einfacheren Weg und baut ein Haus, das zur Ruine wird.

Jesus nimmt beide Bauherren als Bild für Menschen, die seine Worte hören. Doch um ein Leben im Einklang mit Gott zu erbauen, braucht es mehr, als nur zu hören und zur Kenntnis zu nehmen, was ihm gefällt. Es muss die Bereitschaft vorhanden sein, tief zu graben und den Sand wegzuschaufeln, der verhindert, dass wir das Gehörte auch in die Praxis umsetzen. Wir wissen, dass es für uns gut ist und Gott gefällt, wenn wir ein regelmäßiges Gebetsleben aufbauen, in dem wir die Freude an Gott erleben. Aber wenn es uns ernst damit ist, als Beter zu wachsen, müssen wir bereit sein, tiefer zu graben, um Gewohnheiten, Neigungen und Aktivitäten zu beseitigen, die das Wachstum behindern.

Viele von uns haben wahrscheinlich kein geistliches Umfeld kennengelernt, in dem ein Lebensstil als „Haus des Gebets" und die Freude am Gebet vermittelt wurden. Wir haben nicht gelernt, wie wir in der ständigen Gegenwart Gottes leben und unser Gebet so gestalten können, dass es uns in inneren Einklang mit Gott bringt. Von den meisten erfordert es Anstrengung und Durchhaltevermögen, um zu lernen, als betende Menschen zu leben (und das zu genießen). Aber das ist etwas, das die Liebe tut.

Jeden Tag treffen Menschen lebensverändernde Entscheidungen und bringen kostspielige Opfer an Zeit, Kraft und Geld, um ihre Ziele zu erreichen. Das ist nicht verkehrt. Wir sollten jedoch nicht davor zurückschrecken, dasselbe in dem Bereich zu tun, der unsere irdische Reise mehr als alles andere bestimmt: das Gebet. In fast jedem Lebensbereich nehmen wir die Herausforderung an, weiter zu lernen und nächste Schritte zu planen, aber im Blick auf unser Gebet neigen wir dazu, solche Schritte, um weiterzukommen, zu ignorieren oder zu verschieben. Das Bestreben, mehr Freude im Gebet zu erleben, wird nie von unserer Wunschliste in unsere Erfahrungswelt übergehen, solange es einen geringen Wert hat.

Was ist der Wert? Der höchste Wert des Gebets liegt nicht darin, dass wir Gebetserhörungen erleben, sondern darin, dass es Gott Freude macht. Ein sich vertiefendes Gebetsleben ist ein Ausdruck des Herzenswunsches, ihm zu gefallen. Und dieser Herzenswunsch ist ein Ausdruck der Liebe.

Das Gebet ist mehr als eine vorrangig wichtige Aktivität. Es ist ein Lebensstil. Es prägt die Art, wie wir leben, und bestimmt, zu welchen Menschen wir werden. Im Gebet zu wachsen, ist ein Abenteuer, das so groß ist wie Gott. Es ist einfach, und doch ist es zu tief, um es in der Spanne eines Lebens vollständig zu erforschen. Gott hat uns für diese Reise geschaffen. Es ist eine Reise, die uns Erfüllung schenkt. Sie wird aber auch lieb gewordene Routinen und vertraute Gewohnheiten infrage stellen. Nicht unbedingt, weil sie schlecht sind, sondern weil sie uns daran hindern, zu dem zu gelangen, was das Beste ist. Das Beste ist Gottes Geschenk einer Ebene der Beziehung zu ihm, die jenseits unserer guten, gegenwärtigen Erfahrung liegt und von ihm schon vorbereitet ist.

Der Geist der Gnade, der uns in dieses Abenteuer gelockt hat, wird unsere innere Flügelspannweite immer mehr erweitern, damit wir in der Freude am Gebet immer höher aufsteigen können, solange wir einstimmen in den Ruf, der heute unter denen, die zu Christus gehören, immer lauter wird: *„Herr, lehre uns beten."*

Hat dich das Lesen dieses Buches ermutigt oder dir geholfen, in einem Aspekt deines Gebetslebens zu wachsen? Ich würde mich freuen, von dir zu hören (wenn möglich auf Englisch).

David Macmillan – wingspanprayer@gmail.com

Mehr über das Wachstum in einem Gebet, das uns mit Freude erfüllt, erfährst du hier:

www.wingspanprayer.org

Blogbeiträge von Wingspan Prayer erhältst du hier:

www.wingspanprayer.org/blog

Anmerkungen

1 Immanuel bedeutet „Gott mit uns" (vgl. Matthäus 1,23; Jesaja 7,14).

2 „Wingspan" ist eine Initiative, die Menschen im Wachstum und der Vertiefung des Gebets fördert und schult.

3 Zitiert nach John Piper, When I don't desire God: How to fight for joy (Wheaton: Crossway, 2004), S. 163.

4 A. W. Tozer, *Gottes Nähe suchen* (Neuhausen-Stuttgart: Hänssler, 1997), S. 61.

5 David Padfield, *The Church at Laodicea in Asia Minor* (online). Aufgerufen am 7. Februar 2014, http://www.padfield.com/2005/laodicea.html.

6 Gordon Franz, Life and Land Seminars, *Lukewarm in Laodicea*, (Online). Aufgerufen am 7. Februar 2014, http://www.lifeandland.org/2012/01/lukewarm-in-laodicea-revelation-314-22/.

7 A. W. Tozer, *Gottes Nähe suchen*, a.a.O.,18.

8 A. W. Tozer, *Gottes Nähe suchen*, a.a.O.,23.

9 Ben Campbell Johnson, *Living before God* (Grand Rapids: William B Eerdmans, 2000), ix.

10 Frieden, Vollständigkeit, Unversehrtheit, Wohlergehen, Frieden (Strong's Concordance #7965).

11 Shmuel Safrai, Professor für Jüdische Geschichte der Mischnaischen und Talmudischen Periode an der Hebräischen Universität von Jerusalem. Zitiert in David Bivin (1987), *Jesus' Education*, StudyLight.org, aufgerufen am 27. Juli 2017, https://www.studylight.org/ language-studies/difficult-sayings/index.cgi?a=470.

12 Nechemia Wilhelm (2004), *FaithinthePathoftheTsunami*, Chabad.org, aufgerufen am 11. Februar 2014 – http://www.chabad.org/library/article_cdo/aid/247091/jewish/In-the-Path-of-the-Tsunami.htm.

13 Timothy P. Jones, *Praying like the Jew Jesus* (Clarksville, Maryland: Lederer, 2005), viii.

14 Timothy F. Beals, *Teach Us to Pray, 365 Prayers from the Bible* (Wheaton, Illinois: Crossway, 2008).

15 Andrew Murray, *With Christ in the School of Prayer*, Christian Classics Ethereal Library, aufgerufen am 14. Februar 2014, http://www.ccel.org/ccel/murray/prayer.XXII.html.

16 John Piper, *When I Don't Desire God*, a.a.O., 116.

17 Henry Ward Beecher, „Proverbs from Plymouth Pulpit", in: *Imagination Quotes*, Notable Quotes, aufgerufen am 17. Februar 2014,<http://www.notable-quotes.com/i/imagination_quotes.html>.

18 Gregory A. Boyd, *Seeing Is Believing: Experience Jesus through Imaginative Prayer* (Grand Rapids, Michigan: Baker, 2004), S. 15.

19 Zitiert in Stuart McAllister, „The Power and Pull of Stories", in: *Just Thinking* Bd. 19.2, aufgerufen am 30. Mai 2016, http://www.worldevangelicals.org/resources/rfiles/res3_405_link_1341364589.pdf.

20 Das sind die Länder in Nordafrika, dem Mittleren Osten und Asien, die zwischen dem 10. und 40. nördlichen Breitengrad liegen. In ihnen leben einige der größten vom Evangelium unerreichten Volksgruppen.

21 Zitiert aus: Luis Bush, 1995, „The Unfinished Task It Can Be Done By AD2000", in: *Mission Frontiers*, März-April 1995, aufgerufen am 1. Oktober 2014, http://www.missionfrontiers.org/issue/article/the-unfinished-task-it-can-be-done-by-ad-2000.

Titel der Originalausgabe: Shaped für Prayer Enjoyment

Veröffentlicht bei Wingspan STS, United Kingdom

Übersetzung aus dem Englischen: Andreas Uhr

1. Auflage 2023
Best.-Nr. 817956
ISBN 978-3-95734-956-9

Umschlagfoto: Shutterstock / popovartem.com
Umschlaggestaltung: Mareike Schaaf
Satz: Apel Verlagsservice, Celle
Druck und Verarbeitung: GGP Media GmbH, Pößneck
Printed in Germany

www.gerth.de